Europäisches Beihilferecht und Advance Pricing Agreements

Europäische Hochschulschriften Recht

European University Studies in Law

Publications Universitaires Européennes de Droit

Band/Volume 6208

Philip Schumacher

Europäisches Beihilferecht und Advance Pricing Agreements

Neue Rahmenbedingungen für die steuerrechtliche Beihilfekontrolle

PETER LANG

Bibliografische Information der Deutschen Nationalbibliothek
Die Deutsche Nationalbibliothek verzeichnet diese Publikation in der Deutschen Nationalbibliografie; detaillierte bibliografische Daten sind im Internet über http://dnb.d-nb.de abrufbar.

Zugl.: Jena, Univ., Diss., 2020.

D 27
ISSN 0531-7312
ISBN 978-3-631-83485-5 (Print)
E-ISBN 978-3-631-84092-4 (E-PDF)
E-ISBN 978-3-631-84093-1 (EPUB)
E-ISBN 978-3-631-84094-8 (MOBI)
DOI 10.3726/b17804

Diese Publikation wurde begutachtet.

www.peterlang.com

Inhaltsverzeichnis

Abkürzungsverzeichnis

a.A.	Andere Ansicht
a.F.	Alte Fassung
Abl.	Amtsblatt der Europäischen Gemeinschaft / Europäischen Union
Abs.	Absatz
AEAO	Anwendungserlass zur Abgabenordnung
AEUV	Vertrag über die Arbeitsweise der Europäischen Union
APA	Advance Pricing Agreement
AO	Abgabenordnung
AOE	Apple Operations Europe
AOI	Apple Operations International
Art.	Artikel
ASI	Apple Sales International
AStG	Außensteuergesetz
AStV	Ausschuss der Ständigen Vertreter der Mitgliedstaaten
ATAD	Anti Tax Avoidance Directive
BEPS	Base Erosion Profit Shiftig
BFH	Bundesfinanzhof
BGB	Bürgerliches Gesetzbuch
BMF	Bundesministerium für Finanzen
Buchst.	Buchstabe
BvD	Bureau van Dijk
BVerfG	Bundesverfassungsgericht
BVerfGE	Bundesverfassungsgericht – Entscheidungen der amtlichen Sammlung
bzgl.	bezüglich
bzw.	beziehungsweise
CbCR	Country by Country Reporting
CIT	Niederländischer Corporate Income Tax Act
DBA	Doppelbesteuerungsabkommen
d.h.	das heißt
ders. / dies.	derselbe / dieselbe
ECOFIN	Der Rat „Wirtschaft und Finanzen“
EG	Europäische Gemeinschaft
EGV	Vertrag zur Gründung der Europäischen Gemeinschaft
EMEIA	Europa, mittlerer Osten, Indien und Afrika

endg.	endgültig
engl.	englisch
EStG	Einkommensteuergesetz
EU	Europäische Union
EuG	Gericht der Europäischen Union
EuGH	Gerichtshof der Europäischen Union
EUV	Vertrag über die Europäische Union
EWG	Europäische Wirtschaftsgemeinschaft
EWG-Vertrag	Vertrag zur Gründung der Europäischen Gemeinschaft
f. / ff.	folgende / fortfolgende
FG	Finanzgericht
FS	Festschrift
GA	Generalanwalt / Generalanwältin
GG	Grundgesetz
ggf.	gegebenenfalls
GRCh	Charta der Grundrechte der Europäischen Union
GrEStG	Grunderwerbsteuergesetz
G20	Gruppe der zwanzig wichtigsten Industrie- und Schwellenländer
Hs.	Halbsatz
i.E.	im Ergebnis
IFA	International Fiscal Association
IGH-Statut	Statut des Internationalen Gerichtshofs
i.H.v.	in Höhe von
i.V.m.	in Verbindung mit
ITL	Luxemburgisches Einkommensteuergesetz
JTPF	Gemeinsames EU-Verrechnungspreisforum
KMU	kleine und mittlere Unternehmen
Kommission	Europäische Kommission
KStG	Körperschaftssteuergesetz
lit.	litera
Mio.	Millionen
Mrd.	Milliarden
m.w.A.	mit weiteren Anmerkungen
m.w.N.	mit weiteren Nachweisen
NGO	Nicht Regierungs-Organisation
NJW	Neue Juristische Wochenzeitung
Nr.	Nummer
OECD	Organisation für wirtschaftliche Zusammenarbeit und Entwicklung

OECD–MA	OECD Musterabkommen zur Vermeidung von Doppelbesteuerung
o.g.	oben genannt
Parlament	Europäisches Parlament
Rat	Rat der Europäischen Union
Rn.	Randnummer
Rs.	Rechtssache
S.	Seite
sog.	sogenannte
TCA	Taxes Consolidation Act 1997
Tz.	Teilziffer
Unterabs.	Unterabsatz
u.U.	unter Umständen
v.a.	vor allem
Var.	Variante
VerfahrensVO	Verordnung (EU) 2015/1589 des Rates vom 13. Juli 2015 über besondere Vorschriften für die Anwendung von Artikel 108 des Vertrags über die Arbeitsweise der Europäischen Union
vgl.	vergleiche
VwGO	Verwaltungsgerichtsordnung
VwVfG	Verwaltungsverfahrensgesetz
WVK	Wiener Übereinkommen über das Recht der Verträge
z.B.	zum Beispiel

A. Einleitung

Steuervermeidung, Steuerflucht oder Steuerhinterziehung (im Folgenden: aggressive Steuerplanung) durch Gewinnverlagerung [1] ist ein Problem globalen Ausmaßes. Dies geschieht mithilfe von geschickter Gestaltung von Verrechnungspreisen. Verrechnungspreise sind solche Preise, die bei Geschäftsvorfällen zwischen verbundenen Unternehmen vereinbart werden und die mangels marktüblichem Interessengegensatz verhältnismäßig frei bestimmt werden. Sie werden so bestimmt, dass die unterschiedlichen nationalen Steuerbesonderheiten dazu genutzt werden können, die effektive Steuerlast des Gesamtunternehmens zu minimieren. Das fehlende Steueraufkommen schädigt die Volkswirtschaft. Nach Berechnung des Ökonomen *Zucman* im Zuge der Enthüllungen der sog. *Paradise Papers*, musste Deutschland allein 2017 auf 17 Mrd. Euro aus Unternehmensbesteuerung verzichten.[2] Prozentual gesehen sind das 32,2 Prozent der Gesamteinnahmen aus Unternehmensbesteuerung. Frankreich weist ein Minus von 24,7 Prozent auf, Großbritannien von 19,8 Prozent und die Liste ist lang.[3]

Neben dem monetären Schaden gibt es noch eine weitere, gesellschaftspolitische Komponente. Eine Studie der Europäischen Kommission aus dem Jahr 2013[4] hat ergeben, dass sich 74 Prozent aller Befragten „voll und ganz dafür“ sowie 20 Prozent „eher dafür“ aussprachen, dass die EU schärfere Regeln einführen sollte, um Unternehmen daran zu hindern, ihre effektive Steuerbelastung zu

---

1 Die Begriffe werden uneinheitlich verwendet. Sie beschreiben alle ein Verhalten, das auf Reduzierung der effektiven Steuerlast gerichtet ist. Nach Ansicht des Verfassers passt der Begriff „aggressive Steuerplanung“ besser zu dem beschriebenen Verhalten, da er ausdrückt, dass eine Reduzierung der Steuerlast nicht zufällig geschieht, sondern aktiv und bewusst geplant wurde und Maßnahmen ergriffen worden sind, um dieses Ziel zu erreichen.

2 „Steueroasen kosten Deutschland 17 Milliarden Euro pro Jahr“, Beitrag vom 07. November 2017, abrufbar unter: https://www.sueddeutsche.de/wirtschaft/paradise-papers-steueroasen-kosten-deutschland-17-milliarden-euro-pro-jahr-1.3738109 (zuletzt abgerufen am 11. Juli 2019).

3 „Statista“-Portal, Anteil der Verluste durch Steueroasen an den Einnahmen durch Unternehmenssteuern in ausgewählten Ländern weltweit im Jahr 2017.

4 Diese hatte folgende Frage zum Inhalt: „Inwiefern stimmen Sie der Aussage zu, dass die EU zur Reform der weltweiten Finanzmärkte schärfere Regeln gegen Steuerumgehung und Steueroasen erlassen sollte?“.

senken.[5] Dieses Ergebnis ist nicht verwunderlich; es leuchtet nicht ein, warum der Finanzhaushalt eines Staates vorwiegend aus Steuern der Bürger gespeist werden sollte und Unternehmen ihren Anteil nicht entrichten. Ein derartiges Verhalten sorgt für gesellschaftlichen Unfrieden.

Die EU versucht diesem Handlungsauftrag der Bürger Europas nachzukommen. Im Nachgang an die Enthüllungen der sog. *Luxemburg Leaks* hat sie damit begonnen, verbindliche nationale steuerliche Vorabbeurteilungen von Geschäftsvorfällen zwischen verbundenen Unternehmen unter Anwendung von Verrechnungspreisen, sog. APAs, dahingehend zu überprüfen, ob mithilfe der APAs Gewinnverlagerung betrieben und dadurch die effektive Steuerbelastung von Unternehmen unzulässig verringert wurde. Die zuständige EU-Wettbewerbskommissarin *Vestager* hat im Zuge der Einleitung eines förmlichen Prüfverfahrens wegen APAs der Niederlande zugunsten von *IKEA* ausgeführt:

> „Alle Unternehmen, ob nun groß oder klein, multinational oder nicht, sollten ihren gerechten Steueranteil zahlen. Es geht nicht, dass Mitgliedstaaten es bestimmten Unternehmen gestatten, weniger Steuern zu zahlen, indem sie ihre Gewinne künstlich woanders hin verlagern dürfen.“[6]

Die Möglichkeiten der EU zur Bekämpfung von aggressiver Steuerplanung mithilfe von Gewinnverlagerung sind indes begrenzt. Die Steuersouveränität, also das Recht auf autonome Festsetzung der Steuerbelastung, liegt bei den Mitgliedstaaten. [7] Als gekorenes Völkerrechtssubjekt und nach Maßgabe des Prinzips der begrenzten Einzelermächtigung gemäß Art. 5 Abs. 2 EUV benötigt die EU immer eine Ermächtigungsgrundlage, um tätig werden zu können. Im Bereich

---

5 „Statista“-Portal, „Inwiefern stimmen Sie der Aussage zu, dass die EU zur Reform der weltweiten Finanzmärkte schärfere Regeln gegen Steuerumgehung und Steueroasen erlassen sollte?“.

6 Europäische Kommission, Pressemitteilung vom 18. Dezember 2017, Staatliche Beihilfen: Kommission leitet eingehende Prüfung der steuerlichen Behandlung von Inter IKEA in den Niederlanden ein, IP/17/5343.

7 *Kokott/Ost*, EuZW 2011, S. 496; *dies.*, Entwicklungsrichtlinien der Rechtsprechung des EuGH zu den direkten Steuern, FS 100 Jahre BFH, S. 738; Gutachten des Wissenschaftlichen Beirats des Bundesministeriums für Finanzen, Steuervergünstigungen und EU-Beihilfeaufsicht - Problematik und Ansätze zur Lösung des Kompetenzkonflikts mit der Steuerautonomie, 03/2017, S. 24; *Diffring*, Umwandlung von Forderungen zur Sanierung von Kapitalgesellschaften, S. 40; *Mick*, Die Steuerkonzeption der Europäischen Union, S. 22; *Schön*, CML 1999, S. 915; EuGH, Rs. C-279/93 (*Schumacker)*, ECLI:EU:C:1995:31, Leitsatz.

der Unternehmensbesteuerung erschöpfen sich diese in einigen Harmonisierungskompetenzen.[8] Allerdings übertragen ihr die Europäischen Verträge weitere Kompetenzen, die zwar nicht steuerrechtsspezifisch sind, aber steuerrechtliche Relevanz gewinnen können.[9]

Das ergibt sich aus der Schutzverantwortung der EU für den gemeinsamen europäischen Binnenmarkt, einem Grundpfeiler der Gemeinschaft. Ihre Organe, vor allem die Kommission, haben die Aufgabe, das Funktionieren des Binnenmarkts sicherzustellen. Klassische Gefahren sind Einfuhrbeschränkungen für Waren und Dienstleistungen oder sonstige Handelshemmnisse, welche den in den Europäischen Grundfreiheiten garantierten Rechten entgegenstehen. Darüber hinaus sind staatliche Subventionen von Unternehmen eine Gefahr für den Binnenmarkt, da sie den Wettbewerb verfälschen können und deshalb vom Europäischen Beihilferecht untersagt werden. Beides, Handelshemmnisse und Subventionen, können durch eine zu geringe Besteuerung von Unternehmen erfolgen. An dieser Stelle besteht der Schnittpunkt zum Steuerrecht. Um der Binnenmarktverfälschung vorbeugen zu können, benötigt die EU einen Zugriff auf die nationale Besteuerung, den sie jedoch nicht hat. Ihr verbleibt daher allein der Rückgriff auf die beiden genannten, am Binnenmarkt ausgerichtete Eingriffskompetenzen – Grundfreiheiten und Beihilferecht.

Fraglich ist jedoch, ob deren Anwendung auf Steuersachverhalte rechtmäßig ist. Zwar begründet der Respekt des Unionsrechts für die mitgliedstaatliche Steuersouveränität keine Bereichsausnahme[10], mittelbar kann die EU jedoch in die Steuersysteme der Mitgliedstaaten eingreifen. *Strüber* vergleicht die Situation mit zwei „interferierenden Rechtskreisen".[11] Der eine Kreis sei die nationale Steuersouveränität, der andere Kreis stehe für das Unionsrecht. Beide Kreise hätten einen Schnittbereich. Dehne man den unionsrechtlichen Kreis zu weit aus, entstehe ein Ungleichgewicht, welches zu einer kompetenzrechtlich problematischen Aushöhlung der nationalen Steuersouveränität führe.[12]

Um bei der Metapher zu bleiben: die Kommission erweitert den unionsrechtlichen Kreis stetig.[13] Besonders das Beihilferecht wird von ihr häufig dazu

8 Hierbei ist an die Art. 113 ff. AEUV zu denken. Diese werden in Abschnitt C, I genauer untersucht.

9 Im Ergebnis auch *Lang*, IStR 2010, S. 570 ff.

10 *Kokott*, Das Steuerrecht der EU, Vorwort, S. VIII.

11 *Strüber*, Steuerliche Beihilfen: Eine kritische Analyse der Anwendung des Beihilfeverbots im Bereich der direkten Steuern, S. 104.

12 Ähnlich *Jaeger*, EuZW 2012, S. 92.

13 So auch *Nicolaides,* EStAL 2017, S. 62 ff.

eingesetzt, um Steuergesetze der Mitgliedstaaten auf ihre Vereinbarkeit mit dem Binnenmarkt zu überprüfen. Seit 2015[14], im Nachgang der *Luxemburg Leaks*, nutzt die Kommission das Beihilferecht zudem dazu, einzelne APAs aus den Mitgliedstaaten zu überprüfen und betritt damit rechtliches Neuland. Auf diese Weise hat sie unter anderem Irland 2016 aufgefordert, von *Apple* Steuern in Höhe von 13 Mrd. Euro nachzufordern.[15] Ende 2017 verlangte sie von Luxemburg, *Amazon* in Höhe von 250 Mio. Euro nachzubesteuern.[16]

Die Anwendung des Beihilferechts für die Kontrolle von APAs bringt neue, bisher ungelöste Probleme mit sich. Zunächst ist unklar, ob das bisherige Verständnis der Tatbestandsvoraussetzungen des Verbotstatbestandes in Art. 107 Abs. 1 AEUV überhaupt zu einer Überprüfung von APAs passt bzw. inwieweit es dafür modifiziert werden müsste. Zudem ist fraglich, ob eine weitreichende Überprüfung von APAs durch die Kommission am Maßstab des Beihilferechts die Steuersouveränität der Mitgliedstaaten nicht unzulässig einschränkt respektive ob sie noch von der unionsrechtlichen Ermächtigungsgrundlage gedeckt ist. Auch wenn die Kontrolle der Bekämpfung von aggressiver Steuerplanung durch Gewinnverlagerung und damit einem grundsätzlich sinnvollen Anliegen dient, ändert dieser Umstand nichts daran, dass sie auf dem Boden geltenden Rechts erfolgen muss.[17]

Zuletzt stellt sich die Frage, ob durch die Anwendung des Beihilferechts das Rechtsinstrument eines APAs obsolet wird. APAs geben den Unternehmen Rechtssicherheit in Bezug auf ihre steuerliche Verpflichtung. Sollten sie fortan immer Gefahr laufen durch die Kommission beanstandet zu werden – mit der

---

14 Genau genommen wurden die ersten Prüfungen bereits Mitte 2013 eingeleitet. Die Luxemburg Leaks waren dennoch der Startschuss für eine flächendeckende Untersuchung von APAs am Maßstab des Beihilferechts, vgl. dazu Abschnitt C, III, 1.

15 Europäische Kommission, Pressemitteilung vom 30. August 2016, Staatliche Beihilfen: Irland gewährte Apple unzulässige Steuervergünstigungen von bis zu 13 Mrd. EUR, IP/16/2923.

16 Europäische Kommission, Pressemitteilung vom 04. Oktober 2017, Staatliche Beihilfen: Kommission stellt fest, dass Luxemburg Amazon unzulässige Steuervergünstigungen von rund 250 Mio. EUR gewährt hat, IP/17/3701.

17 Auch Generalanwalt *Jässkinen* hat in seinem Schlussantrag zum „Gibraltar-Verfahren" ausgeführt, dass die Bekämpfung von aggressiver Steuerplanung zwar richtig sei, aber dies allein nicht dazu führe, dass die Anwendung des Beihilferechts grenzenlos sei, vgl. GA *Jässkinen*, Schlussantrag zu verbundenen Rs. C-106/09 P und C-107/09 P (*Kommission & Spanien/Regierung von Gibraltar und Vereinigtes Königreich*), ECLI:EU:C:2011:215, Rn. 171.

Folge, dass die Mitgliedstaaten von den Unternehmen Steuern nachfordern müssen –, so verlören APAs weitgehend ihre Daseinsberechtigung. Da Unternehmen die durch APAs gewährte Rechtssicherheit indes dringend benötigen, muss das bei Anwendung des Beihilferechts berücksichtigt werden.

Die vorliegende Arbeit nimmt sich zum Ziel, die aufgeworfenen Fragen zu beantworten. Im Gang der Überlegungen wird zunächst der Gegenstand der vorliegenden Arbeit geklärt, indem eine genaue Definition davon gegeben wird, was ein APA überhaupt ist (B.). Zudem wird ausführlich erläutert, was Verrechnungspreise sind und wie sie unter Zuhilfenahme der einzelnen fremdvergleichskonformen Verrechnungspreismethoden überhaupt bestimmt werden. Dies ist unerlässlich, schließlich wird sich die Unionsgerichtsbarkeit bei der gerichtlichen Überprüfung der Kommissionsentscheidungen intensiv mit der Frage auseinanderzusetzen haben, ob die in APAs vereinbarten Verrechnungspreisbandbreiten bzw. konkrete Preise rechtmäßig bestimmt wurden oder eher der Gewinnverlagerung dienen, um so letztlich die Beihilferechtskonformität beurteilen zu können. Zuletzt wird noch auf Basis der Ausführungen der Sinn und Zweck von APAs hergeleitet und Vorteile und Nachteile beleuchtet.

Im Anschluss folgt eine Untersuchung des *status quo* der Unternehmensbesteuerung in der EU (C.). Ausgangspunkt der Überlegungen ist die vertikale Kompetenzverteilung zwischen der EU und ihren Mitgliedstaaten. Aus der Steuersouveränität der Staaten und der Blockadehaltung einzelner Staaten folgt ein weitgehend unharmonisiertes Nebeneinander der Steuersysteme – zumindest mit Blick auf die Unternehmensbesteuerung. Hieraus entstand ein schädlicher Steuerwettbewerb zwischen den Staaten, welcher aggressive Steuerplanung durch Unternehmen überhaupt ermöglicht. Diese Zusammenführung von Ursache und Wirkung dient unter anderem dem Verständnis dahingehend, warum Staaten überhaupt versuchen, Unternehmen von einer Ansiedlung auf dem jeweiligen Staatsgebiet zu überzeugen. Es wird zudem in gebotener Kürze eine ökonomische Bewertung des Steuerwettbewerbs vorgenommen und aufgezeigt, dass ein Wettbewerb auch im steuerlichen Bereich nicht grundsätzlich negativ einzuschätzen ist. Nach einer kurzen Erwähnung der *Luxemburg Leaks* und einer rechtlichen Sachverhaltsdarstellung zur Kommissionsentscheidung im Fall *Apple* wird noch auf die Rolle der Europäischen Grundfreiheiten und des Europäischen Beihilferechts im Bereich der Unternehmensbesteuerung und speziell bei APAs eingegangen, um zu begründen, warum der Kommission nur das Beihilferecht zur Überprüfung bleibt und sich die vorliegende Arbeit im Anschluss folglich auch auf die Aspekte des Beihilferechts beschränkt.

Die daran anknüpfenden Ausführungen widmen sich der Frage, ob APAs die Tatbestandsvoraussetzungen des Art. 107 Abs. 1 AEUV erfüllen können (D.).

Der Abschnitt markiert den Schwerpunkt der Bearbeitung. An dieser Stelle verfolgt sie ein dreigliedriges Vorgehen. Bei jedem Tatbestandsmerkmal erfolgt zunächst eine kurze Darstellung seiner Bedeutung für Beihilfen durch klassische Subventionen. Es folgt eine Betrachtung der Bedeutung für steuerliche Beihilfen auf Gesetzesebene, um so letztlich herausarbeiten zu können, ob für APAs Modifikationen vorgenommen werden müssen. Der Verfasser arbeitet dabei maßgeblich mit der kontrovers diskutierten Kommissionsentscheidung zu APAs im Fall *Apple* – deren Sachverhaltsdarstellung im voranstehenden Abschnitt dafür die Grundlage bildet – und bewertet sie letztlich am Maßstab der gewonnenen Erkenntnisse.

Zuletzt setzt sich diese Arbeit mit den durch die Anwendung des Beihilferechts für die Überprüfung von APAs entstehenden kompetenzrechtlichen Problemen auseinander sowie damit, dass APAs potentiell ihre Daseinsberechtigung verlieren könnten, wenn eine zu weitreichende Kontrolle durchgeführt würde (E.). Dabei werden zunächst bereits bestehende Lösungsvorschläge gewürdigt und letztlich ein innovatives Konzept entwickelt, welches der Beihilfentrolle durch Änderungen im Verfahren und auf Rechtsfolgenseite neue Rahmenbedingungen verleihen würde. Die Arbeit schließt mit einem Endergebnis, welches die gewonnen Erkenntnisse und Thesen zusammenführt (F.).

B. Advance Pricing Agreements (APAs)

Zu Beginn ist eine Klarstellung erforderlich, was unter einem APA genau zu verstehen ist. Dies dient nicht nur der Klärung des Gegenstandes der vorliegenden Arbeit, sondern auch dem besseren Verständnis des Prüfungsmaßstabs der Kommission und ist somit auch im Kontext zu den Abschnitten C. und D. zu sehen.

Hierzu wird zunächst die Terminologie erklärt und untersucht, wie ein deutsches APA ausgestaltet ist bzw. auf welcher Grundlage es ausgestellt wird. Der Inhalt eines APAs wird danach gesondert aufgegriffen. Dies ist dem Umstand geschuldet, dass die Unionsgerichtsbarkeit in der Überprüfung von APAs am Maßstab des Art. 107 Abs. 1 AEUV der Frage wird nachgehen müssen, ob der in einem APA vereinbarte Verrechnungspreis rechtmäßig bestimmt wurde oder der Gewinnverlagerung dient. Um das beantworten zu können, sind vertiefte Kenntnisse darüber, wie Verrechnungspreise bestimmt werden, unerlässlich.

Zunächst wird kurz dargestellt, was Verrechnungspreise sind, was sie von unter Marktbedingungen zustande gekommenen Preisen unterscheidet und wann solche Preise vereinbart werden. Danach beschäftigt sich die Arbeit ausführlich mit den Voraussetzungen des Fremdvergleichsgrundsatzes und zeigt auf, dass und warum er kein exaktes methodisches Werkzeug ist, um Verrechnungspreise zu bestimmen. Vielmehr ist seine Anwendung bzw. die Anwendung einer der dem Maßstab des Fremdvergleichs genügenden Methoden mit Unsicherheiten behaftet. Aus diesen Feststellungen wird zum Abschluss die Notwendigkeit von APAs für Unternehmen hergeleitet sowie Vor- und Nachteile der Beantragung von APAs gewürdigt.

I. Terminologie und Inhalt

Diese deutschsprachige Arbeit verwendet anstelle eines deutschen den englischen Begriff „Advance Pricing Agreement“ bzw. dessen Abkürzung „APA“. Das ist primär dem Umstand geschuldet, dass es sich bei einem APA nicht nur um ein deutsches Rechtsinstrument handelt – dazu sogleich mehr –, sondern damit vergleichbare Rechtsinstrumente der (europäischen) Staaten beschrieben werden. Allein den deutschen Begriff zu verwenden ist daher nach Ansicht des Verfassers unpassend. Notwendig ist stattdessen die Verwendung eines einheitlichen internationalen Begriffs. Hinzu kommt, dass auch offizielle deutsche Stellen wie das Bundesfinanzministerium in seinem Merkblatt[18] (BMF-Merkblatt), welches

18 BMF Merkblatt für bilaterale oder multilaterale Vorabverständigungsverfahren auf der

die Anwendung des Rechtsinstruments für deutsche Steuerbehörden regelt und im APA-Bereich das maßgebliche Dokument ist sowie das Bundeszentralamt für Steuern – die in Deutschland zuständige Behörde für die Durchführung des Vorabverständigungsverfahrens – auf seiner Homepage[19] den Begriff „APA" verwenden. Diesen Beispielen folgend wird auch fortan von APAs und nicht von der deutschen Ausformung gesprochen.

Für APAs gibt es indes keine Legaldefinition; vielmehr handelt es sich um eine wissenschaftlich geschaffene, technische Bezeichnung. Man versteht unter einem APA eine Vereinbarung zwischen einem oder mehreren Steuerpflichtigen und einer (sog. unilaterales APA) oder mehreren Steuerverwaltungen (sog. bi- oder multilaterales APA, auch „BAPA" oder „MAPA") verschiedener Staaten über die künftige Anwendung von Verrechnungspreismethoden für bestimmte grenzüberschreitende Geschäftsvorfälle eines Steuerpflichtigen sowie deren steuerrechtliche Beurteilung.[20] Das steuerpflichtige Unternehmen teilt den zuständigen nationalen Steuerbehörden hierfür mit, welchen Geschäftsvorfall es in der Zukunft realisieren möchte, legt die Umstände des Vorfalls genauer dar und unterbreitet einen Vorschlag, welche Verrechnungspreismethode Anwendung findet und wie die Verrechnungspreise in dem Geschäftsvorfall bestimmt werden. Auf dieser Basis untersuchen die Steuerbehörden den Geschäftsvorfall und treffen mit dem Unternehmen eine Vereinbarung, wie sie den Geschäftsvorfall steuerlich bewerten werden.

Grundlage der Doppelbesteuerungsabkommen zur Erteilung verbindlicher Vorabzusagen über Verrechnungspreise zwischen international verbundenen Unternehmen (sog. „Advance Pricing Agreements" - APAs), IV B 4 - S 1341 - 38/06.

19 Internetauftritt des Bundeszentralamts für Steuern, Steuern International, Advance Pricing Agreements (APAs), abrufbar unter: https://www.bzst.de/DE/Steuern_International/Advance_Pricing_Agreements/advance_pricing_agreements_node.html (zuletzt abgerufen am 11. Juli 2019).

20 BMF Merkblatt für bilaterale oder multilaterale Vorabverständigungsverfahren auf der Grundlage der Doppelbesteuerungsabkommen zur Erteilung verbindlicher Vorabzusagen über Verrechnungspreise zwischen international verbundenen Unternehmen (sog. „Advance Pricing Agreements" - APAs), IV B 4 - S 1341 - 38/06, Tz. 1.2; Internetauftritt des Bundeszentralamts für Steuern, Steuern International, Advance Pricing Agreements (APAs), abrufbar unter: https://www.bzst.de/DE/Steuern_International/Advance_Pricing_Agreements/advance_pricing_agreements_node.html (zuletzt abgerufen am 11. Juli 2019); vgl. auch Europäische Kommission, Pressemitteilung vom 26. Februar 2007, Besteuerung von Unternehmen: EU-Kommission erarbeitet Leitlinien zur Vermeidung von Rechtsstreitigkeiten bei Verrechnungspreisen, IP/07/236; zudem *Greil*, IFSt-Schrift Nr. 512, S. 51.

Der genaue Inhalt ist einzelfallabhängig. Immer beinhaltet das APA die Vereinbarung, eine vorher festgelegte Methode für die Berechnung von Verrechnungspreisen zu verwenden. Daneben werden fast immer durch die Anwendung der Methode noch Bandbreiten für die Verrechnungspreise festgelegt, d.h. dass sich die Preise innerhalb eines vordefinierten Rahmens halten werden. Sehr häufig wird ein APA noch konkreter und enthält auch eine Vereinbarung, dass ein konkreter Verrechnungspreis zur Anwendung kommen soll.

Diese Vereinbarung wird dem Steuerpflichtigen im Wege einer verbindlichen Vorabzusage mitgeteilt. Die Steuerbehörden sind an den Inhalt der Zusage dann gebunden, sofern der tatsächlich realisierte Geschäftsvorfall keine graduellen Abweichungen gegenüber demjenigen aufweist, den die Steuerbehörden ihrer Beurteilung zugrunde gelegt haben.[21] Diese Gültigkeitsbedingungen werden auch *critical assumptions*[22] genannt. Neben diesen beinhalten APAs auch Regeln zur Fortschreibung der Verrechnungspreise im Vertragszeitraum, in der Regel eine Gültigkeitsdauer und Berichtspflichten für das Unternehmen.[23]

II. APAs in Deutschland

Mit Blick auf die vorliegende deutschsprachige Arbeit soll die deutsche APA-Ausformung eine nähere Betrachtung erfahren. Dabei wird vor allem der Frage nachgegangen, worin die Ermächtigungsgrundlage der nationalen Behörden bei der Ausstellung von APAs liegt, da oftmals der Eindruck entsteht, bei APAs handele es sich um „Hinterzimmer-Deals".

Die Kommission nutzt in ihren deutschsprachigen Veröffentlichungen unterschiedliche Begrifflichkeiten, darunter „Steuervorentscheidung"[24], „Steuervorabentscheidung"[25] und häufig

---

21 *Jacobs/Endres/Spengel*, Internationale Unternehmensbesteuerung, S. 883; *Greil*, IFSt-Schrift Nr. 512, S. 74 ff.

22 Vgl. dazu in Deutschland BMF Merkblatt für bilaterale oder multilaterale Vorabverständigungsverfahren auf der Grundlage der Doppelbesteuerungsabkommen zur Erteilung verbindlicher Vorabzusagen über Verrechnungspreise zwischen international verbundenen Unternehmen (sog. „Advance Pricing Agreements" - APAs), IV B 4 - S 1341 - 38/06, Tz. 3.7.

23 *Jacobs/Endres/Spengel*, Internationale Unternehmensbesteuerung, S. 880.

24 Europäische Kommission, Pressemitteilung vom 17. Dezember 2014, Staatliche Beihilfen: Kommission weitet Untersuchung zu Steuervorentscheidungen ("Rulings") auf alle Mitgliedstaaten aus, IP/14/2742.

25 Europäische Kommission, Mitteilung vom 17. Oktober 2014, Staatliche Beihilfen – Luxemburg, Staatliche Beihilfe SA.38375 (2014/C) (ex 2014/NN) — Mutmaßliche

„Steuervorbescheid“[26]. Inhaltlich präziser ist der Rat und spricht von „grenzüberschreitende(n) Vorbescheide(n) und Vorabverständigungen über die Verrechnungspreisgestaltung“ [27].

1. Rechtsgrundlage

Die Diversität der Begrifflichkeiten zeigt bereits, dass sie nicht an die Formulierung einer Vorschrift des deutschen Steuerrechts angelegt sind. Es stellt sich die Frage, auf welcher Grundlage die deutschen Steuerbehörden APAs ausstellen (können). Hierzu kommen mehrere in Betracht; das deutsche Steuerrecht hält eine Vielzahl an Möglichkeiten bereit, vorab Auskünfte oder Zusagen zu erhalten. So ermöglicht es unter den jeweiligen Voraussetzungen verbindliche Zusagen im Nachgang an eine Außenprüfung (§§ 204 – 207 AO), einfache Auskünfte (§ 89 Abs. 1 AO), Auskünfte zu konkreten Rechtsfragen (§ 89 Abs. 2 AO), die tatsächliche Verständigung auf bestimmte Sachverhalte[28] und die Anrufungsauskunft (§ 42e EStG). Für Zusagen über Verrechnungspreise kommen indes lediglich die §§ 204 ff. und 89 Abs. 2 AO sowie die tatsächliche Verständigung in Betracht.

Beihilfe für FFT, Aufforderung zur Stellungnahme nach Artikel 108 Absatz 2 des Vertrags über die Arbeitsweise der Europäischen Union.

26 Europäische Kommission, Pressemitteilung vom 21. Oktober 2015, Kommission stellt Unvereinbarkeit der selektiven Steuervorteile für Fiat in Luxemburg und für Starbucks in den Niederlanden mit dem EU-Beihilferecht fest, IP/15/5880; Europäische Kommission, Pressemitteilung vom 30. August 2016, Staatliche Beihilfen: Irland gewährte Apple unzulässige Steuervergünstigungen von bis zu 13 Mrd. EUR, IP/16/2923; Europäische Kommission, Pressemitteilung vom 04. Oktober 2017, Staatliche Beihilfen: Kommission stellt fest, dass Luxemburg Amazon unzulässige Steuervergünstigungen von rund 250 Mio. EUR gewährt hat, IP/17/3701; Europäische Kommission, Pressemitteilung vom 19. September 2018, Staatliche Beihilfen: Kommissionsuntersuchung ergibt keine selektive steuerliche Begünstigung von McDonald's durch Luxemburg, IP/18/5831.

27 Richtlinie (EU) 2015/2376 des Rates vom 08. Dezember 2015 zur Änderung der Richtlinie 2011/16/EU bezüglich der Verpflichtung zum automatischen Austausch von Informationen im Bereich der Besteuerung, Erwägungsgrund 4.

28 BMF, Tatsächliche Verständigung über den der Steuerfestsetzung zugrundeliegenden Sachverhalt,IV A 3 - S 0223/07/10002.

a. Auskunft zu einer konkreten Rechtsfrage nach § 89 Abs. 2 AO

Die Auskunft nach § 89 Abs. 2 AO ist von der Konzeption her ein unilaterales Verfahren.[29] Eine Einbeziehung anderer Staaten ist nicht vorgesehen.[30] Mithin könnte § 89 Abs. 2 AO lediglich Ermächtigungsgrundlage für unilaterale APAs sein. Allerdings erteilt Deutschland grundsätzlich keine unilateralen APAs.[31] Nach deutschem Verständnis bilden das mit einem oder mehreren Staat(en) durch Vorabverständigungsvereinbarung erfolgreich abgeschlossene Vorabverständigungsverfahren und die anschließende Vorabzusage gemeinsam das APA.[32] Folglich können verbindliche Zusagen über Verrechnungspreise nur dann erteilt werden, sofern zuvor eine Verständigung mit einem anderen Staat erreicht wurde.[33]

Hinzu kommt, dass nach Tz. 3.5.4 des AEAO zu § 89 AO verbindliche Auskünfte nicht zur Feststellung der Grenzpunkte für das Handeln eines ordentlichen Geschäftsleiters erteilt werden sollen. Um einen solchen Fall handelt es sich jedoch bei einem APA. Durch die Möglichkeit der Festsetzung von Bandbreiten von Verrechnungspreisen werden genau solche Grenzpunkte vereinbart. Mithin scheidet § 89 Abs. 2 AO als Ermächtigungsgrundlage aus.

b. Verbindliche Zusage im Nachgang an eine Außenprüfung nach §§ 204 ff. AO

§ 204 AO ermöglicht eine verbindliche Zusage für die zukünftige steuerliche Behandlung eines bereits in der Vergangenheit verwirklichten Sachverhalts, der

29 *Ziehr,* Einkünftezurechnung im internationalen Einheitsunternehmen : Veranlassungsprinzip und Selbstständigkeitsfiktion als Maßstäbe der Einkünftezurechnung zu Stammhaus und Betriebsstätte, S. 329 f.

30 *Greil,* IFSt-Schrift Nr. 512, S. 55.

31 BMF Merkblatt für bilaterale oder multilaterale Vorabverständigungsverfahren auf der Grundlage der Doppelbesteuerungsabkommen zur Erteilung verbindlicher Vorabzusagen über Verrechnungspreise zwischen international verbundenen Unternehmen (sog. „Advance Pricing Agreements" - APAs), IV B 4 - S 1341 - 38/06, Tz. 1.2; vgl. zu den Vorteilen von multilateralen APAs zur Vermeidung von Doppelbesteuerung und Verrechnungspreiskonflikten z.B. *Wünnemann,* IStR 2019, S. 134 ff.

32 BMF Merkblatt für bilaterale oder multilaterale Vorabverständigungsverfahren auf der Grundlage der Doppelbesteuerungsabkommen zur Erteilung verbindlicher Vorabzusagen über Verrechnungspreise zwischen international verbundenen Unternehmen (sog. „Advance Pricing Agreements" - APAs), IV B 4 - S 1341 - 38/06, Tz. 1.2.

33 BMF Merkblatt für bilaterale oder multilaterale Vorabverständigungsverfahren auf der Grundlage der Doppelbesteuerungsabkommen zur Erteilung verbindlicher Vorabzusagen über Verrechnungspreise zwischen international verbundenen Unternehmen (sog. „Advance Pricing Agreements" - APAs), IV B 4 - S 1341 - 38/06, Tz. 1.2.

Gegenstand der Außenprüfung war.[34] Bei einem APA bezieht sich der Inhalt jedoch nicht auf bereits verwirklichte, sondern auf geplante Sachverhalte. Auch steht ein APA ebenfalls nicht unbedingt mit einer Außenprüfung in einem Zusammenhang[35], sondern wird Unternehmen häufig erteilt, damit diese sich bei der Standortwahl für das Staatsgebiet des jeweiligen Staates entscheiden.[36]

Zudem sind gemäß Tz. 5 des AEAO zu § 204 AO Zusagen bei unübersichtlichen Marktverhältnissen ausgenommen, was regelmäßig bei der Beantragung eines APAs der Fall sein wird. Zuletzt handelt es sich ebenso wie bei § 89 Abs. 2 AO um ein unilaterales Verfahren[37], sodass aufgrund der Tz. 1.2 des BMF-Merkblatts, welches unilaterale APAs in Deutschland ausschließt, auch §§ 204 ff. AO den nationalen Steuerbehörden keine taugliche Ermächtigungsgrundlage für APAs in Deutschland bieten.

c. *Tatsächliche Verständigung*

Als Rechtsgrundlage für APAs in Deutschland kommt zudem die tatsächliche Verständigung in Betracht. Sie ist gesetzlich nicht geregelt; in der Folge ist ihre Rechtsgrundlage umstritten. In der Literatur wird wohl überwiegend[38] von einem öffentlichen-rechtlichen Vertrag im Sinne des § 54 VwVfG bzw. einem Vergleichsvertrag im Sinne des § 55 VwVfG ausgegangen, obgleich der BFH diesen Ansatz ablehnt und zumeist die Eigenständigkeit des Rechtsinstitutes betont[39]. Teilweise[40] – unter anderem sogar durch den BFH selbst[41] – wird auch die Grundlage im Prinzip von Treu und Glauben gesehen. Letztlich ist dieser

---

34 *Intemann* in: Koening, AO, § 204 AO, Rn. 19; *Schallmoser* in: Hübschmann/Hepp/Spitaler, AO/FGO, Vor §§ 204 - 207 AO, Rn. 20.

35 Vgl. auch *Greil*, IFSt-Schrift Nr. 512, S. 56.

36 Zu den Gründen und Auswirkungen des staatlichen Steuerwettbewerbs erfolgt eine Darstellung in Abschnitt C, I und II.

37 *Ziehr*, Einkünftezurechnung im internationalen Einheitsunternehmen : Veranlassungsprinzip und Selbstständigkeitsfiktion als Maßstäbe der Einkünftezurechnung zu Stammhaus und Betriebsstätte, S. 329 f.

38 Vgl. *Iwanek*, DStR 1993, S. 1396; *Offerhaus*, DStR 2001, S. 2097; nicht eindeutig aber wohl in diese Richtung *Schmidt*, DStR 1998, S. 1734 f.; *Söhn* in: Hübschmann/Hepp/Spitaler, AO/FGO, § 78 AO, Rn. 116 f. m.w.N.

39 BFH, Urteil vom 02. Dezember 1999, 2 AZR 724/98, NJW 2000, S. 2448.

40 FG Rheinland-Pfalz, Urteil vom 12. April 2018, 6K 2254/17; *Greil*, IFSt-Schrift Nr. 512, S. 57.

41 BFH, Urteil vom 08. Juli 2004, X R 24/03, Rn. 31.

Streit jedoch ohne praktische Auswirkung; das Rechtsinstitut ist durch ständige Rechtsprechung[42] des BFH etabliert.

Voraussetzung einer tatsächlichen Verständigung ist, dass sie sich auf Sachverhaltsfragen und nicht auf Rechtsfragen bezieht, die Sachverhaltsermittlung erschwert ist und nicht zu einem evident unrichtigen Ergebnis führt.[43] Bereits das Vorliegen der ersten Voraussetzungen ist fraglich und hängt schon davon ab, ob die Verrechnungspreisbestimmung eher als Sachverhalts- oder Rechtsfrage anzusehen ist. Die Grenze ist an dieser Stelle fließend. Selbst wenn man jedoch vom Vorliegen einer Sachverhaltsfrage ausgeht, muss der in Rede stehende Sachverhalt bereits abgeschlossen sein.[44] APAs beziehen sich jedoch nicht auf bereits verwirklichte, sondern geplante Sachverhalte. Folglich ist auch die tatsächliche Verständigung keine geeignete Ermächtigungsgrundlage für deutsche Steuerbehörden.

d. Doppelbesteuerungsabkommen

Mithin bietet das deutsche Steuerrecht den nationalen Steuerbehörden keine geeignete Rechtsgrundlage, um APAs ausstellen zu können und dem Steuerpflichtigen keine Norm, auf die er seinen APA-Antrag stützen kann.[45] *Prima facie* scheint es so, als sei die Ausstellung von APAs in Deutschland nicht möglich. Gegen diese Ansicht spricht indes eindeutig die Existenz des § 178a AO, welcher in Abs. 1 Satz 1 vorsieht, dass für die Ausstellung eines APAs ein Antrag notwendig ist und in Abs. 2 die dafür fällige Gebühr regelmäßig auf 20.000 Euro festlegt. Folglich kann nicht nur auf Grundlage des BMF-Schreibens, sondern sogar auf gesetzlicher Grundlage der Schluss gezogen werden, dass APAs in Deutschland möglich sind.

---

42 Vgl. jüngst BFH, Urteil vom 11. April 2017, IX R 24/15, Rn. 15, BFHE 258, S. 199BFH, Urteil vom 02. Dezember 1999, 2 AZR 724/98, NJW 2000, S. 2448; BFH, Urteil vom 08. Juli 2004, X R 24/03, Rn. 31; BFH, Urteil vom 08. Oktober 2008, I R 63/07, BFHE 223, S. 194.

43 BFH, Urteil vom 11. April 2017, IX R 24/15, Rn. 15, BFHE 258, S. 199; BMF, Tatsächliche Verständigung über den der Steuerfestsetzung zugrundeliegenden Sachverhalt,IV A 3 - S 0223/07/10002, Tz. 3.

44 BMF, Tatsächliche Verständigung über den der Steuerfestsetzung zugrundeliegenden Sachverhalt,IV A 3 - S 0223/07/10002, Tz. 4.2; *Seer*, BB 2015, S. 214; *Greil*, IFSt-Schrift Nr. 512, S. 57 f.

45 *Kramer*, IStR 2007, S. 175; *Jacobs/Endres/Spengel*, Internationale Unternehmensbesteuerung, S. 881.

Mangels nationaler Ermächtigungsgrundlagen ist deshalb die Grundlage eines deutschen APAs in dem jeweiligen Doppelbesteuerungsabkommen (DBA) zu sehen. Alle deutschen DBA enthalten ausnahmslos eine Art. 25 des OECD Musterabkommens zur Vermeidung von Doppelbesteuerung von Einkommen und Vermögen (OECD–MA) entsprechende Vorabverständigungsverfahrensklausel.[46] Das BMF-Merkblatt bekräftigt diese Auffassung und sieht die Ermächtigungsgrundlage für APAs ebenfalls in dem jeweiligen DBA bzw. in der Art. 25 Abs. 1 und 3 OECD–MA entsprechenden Klausel des DBA.[47]

2. Antragsvoraussetzungen

Das BMF-Merkblatt nennt nur wenige Voraussetzungen, die ein Unternehmen erfüllen muss, um einen Antrag stellen zu können. Wichtigste Voraussetzung ist, dass es sich um ein Unternehmen mit Sitz in Deutschland handelt, welches ein berechtigtes Interesse an der Durchführung des APA-Verfahrens hat.[48] Wann ein solches berechtigtes Interesse vorliegt, wird nicht näher ausgeführt; es ist indes nicht von hohen Hürden auszugehen.[49] Der Antrag ist schriftlich zu stellen und vom Antragsteller persönlich zu unterschreiben.[50]

---

46 *Flüchter*, IStR 2012, S. 696; *Kramer*, IStR 2007, S. 175; *Jacobs/Endres/Spengel*, Internationale Unternehmensbesteuerung, S. 881; sehr ausführlich *Bär*, Verständigungen über Verrechnungspreise verbundener Unternehmen im deutschen Steuerrecht, S. 185 ff.

47 BMF Merkblatt für bilaterale oder multilaterale Vorabverständigungsverfahren auf der Grundlage der Doppelbesteuerungsabkommen zur Erteilung verbindlicher Vorabzusagen über Verrechnungspreise zwischen international verbundenen Unternehmen (sog. „Advance Pricing Agreements" - APAs), IV B 4 - S 1341 - 38/06, Tz. 1.2.

48 BMF Merkblatt für bilaterale oder multilaterale Vorabverständigungsverfahren auf der Grundlage der Doppelbesteuerungsabkommen zur Erteilung verbindlicher Vorabzusagen über Verrechnungspreise zwischen international verbundenen Unternehmen (sog. „Advance Pricing Agreements" - APAs), IV B 4 - S 1341 - 38/06, Tz. 2.3.

49 Diese Schlussfolgerung lässt sich aus der Anzahl von abgelehnten APAs in Deutschland ableiten. Auf insgesamt 28 von den Steuerbehörden ausgestellte APAs im Jahr 2017 kommt eine Ablehnung. Vgl. Europäische Kommission, EU Joint Transfer Pricing Forum, Statistics on APAs in the EU at the End of 2017, JTPF/007b/2018/EN, S. 3.

50 BMF Merkblatt für bilaterale oder multilaterale Vorabverständigungsverfahren auf der Grundlage der Doppelbesteuerungsabkommen zur Erteilung verbindlicher Vorabzusagen über Verrechnungspreise zwischen international verbundenen Unternehmen (sog. „Advance Pricing Agreements" - APAs), IV B 4 - S 1341 - 38/06, Tz. 2.3.

III. Inhalt

Die Unionsgerichte *EuG* und *EuGH* werden sich bei der gerichtlichen Prüfung der einzelnen APAs am Maßstab des Beihilferechts mit der Frage auseinanderzusetzen haben, ob ihr Inhalt rechtmäßig ist oder er den Tatbestand einer verbotenen Beihilfe im Sinne des Art. 107 Abs. 1 AEUV erfüllt. Konkret wird es darum gehen, ob die in dem APA vereinbarten Verrechnungspreisbandbreiten oder konkreten Verrechnungspreise gegen Art. 107 Abs. 1 AEUV verstoßen. Ohne die Ausführungen des Abschnitts D. vorwegzunehmen, wird als Maßstab dabei der Fremdvergleichsgrundsatz dienen müssen, dessen Aussagekraft jedoch begrenzt ist, was im Verlauf dieses Abschnitts noch erläutert wird. Der Fremdvergleichsgrundsatz bestimmt lediglich, dass ein Verrechnungspreis dann rechtmäßig ist, wenn er „fremdüblich" ist. Diese Feststellung ist für sich genommen wenig hilfreich, da keine Erläuterung gegeben wird, wann ein Preis fremdüblich ist.[51]

Die Fremdüblichkeit eines Verrechnungspreises ist abhängig davon, welche Verrechnungspreismethode zu seiner Bestimmung genutzt wird. Die Wahl der Verrechnungspreismethode ist wiederum abhängig von einer Vielzahl an Faktoren wie beispielsweise der Art des Geschäftsvorfalls. Folglich werden auch der Gerichtshof und das Gericht bei der Prüfung des APAs das Zustandekommen der vereinbarten Verrechnungspreise unter Anwendung einer Verrechnungspreismethode untersuchen müssen, um die Konformität mit Art. 107 Abs. 1 AEUV bewerten zu können. Es ist anzunehmen, dass die Prüfung für sie mit Herausforderungen verbunden sein wird, da es sich dabei nicht um ihre Kernkompetenzen handelt. Die folgenden Ausführungen bereiten die teilweise sehr betriebswirtschaftlichen Informationen mit Blick auf ihre Relevanz für eine juristische Prüfung durch die Unionsgerichte auf und sollen so die Einschätzung erleichtern, wann Verrechnungspreise gegen den Fremdvergleichsgrundsatz verstoßen und eine verbotene Beihilfe darstellen können.

Der wichtigste Teil eines APAs ist die Bestimmung von Verrechnungspreisbandbreiten oder konkreten Verrechnungspreisen unter Vereinbarung einer Verrechnungspreismethode. Treten zwei oder mehrere voneinander unabhängige Unternehmen im Rahmen ihrer ökonomischen Tätigkeiten miteinander in Geschäftsbeziehungen ein, so sind diese Geschäftsbeziehungen von gegensätzlichen Wirtschaftsinteressen geprägt, soweit sie keine kartellrechtlich verbotenen Preisabsprachen treffen. Das liefernde Unternehmen hat ein Interesse

---

51 Ähnlich *Heurung/Kollmann/Hofacker*, IStR 2017, S. 20.

daran, sein Wirtschaftsgut so teuer wie möglich zu verkaufen; das ankaufende Unternehmen daran, so wenig wie möglich zu bezahlen. Die Preise, die letztlich zwischen diesen beiden Unternehmen zustande kommen, werden durch diese gegensätzlichen Interessen bestimmt. Sie sind typisch für einen freien Markt und sorgen dafür, dass Preise abseits des natürlichen Verhandelns allein durch das Prinzip von Angebot und Nachfrage zustande kommen und sich am objektiven Wert des Wirtschaftsguts orientieren.

Indes findet nicht jeder Geschäftsvorfall zwischen voneinander unabhängigen Unternehmen und damit unter Marktbedingungen statt. Das Gegenteil ist der Fall: Schätzungsweise 60 bis 70 Prozent des Welthandels entfallen auf Geschäftsvorfälle zwischen verbundenen Unternehmen, d.h. eine Preisbildung durch Marktbedingungen im Sinne von *Smith*' Theorie der „unsichtbaren Hand" ist in der Praxis nicht der Regelfall.[52]

Das ist dem Umstand geschuldet, dass sich heutzutage eine Vielzahl von internationalen Unternehmen etabliert haben, die ihre ökonomischen Tätigkeiten nicht mehr nur in einem, sondern in mehreren unterschiedlichen Staaten entfalten. Hierfür installieren sie in jedem Staat, in dem sie geschäftlich aktiv werden, entweder ein Unternehmen nach nationalem Recht oder eine Betriebsstätte im Sinne des Art. 5 OECD–MA, sofern die Möglichkeit in einem DBA zwischen dem Sitzstaat des multinationalen Unternehmens und dem Belegenheitsstaat vorgesehen ist.[53] Die Tochterunternehmen sind rechtlich eigenständig; ein Zusammenschluss aus mehreren im zivilrechtlichen Sinne selbstständigen Unternehmen hat keine eigene Gesamt-Rechtspersönlichkeit.[54] Die Folge dieser rechtlichen Selbstständigkeit ist, dass nicht das Gesamtunternehmen als solches Steuersubjekt ist, sondern dass jedes Unternehmen als eigenes Steuersubjekt nach den Regeln des jeweiligen Sitzstaates steuerpflichtig ist.[55] Betriebsstätten sind zwar keine selbständigen Unternehmen, werden jedoch steuerrechtlich

52 *Schmidt,* AStG, § 1 AStG, Rn. 1.

53 Häufig kennt nationales Recht eine eigene Betriebsstättendefinition. Das deutsche Recht enthält eine solche etwa in § 12 AO. Entscheidend ist jedoch bei der Installation einer Betriebsstätte nicht das nationale Verständnis, sondern das DBA.

54 *Greil,* IFSt-Schrift Nr. 512, S. 12.

55 *Kiesewetter,* Gewinnausweispolitik internationaler Konzerne bei Besteuerung nach dem Trennungs- und dem Einheitsprinzip, arqus Diskussionsbeitrag, S. 1; *Baumhoff/ Liebchen,* Internationale Einkunftsabgrenzung auf der Grundlage des Fremdvergleichs, in: Mössner, Steuerrecht internationaler Unternehmen, S. 379, Rn. 4.17; *Ditz/Bärsch/ Kluge,* IStR 2019, S. 299.

spätestens seit dem OECD-Betriebsstättenbericht 2010[56] und den Umsetzungen ins nationale Recht[57] ähnlich behandelt.[58]

Folglich müssen eigenständige Tochterunternehmen und Betriebsstätten nach den nationalen Gewinnermittlungsvorschriften die Steuerbemessungsgrundlage ermitteln.[59] Das setzt voraus, dass jede erbrachte Leistung auch abgerechnet wird und zwar unabhängig davon, ob sie bei einem Geschäftsvorfall zwischen unabhängigen oder verbundenen Unternehmen erbracht wurde. Hierin liegt der Grund, warum sich auch miteinander verbundene Unternehmen gegenseitig erbrachte Leistungen wie die Lieferung von Waren, Dienstleistungen, Nutzungsüberlassungen oder die Verwendung von Marken/Patenten in Rechnung stellen und nicht gänzlich darauf verzichten.[60]

Die bei Geschäftsvorfällen zwischen verbundenen Unternehmen vereinbarten Preise unterliegen jedoch nicht dem marktüblichen Interessengegensatz. Obwohl die Tochterunternehmen und Betriebsstätten rechtlich eigenständige Unternehmen sind bzw. ähnlich behandelt werden, haben sie aufgrund der insgesamt vorhandenen Unternehmensverbundenheit kein Interesse daran, ihre Gewinne zu maximieren oder Ausgaben zu minimieren.[61] Ohne das Prinzip von

56 OECD-Bericht über die Zurechnung von Gewinnen zu Betriebsstätten von 2010, abrufbar unter: http://www.oecd.org/ctp/transfer-pricing/attributes-of-profits-permanent-establishments-german.pdf (zuletzt abgerufen am 11. Juli 2019)., Teil 1, Tz. 8. Der Bericht beruht auf den international entwickelten Grundsätzen AOA (Authorised OECD Approach).

57 Beispielsweise in Deutschland durch § 1 Abs. 5 AstG und die BsGaV.

58 BMF Grundsätze für die Anwendung des Fremdvergleichsgrundsatzes auf die Aufteilung der Einkünfte zwischen einem inländischen Unternehmen und seiner ausländischen Betriebsstätte und auf die Ermittlung der Einkünfte der inländischen Betriebsstätte eines ausländischen Unternehmens nach § 1 Absatz 5 des Außensteuergesetzes und der Betriebsstättengewinnaufteilungsverordnung (Verwaltungsgrundsätze Betriebsstättengewinnaufteilung – VWG BsGa), IV B 5 – S 1341/12/10001-03, Tz. 1.1; *Baumhoff/Liebchen*, Internationale Einkunftsabgrenzung auf der Grundlage des Fremdvergleichs, in: Mössner, Steuerrecht internationaler Unternehmen, S. 380, Rn. 4.19.

59 BMF Grundsätze für die Anwendung des Fremdvergleichsgrundsatzes auf die Aufteilung der Einkünfte zwischen einem inländischen Unternehmen und seiner ausländischen Betriebsstätte und auf die Ermittlung der Einkünfte der inländischen Betriebsstätte eines ausländischen Unternehmens nach § 1 Absatz 5 des Außensteuergesetzes und der Betriebsstättengewinnaufteilungsverordnung (Verwaltungsgrundsätze Betriebsstättengewinnaufteilung – VWG BsGa), IV B 5 – S 1341/12/10001-03, Tz. 1.1.

60 *Greil*, IFSt-Schrift Nr. 512, S. 13.

61 *Portner*, in: Herzig, Advance Pricing Agreements (APAs), S. 14.

Angebot und Nachfrage müssen die Preise anderweitig, d.h. künstlich bestimmt werden. Diese künstlichen Preise haben eine eigene Bezeichnung: sie werden konzerninterne Verrechnungspreise oder einfach Verrechnungspreise genannt.[62] Um willkürliche Preisbestimmungen zu vermeiden, sehen viele nationale Rechtsordnungen vor, dass Verrechnungspreise den Anforderungen des Fremdvergleichsgrundsatzes zu genügen haben.

IV. Der Fremdvergleichsgrundsatz

Aufgrund der fehlenden Marktbedingungen können die Verrechnungspreise beliebig bestimmt werden und damit anders, als sie zwei voneinander unabhängige Unternehmen ausgehandelt hätten. Sie eröffnen daher multinational agierenden Unternehmensverbänden prinzipiell die Möglichkeit der Preismanipulation, um die Gewinn- und Verlustsituation zwischen den Unternehmen dergestalt zu lenken, dass die Steuerlast des Gesamtunternehmens minimiert wird.[63] Durch die künstliche Überhöhung oder Verringerung von Verrechnungspreisen ist es möglich, Unternehmensgewinne den Unternehmen oder Betriebsstätten zuzuweisen, die einer geringen Besteuerung unterliegen und sie dort zu minimieren, wo eine hohe Besteuerung stattfindet.[64] Das Vorgehen wird als Gewinnverlagerung bzw. verdeckte Gewinnausschüttung bezeichnet.[65]

Die Möglichkeit der Gesamt-Steueroptimierung ist für multinational agierende Unternehmensverbände reizvoll und empirische Studien zeigen, dass sie davon in erheblichem Umfang Gebrauch machen.[66] Durch Gewinnverlagerung

---

62 *Vögele/Fischer* in: Vögele/Borstell/Engler, Verrechnungspreise, 1. Teil, Kapitel A, Rn. 10.

63 *Swenson*, NTJ 2001, S. 8 f.; *Greil*, IFSt-Schrift Nr. 512, S. 13.

64 *Watrin/Thomsen/Weiß*, IStR 2016, S. 397.

65 *Wassermeyer*, DB 1994, S. 1105 f.; *Vögele/Fischer* in: Vögele/Borstell/Engler, Verrechnungspreise, 1. Teil, Kapitel A, Rn. 11.

66 Vgl. z.B. *Heckemeyer/Spengel*, Ausmaß der Gewinnverlagerung multinationaler Unternehmen – empirische Evidenz und Implikationen für die deutsche Steuerpolitik, Perspektiven der Wirtschaftspolitik 2008, S. 37 ff.; *dies.*, DB 2009, S. 133 ff.; *Huizinga/Laeven*, Journal of Public Economics 2008, S. 1164 ff.; *Weichenrieder*, IJPF 2009, S. 281 ff.; *Vicard*, Banque de France Working Paper Nr. 555; *Overesch*, Besteuerung und Entscheidungen von grenzüberschreitend tätigen Unternehmen – Eine empirische Steuerwirkungsanalyse S. 1 ff.; *ders.*, ZEW Discussions Paper Nr. 06-084, abrufbar unter: https://www.zew.de/de/publikationen/

nutzen Unternehmensverbände die unterschiedlichen Unternehmenssteuersätze in den Staaten und verlagern Gewinne künstlich an Orte, an denen keine entsprechende Wertschöpfung stattgefunden hat. Um dem entgegenzuwirken sind Regelungen entwickelt worden, um die Bestimmung der Verrechnungspreise zu überprüfen und ggf. zu korrigieren. Das soll gewährleisten, dass die Gewinne der Unternehmen tatsächlich in dem Staat besteuert werden, in dem sie erwirtschaftet wurden.[67]

Ein wichtiger Teil dieser Regelungen und Überprüfungsmaßstab bei der Verrechnungspreisgestaltung ist der vor allem von den EU- und OECD-Mitgliedstaaten angewendete Fremdvergleichsgrundsatz, der international auch „Arm's Length Principle" genannt wird.[68] Letztgenannter Begriff stammt ursprünglich aus dem Fechtsport. Dort müssen sich die Sportler auf einer Waffenlänge – etwa eine Armlänge – gegenüberstehen, wobei der Abstand einen fairen Kampf gewährleisten soll.[69]

Der Fremdvergleichsgrundsatz bestimmt allgemein gesprochen, dass Verrechnungspreise so bestimmt werden müssen, wie sie zwei unabhängige Unternehmen unter Marktbedingungen vereinbart hätten.[70] Nur wenn sie diesem Maßstab des Fremdvergleichs entsprechen, können sie als angemessen und damit rechtmäßig angesehen werden. Der Fremdvergleichsgrundsatz gebietet dafür einen Vergleich des Preises, der Marge oder der Gewinne aus Geschäftsvorfällen zwischen verbundenen Unternehmen mit den Preisen, Margen oder Gewinnen aus Geschäftsvorfällen zwischen voneinander unabhängigen Unternehmen, sofern diese Geschäftsvorfälle unter vergleichbaren Bedingungen zustande gekommen sind.[71]

Der Fremdvergleichsgrundsatz wird in Deutschland mit der Rechtsfigur des „ordentlichen und gewissenhaften Geschäftsleiters"[72] begründet.[73] Es werden

---

transfer-pricing-of-intrafirm-sales-as-a-profit-shifting-channel-evidence-from-german-firm-data/ (zuletzt abgerufen am 11. Juli 2019); *Grubert/Mutti*, The Review of Economics and Statistics 1991, S. 285 ff.

67 Vgl. unter anderem zur Zulässigkeit einer Quellensteuer *Jarass*, IStR 2014, S. 741 ff.

68 *Borstell* in: Vögele/Borstell/Engler, Verrechnungspreise, 2. Teil, Kapitel C, Rn. 1.

69 *Klein*, BB 1995, S. 227.

70 Vgl. nur *Tenbusch*, IStR 2017, S. 824; *Heurung/Kollmann/Hofacker*, IStR 2017, S. 20.

71 OECD-Verrechnungspreisrichtlinien für multinationale Unternehmen und Steuerverwaltungen 2017, S. 105.

72 Erstmalig vom Handels- und Gesellschaftsrecht ins deutsche Steuerrecht übertragen vom BFH, Urteil vom 17. Oktober 1967, I 261/63, BFHE 69, 208.

73 *Kraft/Bildstein*, IStR 2019, S. 37 f.; *Bär*, Verständigungen über Verrechnungspreise verbundener Unternehmen im deutschen Steuerrecht, S. 119; *Gosch* in: Gosch, KStG, § 8

realisierte Geschäftsvorfälle mit solchen verglichen, die ein ordentlicher und gewissenhafter Geschäftsleiter mit einem Dritten abgeschlossen hätte. Preise, Margen und Gewinne, die diesem Vergleich standhalten, sind angemessen, da sie ebenso mit einem Dritten ausgehandelt worden wären. Halten sie dem Vergleich indes nicht stand, muss das auf unternehmensbedingte Gründe zurückzuführen sein. In diesen Fällen besteht eine (wenn auch nicht unwiderlegbare) Vermutung dafür, dass die Verrechnungspreisgestaltung der Gewinnverlagerung dient und nicht der faktischen Wertschöpfung entspricht. Solche Preise wären zu korrigieren.[74]

Bei der gerichtlichen Überprüfung von APAs kommt dem Fremdvergleichsgrundsatz eine zentrale Rolle zu. Er muss als Maßstab für die Einschätzung dienen, ob Verrechnungspreise rechtmäßig bestimmt wurden und somit den Tatbestand von Art. 107 Abs. 1 AEUV nicht erfüllen, oder ob sie der Gewinnverlagerung dienen und somit potentiell den Tatbestand erfüllen können. Um diese Bewertung vornehmen zu können, ist eine genauere Untersuchung der Inhalte des Grundsatzes erforderlich.

1. Rechtsgrundlage

Es gibt keine allgemeinverbindliche, in allen Staaten gültige internationale Rechtsgrundlage des Fremdvergleichsgrundsatzes. Stattdessen finden sich in vielen nationalen Rechtsordnungen eigene Umsetzungen bzw. Konkretisierungen des Fremdvergleichsgrundsatzes. Ihren Ursprung finden alle nationalen Normen jedoch in derselben internationalen Vorschrift, Art. 9 Abs. 1 OECD–MA.

Das OECD–MA dient den Staaten als Orientierungspunkt und Verhandlungsgrundlage für auf die Vermeidung einer doppelten Besteuerung von Unternehmen ausgerichtete DBA. DBA sollen harmonisiert werden, indem auf einheitliche Systematik, Begriffe etc. zurückgegriffen werden kann.[75] Das OECD–MA ist jedoch kein verbindlicher Rechtsakt. Für die Qualifizierung als völkerrechtlicher Vertrag fehlt es an einer den Regeln der Wiener Vertragsrechtskonvention

KStG, Rn. 300 f.; *Kraft* in: Kraft, AStG, § 1 AStG, Rn. 132; *Borstell* in: Vögele/Borstell/Engler, Verrechnungspreise, 2. Teil, Kapitel C, Rn. 62; kritisch *Wassermeyer*, DB 1994, S. 1107 ff.

74 *Hülster*, IStR 2016, S. 877; *Kraft* in: Kraft, AStG, § 1 AStG, Rn. 150.

75 Die überwiegende Anzahl der (deutschen) DBA ist sehr nah an das OECD–MA angelehnt, daher ähneln sie sich stark, obwohl jedes einzelne DBA gesondert bilateral ausgehandelt wird. Vgl. auch *Brähler*, Internationales Steuerrecht, S. 96.

(WVK) entsprechenden Ratifizierung[76] seitens der OECD-Mitgliedstaaten.[77] Es wurde nicht vom Unionsgesetzgeber erarbeitet, sondern von der OECD, sodass es auch kein Unionsrecht darstellt.[78] Stattdessen ist es ein einseitiger Akt einer internationalen Organisation in Form einer Empfehlung an ihre Mitgliedstaaten.[79] Diese Empfehlung ist nicht verbindlich, auch nicht nach Auffassung der OECD selbst. Ihre Mitgliedstaaten haben nach Regel 18 lit. b der OECD-Verfahrensordnung[80] selbstständig zu prüfen, ob sie eine Befolgung für sinnvoll erachten oder nicht. Dies gilt erst recht für die von der OECD dazu erlassene Kommentierung (OECD – MK) und sonstige weitere Erläuterungen und Empfehlungen, wie die OECD-Verrechnungspreisrichtlinien, die lediglich Rechtsansichten der OECD enthalten.

Im Falle von Art. 9 Abs. 1 OECD–MA sind die Mitgliedstaaten der Empfehlung gefolgt. Ihre bilateralen DBA enthalten eine Art. 9 Abs. 1 OECD–MA entsprechende Norm. Darüber hinaus wurde dem in der genannten Vorschrift verankerten Fremdvergleichsgrundsatz eine so große Bedeutung beigemessen, dass er von allen Mitgliedstaaten in Form einer eigenständigen Norm ins nationale Steuerrecht implementiert wurden. In Deutschland ist das § 1 Abs. 1 AStG; die vorgenannte Norm hat dabei eine Doppelfunktion. Sie enthält den Fremdvergleichsgrundsatz als Maßstab zur Bestimmung und Überprüfung von Verrechnungspreisen und dient den deutschen Steuerbehörden zeitgleich als Ermächtigungsgrundlage, sofern sie beabsichtigen, die Verrechnungspreise zu berichtigen.[81]

---

76 Dies gilt indes nicht für die DBA selbst. Diesen werden von den beteiligten Staaten ratifiziert und stellen bilaterale völkerrechtliche Verträge dar. Sie gelten in Deutschland daher nach Maßgabe von Art. 59 Abs. 2 GG.

77 Im Ergebnis so auch GA *Kokott*, Schlussantrag zur Rs. C-118/16 (*X Denmark A/S/ Skatteministeriet*), ECLI:EU:C:2018:146, Rn. 50 ff.; *dies*., Schlussantrag zur Rs. C-119/ 16 (*C Danmark I/Skatteministeriet*), ECLI:EU:C:2018:147, Rn. 50 ff.

78 Vgl. auch GA *Kokott*, Schlussantrag zur Rs. C-116/16 (*Skatteministeriet/Y Denmark APS*), ECLI:EU:C:2018:145, Rn. 81; *dies*, Schlussantrag zur Rs. C-119/16 (*C Danmark I/Skatteministeriet*), ECLI:EU:C:2018:147, Rn. 52.

79 GA *Kokott*, Schlussantrag zur Rs. C-116/16 (*Skatteministeriet/Y Denmark APS*), ECLI:EU:C:2018:145, Rn. 81.

80 Verfahrensordnung der OECD von 2013, abrufbar unter: https://www.oecd.org/legal/ rules%20of%20Procedure%20OECD%20Oct%202013.pdf (zuletzt abgerufen am 11. Juli 2019).

81 Zur Korrekturfunktion vgl. *Kraft* in: Kraft, AStG, § 1 AStG, Rn. 11.

2. Arten des Fremdvergleichs

Bei der beihilferechtlichen Prüfung der Verrechnungspreise am Maßstab des Fremdvergleichsgrundsatzes wird sich die Unionsgerichtsbarkeit zunächst der Frage stellen müssen, welche Form des Fremdvergleichs im konkreten Fall zur Anwendung kommt. Davon ist beispielsweise abhängig, ob anderweitig vereinbarte Preise zwischen Dritten bzw. des Unternehmen aus anderen Geschäftsvorfällen als Maßstab dienen oder ob die Berechnung mithilfe des sog. hypothetischen Fremdvergleichs erfolgt, bei dem sich der Maßstab aus des Überlegung ableitet, was zwei ordentliche Geschäftsleiter normalerweise vereinbart hätten.

Es ist zu unterscheiden zwischen dem tatsächlichen und dem erwähnten hypothetischen, sowie zwischen dem direkten und dem indirekten Fremdvergleich.[82]

a. Tatsächlicher und hypothetischer Fremdvergleich

Ausgangspunkt bei der Überprüfung, ob die Unternehmen ihre Verrechnungspreise angemessen bestimmt haben, ist der tatsächliche Fremdvergleich. Dies zeigt Abbildung 1.

82 *Borstell* in: Vögele/Borstell/Engler, Verrechnungspreise, 2. Teil, Kapitel C, Rn. 4; Schreiben betr. Grundsätze für die Prüfung der Einkunftsabgrenzung bei international verbundenen Unternehmen vom 23. Februar 1983, BMF IV C 5 – S 1341- 4/83, Tz. 2.2.2.

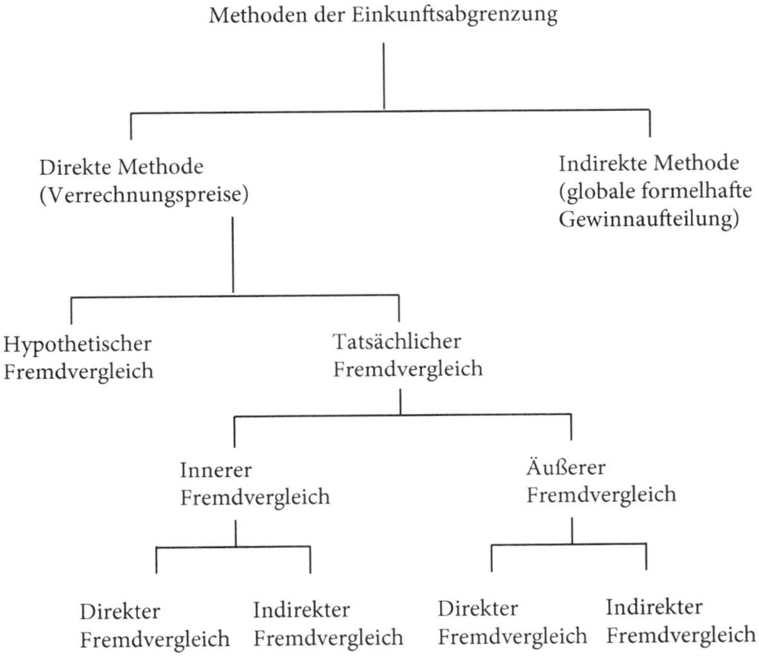

Abbildung 1: Methoden der Einkunftsabgrenzung zwischen verbundenen Unternehmen

Quelle: Eigene Darstellung.

Beim tatsächlichen Fremdvergleich wird der geplante Geschäftsvorfall mit tatsächlichen Geschäftsvorfällen zwischen voneinander unabhängigen Unternehmen verglichen.[83] Voraussetzungen dafür ist, dass diese tatsächlich verwirklichten Geschäftsvorfälle mit dem geplanten Geschäftsvorfall vergleichbar sind.[84] Die Vergleichbarkeit wird mithilfe einer sog. Funktions- und Risikoanalyse festgestellt.[85] Im Rahmen dieser Analyse werden die Umstände der Geschäftsvorfälle untersucht; nach Teilziffer 3.1.2.1 des Schreibens des Bundesfinanzministeriums

83 *Kraft* in: Kraft, AStG, § 1 AStG, Rn. 214; *Hülster*, IStR 2016, S. 877 ff.

84 *Borstell* in: Vögele/Borstell/Engler, Verrechnungspreise, 2. Teil, Kapitel C, Rn. 5.

85 *Renz* in: Drinhausen/Eckstein, Beck'sches Handbuch der AG, 2. Abschnitt, § 16, Rn. 251.

betreffend Grundsätze für die Prüfung der Einkunftsabgrenzung bei international verbundenen Unternehmen[86](BMF-Verwaltungsgrundsätze) sind dabei folgende fünf Faktoren zu berücksichtigen:

- Die Marktverhältnisse
- Die Funktionen und Handelsstufen der Unternehmen
- Die vertraglichen Liefervereinbarungen, insbesondere Haftungsverhältnisse, Zahlungsfristen, Rabatte, Gefahrtragungsvereinbarungen und Gewährleistungsbestimmungen
- Die Auswirkungen längerfristiger Geschäfts- und Leistungsbeziehungen
- Besondere Wettbewerbssituationen, etwa aufgrund von Patenten oder durch staatliche Preisregulierungen.

Die Gewichtung dieser Faktoren hängt von der ausgewählten Verrechnungspreismethode ab. Zusätzlich ist je nach Methode die Einbeziehung weiterer Faktoren möglich, wie beispielsweise Gegenstand, Beschaffenheit, Innovationsgehalt und Qualität[87], sofern es sich um Waren oder Dienstleistungen handelt.

Sollten nach Auswertung der Funktions- und Risikoanalysen keine vergleichbaren tatsächlich verwirklichten Geschäftsvorfälle vorliegen, ist kein tatsächlicher Preisvergleich möglich.[88] In diesem Fall findet der hypothetische Fremdvergleich Anwendung.[89] Dabei handelt es sich um einen fiktiven Preisvergleich, der sich danach richtet, was voneinander unabhängige Unternehmen unter identischen oder ähnlichen Umständen normalerweise vereinbart hätten.[90] Dem hypothetischen Fremdvergleich liegt die Theorie des doppelt ordentlichen und gewissenhaften Geschäftsleiters zugrunde.[91] Ausgangspunkt sind die Preisvorstellungen, die die Vertragsparteien hinsichtlich der relevanten Leistungen minimal bzw. maximal zu zahlen bereit sind (Mindestpreis des Leistenden und Maximalpreis

---

86 Schreiben betr. Grundsätze für die Prüfung der Einkunftsabgrenzung bei international verbundenen Unternehmen vom 23. Februar 1983, BMF IV C 5 – S 1341- 4/83.

87 Schreiben betr. Grundsätze für die Prüfung der Einkunftsabgrenzung bei international verbundenen Unternehmen vom 23. Februar 1983, BMF IV C 5 – S 1341- 4/83, Tz. 3.1.2.1, Nr. 1.

88 *Kraft* in: Kraft, AStG, § 1 AStG, Rn. 292; *Renz* in: Drinhausen/Eckstein, Beck'sches Handbuch der AG, 2. Abschnitt, § 16, Rn. 188; *Eigelshoven* in: Vogel/Lehner, DBA, Art. 9, Rn. 22.

89 *Tenbusch*, IStR 2017, S. 827; vgl. auch § 1 Abs. 3 Satz 5 AStG.

90 *Borstell* in: Vögele/Borstell/Engler, Verrechnungspreise, 2. Teil, Kapitel C, Rn. 6.

91 *Eigelshoven* in: Vogel/Lehner, DBA, Art. 9, Rn. 774; vgl. auch *Thier*, IStR 2012, S. 495 ff.; *Tenbusch*, IStR 2017, S. 827.

des Leistungsempfängers). Diese beiden Preise – auch Grenzpreise genannt – bilden den Rahmen für den Einigungsbereich.[92] Bestehen für einen bestimmten Wert innerhalb des Einigungsbereichs keine besonderen Anhaltspunkte, so wird vermutet, dass sich ordentliche und gewissenhafte Geschäftsleiter auf den Mittelwert des Einigungsbereichs einigen würden.[93] Dieser Mittelwert bildet dann den angemessenen Verrechnungspreis.

Sollte die Unionsgerichtsbarkeit zu dem Ergebnis kommen, dass der hypothetische Fremdvergleich angewendet werden muss und hat mithilfe des skizzierten Vorgehens einen Verrechnungspreis gefunden, so muss sie diesen mit dem Verrechnungspreis des APAs vergleichen, um eine Beurteilung über dessen Konformität treffen zu können.

Dies wird indes nur selten der Fall sein. Weitaus häufiger ist der tatsächliche Fremdvergleich anzuwenden. Dessen Anwendung ist wohl komplizierter als die Überprüfung am Maßstab zweier ordentlicher und gewissenhafter Geschäftsleiter und bereitet weitere Schwierigkeiten, vor allem die Wahl der richtigen Verrechnungspreismethode, aber offenbart hierdurch zumindest einige Anhaltspunkte.

b. Innerer und äußerer Fremdvergleich

Bei diesem Begriffspaar handelt es sich ebenso um Unterformen des tatsächlichen Preisvergleichs, die bei der Anwendung des jeweiligen Verrechnungspreismethode berücksichtigt werden. Beim äußeren Preisvergleich wird der Geschäftsvorfall zwischen verbundenen Unternehmen mit einem davon völlig losgelösten Geschäftsvorfall verglichen, der zwischen zwei unabhängigen Drittunternehmen verwirklicht worden ist.[94] Der äußere Fremdvergleich ist der Standardfall.

Ergibt jedoch die Funktions- und Risikoanalyse, dass keine vergleichbaren äußeren Fälle vorliegen und ist eine Anpassung zur Eliminierung der unterschiedlichen Umstände nicht möglich, kann der innere Preisvergleich durchgeführt werden. Hierbei wird der Geschäftsvorfall nicht mit einem Geschäftsvorfall von Drittunternehmen verglichen[95], sondern mit einem solchen, den das

---

92 *Jacobs/Endres/Spengel*, Internationale Unternehmensbesteuerung, S. 589.

93 *Renz* in: Drinhausen/Eckstein, Beck'sches Handbuch der AG, 2. Abschnitt, § 16, Rn. 188; *Jacobs/Endres/Spengel*, Internationale Unternehmensbesteuerung, S. 590.

94 *Kraft* in: Kraft, AStG, § 1 AStG, Rn. 216.

95 *Kußmaul/Ruiner*, IStR 2010, S. 606; *Baumhoff/Liebchen*, Internationale Einkunftsabgrenzung auf der Grundlage des Fremdvergleichs, in: Mössner, Steuerrecht internationaler Unternehmen, S. 455, Rn. 4.161 f.

Unternehmen selbst oder ein verbundenes Unternehmen mit einem Drittunternehmen vereinbart hat.[96] Die Vergleichsdaten kommen so nicht „von außen“, beispielsweise aus Verrechnungspreisdatenbanken[97], sondern aus dem Unternehmen selbst.

c. *Direkter und indirekter Fremdvergleich*

Beim direkten und indirekten Fremdvergleich handelt es sich um Unterfälle des tatsächlichen Fremdvergleichs. Beim direkten Fremdvergleich können die Geschäftsvorfälle Eins zu eins miteinander verglichen werden. Dieses Vorgehen führt zu den präzisesten Fremdvergleichen. Es setzt jedoch voraus, dass die Geschäftsvorfälle hinsichtlich der obigen Faktoren (annähend) identisch sein müssen. In der Praxis liegt eine solche Übereinstimmung jedoch nur in den seltensten Fällen vor.[98] Meistens weichen die Umstände zumindest hinsichtlich eines Faktors ab, sodass ein direkter Fremdvergleich nicht mehr möglich ist.[99]

Deshalb findet ganz überwiegend der indirekte Fremdvergleich Anwendung. Anders als der direkte Fremdvergleich setzt er nicht voraus, dass die Umstände des Geschäftsvorfalls identisch sind. Es genügt, dass die Funktions- und Risikoanalyse ähnliche Umstände ermittelt.[100] Die Unterschiede der Umstände müssen jedoch identifizierbar und quantifizierbar sein. Der indirekte Preisvergleich versucht den Einfluss der Unterschiede zu eliminieren und nimmt entsprechend der Quantifizierbarkeit eine Anpassung vor. Durch die Anpassung wird versucht, identische Umstände herzustellen, um so den Fremdvergleich durchführen zu können. Früher war der indirekte Fremdvergleich nicht für alle Verrechnungspreismethoden anerkannt, sondern konnte lediglich bei der Preisvergleichsmethode angewendet werden.[101]

---

96 *Jacobs/Endres/Spengel*, Internationale Unternehmensbesteuerung, S. 567; *Renz* in: Drinhausen/Eckstein, Beck'sches Handbuch der AG, 2. Abschnitt, § 16, Rn. 186.

97 Zur Bedeutung von Datenbankanalysen *Baumhoff/Liebchen*, Internationale Einkunftsabgrenzung auf der Grundlage des Fremdvergleichs, in: Mössner, Steuerrecht internationaler Unternehmen, S. 455, Rn. 4.163.

98 *Renz* in: Drinhausen/Eckstein, Beck'sches Handbuch der AG, 2. Abschnitt, § 16, Rn. 187.

99 *Borstell* in: Vögele/Borstell/Engler, Verrechnungspreise, 2. Teil, Kapitel C, Rn. 7.

100 *Eigelshoven* in: Vogel/Lehner, DBA, Art. 9, Rn. 72.

101 Vgl. noch Schreiben betr. Grundsätze für die Prüfung der Einkunftsabgrenzung bei international verbundenen Unternehmen vom 23. Februar 1983, BMF IV C 5 – S 1341- 4/83, Tz. 2.2.2.

Heute ist der indirekte Preisvergleich bei allen Verrechnungspreismethoden möglich.[102]

3. Verrechnungspreismethoden

Die Unterscheidung zwischen inneren und äußeren sowie direkten und indirekten Fremdvergleich ist im Lichte der folgenden Ausführungen zu sehen. Sollte die Unionsgerichtsbarkeit zu dem Ergebnis kommen, dass ein tatsächlicher Fremdvergleich durchzuführen ist, so muss sie untersuchen, ob die Wahl der in dem APA vereinbarten Verrechnungspreismethode rechtmäßig war. Die Entscheidung ist für die Beihilfeprüfung von entscheidender Wichtigkeit. Ist die Wahl der Methode nicht vertretbar, so spricht einiges für eine fehlerhafte Bestimmung des Verrechnungspreises und damit – freilich bei Vorliegen der übrigen Tatbestandsvoraussetzungen des Art. 107 Abs. 1 AEUV – für eine verbotene Beihilfe.

Verrechnungspreismethoden sind die Methoden, mit denen Verrechnungspreise am Maßstab des Fremdvergleichsgrundsatzes bestimmt werden.[103] Abhängig davon, welche Güter und Leistungen im Mittelpunkt des Geschäftsvorfalles stehen, werden unterschiedliche Methoden angewendet. Die Wahl der Methode hat praktische Auswirkungen; die auf Grundlage der Methode errechneten Preise können erheblich voneinander abweichen.

Obwohl es weit mehr Verrechnungspreismethoden gibt, besteht international ein weitgehender Konsens darüber, dass fünf Methoden dem Maßstab des Fremdvergleichs ausreichend Rechnung tragen und deshalb Anwendung finden sollen.[104] Maßgeblich für ihren Inhalt und Anwendungsbereich sind die OECD-Verrechnungspreisrichtlinien in der aktuellsten Fassung (bislang: 2017). Nach der dort vorgenommenen Einordnung lassen sich die Methoden in zwei Kategorien einteilen:[105]

---

102 So *Borstell* in: Vögele/Borstell/Engler, Verrechnungspreise, 2. Teil, Kapitel C, Rn. 7.

103 *Hofacker* in: Haase, AStG/DBA, § 1 AStG, Rn. 236; *Baumhoff/Liebchen*, Internationale Einkunftsabgrenzung auf der Grundlage des Fremdvergleichs, in: Mössner, Steuerrecht internationaler Unternehmen, S. 476, Rn. 4.209.

104 *Naumann*, IStR 2013, S. 616; *Vögele/Raab*, in: Vögele/Borstell/Engler, Verrechnungspreise, 2. Teil, Kapitel D, Rn. 8; *Kraft* in: Kraft, AStG, § 1 AStG, Rn. 238.

105 OECD-Verrechnungspreisrichtlinien für multinationale Unternehmen und Steuerverwaltungen 2017, S. 103; so auch *Eigelshoven* in: Vogel/Lehner, DBA, Art. 9, Rn. 71 ff.; *Vögele/Raab*, in: Vögele/Borstell/Engler, Verrechnungspreise, 2. Teil, Kapitel D, Rn. 8 ff.; *Hofacker* in: Haase, AStG/DBA, § 1 AStG, Rn. 237.

1. traditionelle geschäftsvorfallbezogene Methoden (Standardmethoden[106])
   - Preisvergleichsmethode
   - Wiederverkaufspreismethode
   - Kostenaufschlagsmethode
2. geschäftsvorfallbezogene Gewinnmethoden[107]
   - Nettomargenmethode
   - Gewinnaufteilungsmethode

a. Verhältnis der Methoden

Ursprünglich bestand der internationale Konsens lediglich hinsichtlich der Anwendung der drei Standardmethoden.[108] Die Gewinnmethoden hatten keinen bzw. kaum einen Anwendungsbereich[109], da die Standardmethoden gegenüber den Gewinnmethoden vorrangig anzuwenden waren.[110] Heute ist jedoch nicht mehr von einer generellen Rangfolge der Methoden auszugehen, alle Methoden stehen grundsätzlich gleichrangig nebeneinander. In einer Abkehr von den starren Methodenhierarchie haben die OECD-Verrechnungspreisrichtlinien von 2010 erstmals bestimmt, dass die am besten geeignete Methode Anwendung finden soll.[111] Abstufungen gibt es dennoch weiterhin. Wenn die Anwendung mehrerer Methoden möglich ist, sind die Standardmethoden gegenüber den

---

106 Die Bezeichnung Standardmethoden ist gängig, da ursprünglich für die Bestimmung allein die drei traditionellen geschäftsvorfallbezogenen Methoden verwendet wurden. Die Gewinnmethoden waren lange kaum akzeptiert und sind erst kurz Teil des internationalen Konsens`, vgl. Schreiben betr. Grundsätze für die Prüfung der Einkunftsabgrenzung bei international verbundenen Unternehmen vom 23. Februar 1983, BMF IV C 5 – S 1341- 4/83, Tz. 2.2.

107 *Naumann,* IStR 2013, S. 616 hält den Begriff „Gewinnmethoden" für „eher verunglückt" und begründet dies damit, dass alle Methoden inklusive der Standardmethoden das Ziel haben, für das geprüfte Unternehmen Gewinne zu bestimmen. Ein Gegenvorschlag wird indes nicht unterbreitet.

108 *Baumhoff/Liebchen,* Internationale Einkunftsabgrenzung auf der Grundlage des Fremdvergleichs, in: Mössner, Steuerrecht internationaler Unternehmen, S. 476, Rn. 4.209.

109 In den OECD-Verrechnungspreisrichtlinien von 1995 werden die Gewinnmethoden noch als „andere Methoden" bezeichnet und ihre Anwendung auf Ausnahmefälle beschränkt, sog. „methods of last resort".

110 *Kraft* in: Kraft, AStG, § 1 AStG, Rn. 237 f.; *Naumann,* IStR 2013, S. 616.

111 In der Richtlinie von 2010 befürwortet die OECD in Abkehr von einer generellen Hierarchie der Methoden erstmals die Auswahl der am besten geeigneten Methode, sog. „most appropiate method approach".

Gewinnmethoden vorrangig[112]; zusätzlich ist innerhalb der Standardmethoden die Preisvergleichsmethode vorrangig anzuwenden.[113] Dem folgt auch das deutsche Steuerrecht. In § 1 Abs. 3 Satz 1 AStG kodifiziert es zunächst eine vorrangige Anwendung der Standardmethoden. Allerdings folgt die Einschränkung in § 1 Abs. 3 Satz 2 AStG. Demnach ist die Methode zu wählen, die für die Überprüfung am besten geeignet ist.

b. Anwendung der Methoden

Die Wahl der Methode ist für die Bestimmung der Verrechnungspreise ausschlaggebend. Wann welche Methode Anwendung findet, lässt sich jedoch nicht pauschal sagen, sondern ist eine Einzelfallentscheidung. Hierin liegt auch das Hauptproblem für Unternehmen, da sie nicht wissen, ob sie die „richtige" Methode wählen und die Steuerbehörden deshalb die Preise nicht beanstanden werden, oder diese von der Anwendbarkeit einer anderen Methode ausgehen und deshalb die Preise korrigieren werden. Dieser Umstand sorgt bei den Unternehmen für Unsicherheiten und ist der Hauptgrund dafür, warum sie überhaupt ein APA beantragen. Auf den Sinn und Zweck von APAs wird am Ende dieses Abschnitts noch gesondert eingegangen.[114]

Eine statistische Übersicht darüber, bei welcher Art von Geschäftsvorfällen wie häufig welche Methode gewählt wird, erfolgt im Anschluss. In der Tendenz kann festhalten werden, dass die Standardmethoden vor allem dann gewählt werden, wenn der Gegenstand des Fremdvergleichs der Preis für die Ware oder die Dienstleistung selber ist.[115] Die Gewinnmethoden finden eher dann Anwendung, wenn nicht der Verrechnungspreis selbst mit anderen Preisen verglichen werden soll, sondern die erzielte Marge oder der Anteil an einem insgesamt erzielten Gewinn Gegenstand des Fremdvergleichs ist.[116]

---

112 *Borstell* in: Vögele/Borstell/Engler, Verrechnungspreise, 1. Teil, Kapitel B, Rn. 76.

113 OECD-Verrechnungspreisrichtlinien für multinationale Unternehmen und Steuerverwaltungen 2017, S. 108.

114 Vgl. dazu diesen Abschnitt, IV.

115 *Vögele/Raab*, in: Vögele/Borstell/Engler, Verrechnungspreise, 2. Teil, Kapitel D, Rn. 10; *Tenbusch*, IStR 2017, S. 825 ff. sieht vor allem für die Preisvergleichsmethode und die Kostenaufschlagsmethode auch einen großen Anwendungsbereich bei der Bestimmung eines fremdüblichen Zinssatzes.

116 OECD-Verrechnungspreisrichtlinien für multinationale Unternehmen und Steuerverwaltungen 2017, S. 104 ff.; *Vögele/Raab*, in: Vögele/Borstell/Engler, Verrechnungspreise, 2. Teil, Kapitel D, Rn. 18.

Mit Blick auf die Tragweite der Entscheidung für eine Methode widmet sich die Arbeit im Folgenden kurz deren jeweiligen Inhalt. Dies ist unerlässlich, da die Unionsgerichte zwingenderweise die Wahl der Methode überprüfen müssen, um den Verrechnungspreis und seine Beihilferechtskonformität bewerten zu können. Es ist nicht möglich, jeder Methode eine Art von Geschäftsvorfall bzw. ein Geschäftsfeld zuzuordnen. Sollte eine Methode jedoch einen Hauptanwendungsbereich haben, so wird das erwähnt. Verzichtet wird mit Blick auf die rechtliche Kontrolle am Maßstab des Beihilferechts auf die Darstellung komplexer mathematischer Formeln.

aa. Traditionelle geschäftsvorfallbezogene Methoden (Standardmethoden)

Bei Geschäftsvorfällen zwischen verbundenen Unternehmen werden diese in der Regel zunächst versuchen, die Verrechnungspreise auf Grundlage einer der Standardmethoden zu bestimmen. Das ist auch häufig der richtige Weg; Studien zeigen, dass bei ca. 2/3 aller weltweiten Geschäftsvorfälle die Bestimmung mithilfe der Standardmethoden erfolgt.[117] Zu den Standardmethoden gehören die Preisvergleichs-, die Wiederverkaufspreis- und die Kostenaufschlagsmethode.

(1) Preisvergleichsmethode

Die Preisvergleichsmethode (engl. *comparable uncontrolled price method*) ist die exakteste Methode, einen Fremdvergleich durchzuführen.[118] Sie vergleicht die bei einem Geschäftsvorfall vereinbarten Preise selbst miteinander.[119] Bei ihr ist die Unterscheidung zwischen innerem und äußerem Fremdvergleich besonders bedeutend: Im Wege des äußeren Preisvergleichs werden Marktpreise zum Vergleich verwendet, die aufgrund von Börsenwertungen (z.B. Rohstoffpreise) oder branchenüblichen Geschäftsabschlüssen (z.B. Dienstleistungen im Bereich der

117 Vgl. zu Verrechnungspreisen zwischen japanischen und US-amerikanischen Unternehmen, *Tang/Walter/Raymond*, Management Accounting 1979, S. 12 ff.; zu Verrechnungspreisen zwischen deutschen, multinational agierenden verbundenen Unternehmen, *Popp/Theisen*, DB 1987, S. 1949 ff. sowie für eine Übersicht der prozentualen Verteilung die Tabelle im Anschluss.

118 *Kußmaul/Ruiner*, IStR 2010, S. 605; *Pohl* in: Blümich, EStG, KStG, GewStG, § 1 AStG, Rn. 77.

119 Schreiben betr. Grundsätze für die Prüfung der Einkunftsabgrenzung bei international verbundenen Unternehmen vom 23. Februar 1983, BMF IV C 5 – S 1341- 4/83, Tz. 2.2.2.

Rechtsberatung) ermittelt werden können.[120] Beim inneren Preisvergleich geht es stattdessen um Preise, die das Unternehmen selbst bei einem Geschäftsvorfall mit einem unabhängigen Drittunternehmen angewandt hat.[121]

Bei der Preisvergleichsmethode ist die Vergleichbarkeit der im Mittelpunkt des Geschäftsvorfalls stehenden Ware oder Dienstleistungen von entscheidender Bedeutung. Dies ist auch zeitgleich ihr Nachteil. Nur wenn Waren oder Dienstleistungen annähernd identisch sind, kann sie Anwendung finden, da Abweichungen häufig nicht quantifiziert werden können.[122] Sie kommt deshalb insbesondere bei gängigen Dienstleistungen oder einheitlichen Warenlieferungen in Betracht.[123]

(2) Wiederverkaufspreismethode

Die Wiederverkaufsmethode (engl. *resale price method*) geht anders vor. Sie orientiert sich zur Bestimmung des Verrechnungspreises an dem Preis, zu dem ein Unternehmen, welches vorher eine Ware oder eine Dienstleistung von einem mit ihm verbundenen Unternehmen eingekauft hat, diese an ein unabhängiges Drittunternehmen unter Marktbedingungen weiterveräußert hat. [124] Dieser Wiederverkaufspreis wird um eine marktübliche Marge (sog. Rohgewinnmarge) gemindert, der verbleibende Betrag ist der Verrechnungspreis.[125]

---

120 *Eigelshoven* in: Vogel/Lehner, DBA, Art. 9, Rn. 72; *Kußmaul/Ruiner*, IStR 2010, S. 606.

121 *Bächle/Rupp/Ott/Knies*, Internationales Steuerrecht (Altlauflage 2008), Teil O, S. 582, Tz. 6.2.2.1; *Kußmaul/Ruiner*, IStR 2010, S. 606.

122 *Baumhoff/Liebchen*, Internationale Einkunftsabgrenzung auf der Grundlage des Fremdvergleichs, in: Mössner, Steuerrecht internationaler Unternehmen, S. 481, Rn. 4.222.

123 Schreiben betr. Grundsätze für die Prüfung der Einkunftsabgrenzung bei international verbundenen Unternehmen vom 23. Februar 1983, BMF IV C 5 – S 1341- 4/ 83, Tz. 3.2.1. *Hollenbach*, Verrechnungspreise beim E-Business - ein Beispiel für die Einkünfteabgrenzung bei konzernweiter Nutzung der Informationstechnologie, S. 31 misst der Methode eine Bedeutung bei, sofern es sich um einen inneren Fremdvergleich bei Lizenzierungen handelt; vgl. auch *Kußmaul/Ruiner*, IStR 2010, S. 607.

124 *Frotscher*, Internationales Steuerrecht, Rn. 1002; *Hofacker* in: Haase, AStG/DBA, § 1 AStG, Rn. 267; *Jacobs/Endres/Spengel*, Internationale Unternehmensbesteuerung, S. 569; OECD-Verrechnungspreisrichtlinien für multinationale Unternehmen und Steuerverwaltungen 2017, S. 113.

125 *Pohl* in: Blümich, EStG, KStG, GewStG, § 1 AStG, Rn. 81; *Borstell* in: Vögele/Borstell/ Engler, Verrechnungspreise, 1. Teil, Kapitel B, Rn. 83 ff; *Baumhoff/Liebchen*, Internationale Einkunftsabgrenzung auf der Grundlage des Fremdvergleichs, in: Mössner, Steuerrecht internationaler Unternehmen, S. 482, Rn. 4.224.

Die Schwierigkeit bei der Anwendung der Wiederverkaufspreismethode ist die Bestimmung der marktüblichen Rohgewinnmarge. Sie muss dem Betrag entsprechen, aus dem das weiterverkaufende Unternehmen seine Aufwendungen zu bestreiten versucht und der den bei dem Geschäft ausgeübten Funktionen und Risiken (z.B. eingesetzte Vermögenswerte und Haftungsrisiken) angemessen Rechnung trägt.[126] Wird beispielsweise eine gelieferte Ware vom weiterveräußernden Unternehmen bearbeitet, verarbeitet oder weiterentwickelt, ergeben sich andere Abschlagssummen, als wenn die Ware „nur" weiterveräußert wird.

Anders als bei der Preisvergleichsmethode sind Produktunterschiede bei der Wiederverkaufspreismethode weniger bedeutsam und führen nicht direkt zu einer fehlenden Vergleichbarkeit.[127] Das liegt daran, dass die Höhe der Rohgewinnmarge weniger vom Produkt und seiner Beschaffenheit abhängt, als von der Funktion, die das weiterveräußernde Unternehmen erfüllt.

Vor diesem Hintergrund liegt der Hauptanwendungsbereich der Wiederverkaufspreismethode auf der Hand: sie eignet sich am besten, wenn sie auf Vertriebstätigkeiten angewendet wird.[128] Auf ihrer Grundlage können Verrechnungspreise dann verhältnismäßig präzise bestimmt werden, wenn das liefernde Unternehmen den überwiegenden Teil der Funktionen ausübt und sich das veräußernde Unternehmen auf den Vertrieb selbst beschränkt. Sie wird unpräziser, je mehr die Aufgabenverteilung davon abweicht, d.h. je mehr Funktionen das veräußernde Unternehmen erfüllt.

(3) Kostenaufschlagsmethode

Die Kostenaufschlagsmethode (engl. *cost plus method*) dreht die Vorgehensweise genau um. Sie geht zur Bestimmung des Verrechnungspreises nicht vom Weiterveräußerungspreis aus, sondern orientiert sich an den Kosten, die dem leistenden Unternehmen im Vorfeld des Geschäftsvorfalls mit einem verbundenen Unternehmen zur Bereitstellung der Leistung entstehen (Herstellungskosten).[129]

---

126 OECD-Verrechnungspreisrichtlinien für multinationale Unternehmen und Steuerverwaltungen 2017, S. 113.

127 *Borstell* in: Vögele/Borstell/Engler, Verrechnungspreise, 1. Teil, Kapitel B, Rn. 84.

128 BFH, Urteil vom 17. Oktober 2001, BstBl. II 2004, S. 171; *Baumhoff/Liebchen*, Internationale Einkunftsabgrenzung auf der Grundlage des Fremdvergleichs, in: Mössner, Steuerrecht internationaler Unternehmen, S. 482, Tz. 4.225; *Frotscher*, Internationales Steuerrecht, Rn. 1002; *Ditz/Bärsch/Kluge*, IStR 2019, S. 298.

129 *Kraft* in: Kraft, AStG, § 1 AStG, Rn. 230; *Kußmaul/Ruiner*, IStR 2010, S. 604; OECD-Verrechnungspreisrichtlinien für multinationale Unternehmen und Steuerverwaltungen 2017, S. 119.

Die Herstellungskosten werden um einen marktüblichen Gewinnaufschlag erhöht; das Ergebnis ist der angemessene Verrechnungspreis. Die Schwierigkeit bei dieser Methode ist die Berechnung des marktüblichen Aufschlags. Dieser orientiert sich wie bei der Wiederverkaufspreismethode weniger am Produkt, als an den ausgeübten Funktionen.[130]

Zunächst müssen jedoch die Herstellungskosten errechnet werden. Sie werden nach den Kalkulationsmethoden ermittelt, anhand derer das leistende Unternehmen seine Preispolitik gegenüber Drittunternehmen bestimmt.[131] Sollte es an Leistungen gegenüber Drittunternehmen gänzlich fehlen, werden die Herstellungskosten nach betriebswirtschaftlichen Grundsätzen errechnet. Dabei werden Kosten für Roh-, Hilfs- und Betriebsstoffe sowie Löhne (direkte Kosten) und Kosten für Forschung und Entwicklung (indirekte Kosten) berücksichtigt.[132]

Ein Anwendungsbereich der Kostenaufschlagsmethode besteht bei der Lieferung von unfertigen Erzeugnissen oder wenn das liefernde Unternehmen lediglich Auftragsarbeiten für das weiterveräußernde Unternehmen erbringt.[133] Ihr Hauptanwendungsbereich liegt jedoch im Bereich der Erbringung interner Dienstleistungen wie der Personalbereitstellung, Buchhaltungsdienstleistungen oder Darlehensgewährung und bei Subunternehmer ähnlichen Konstellationen; in der Regel hat das weiterveräußernde Unternehmen die strategisch wichtige(n) Position(en) inne.[134] Hierin liegt ein Unterschied zur Wiederverkaufspreismethode, bei der die Funktionsverteilung grundsätzlich andersherum ist.

Die Schwachpunkte der Kostenaufschlagsmethode liegen bei immateriellen Wirtschaftsgütern oder wertvollen Erfindungen. In diesen Fällen ist häufig nicht möglich, die Methode für die Bestimmung des Verrechnungspreises zu verwenden, da zwischen den (oft vergleichsweise geringen) Herstellungskosten, den ausgeübten Funktionen und dem tatsächlichen Marktwert kein kausaler

---

130 *Pohl* in: Blümich, EStG, KStG, GewStG, § 1 AStG, Rn. 86.

131 Schreiben betr. Grundsätze für die Prüfung der Einkunftsabgrenzung bei international verbundenen Unternehmen vom 23. Februar 1983, BMF IV C 5 – S 1341- 4/83, Tz. 2.2.4; *Baumhoff/Liebchen*, Internationale Einkunftsabgrenzung auf der Grundlage des Fremdvergleichs, in: Mössner, Steuerrecht internationaler Unternehmen, S. 487, Rn. 4.240.

132 *Jacobs/Endres/Spengel*, Internationale Unternehmensbesteuerung, S. 572.

133 *Ditz/Bärsch/Kluge*, IStR 2019, S. 301.

134 *Jacobs/Endres/Spengel*, Internationale Unternehmensbesteuerung, S. 574; nicht ausdrücklich, aber im Ergebnis wohl auch *Ditz/Bärsch/Kluge*, IStR 2019, S. 301.

Zusammenhang besteht. Sie wird teilweise auch als „method of last resort“ [135] oder „ultima ratio“[136] innerhalb der Standardmethoden bezeichnet.[137]

bb. Geschäftsvorfallbezogene Gewinnmethoden

Die Anwendung der Standardmethoden ist davon abhängig, dass einzelne Leistungsbeziehungen identifiziert und bewertet werden können. Dies ist jedoch gerade bei stark integrierten Leistungsbeziehungen oder bei der Nutzung von Immaterialrechtsgütern schwierig.[138] Ist die Anwendung der Standardmethoden nicht geeignet, kann auf die Gewinnmethoden zurückgegriffen werden. Sie orientieren sich anders als die Standardmethoden nicht an Preisen oder Herstellungskosten, sondern richten ihr Augenmerk auf die aus einem Geschäftsvorfall erzielten Margen und Gewinne.

Verrechnungspreise sind nach den Gewinnmethoden fremdüblich und damit angemessen, sofern die unter Vereinbarung der Verrechnungspreise verwirklichten Geschäftsvorfälle zwischen verbundenen Unternehmen zu der Realisierung von Gewinnen und Margen geführt haben, die bei vergleichbaren Geschäftsvorfällen zwischen voneinander unabhängigen Unternehmen ebenfalls realisiert wurden.[139]

Die Gewinnmethoden haben jedoch den Nachteil, dass sie aus diesem Grund anders als die Standardmethoden nicht direkt zu einem Verrechnungspreis führen, sondern eine Umrechnung des Gewinnes zu einem Verrechnungspreis erfordern.[140] Die Umrechnung erfolgt anhand unterschiedlicher, komplexer

---

135 *Kußmaul/Ruiner*, IStR 2010, S. 604.

136 *Baumhoff/Liebchen*, Internationale Einkunftsabgrenzung auf der Grundlage des Fremdvergleichs, in: Mössner, Steuerrecht internationaler Unternehmen, S. 487, Tz. 4.241.

137 Gegen diese grundsätzliche Einschätzung spricht jedoch der prozentuale Anteil der Geschäftsvorfälle, in dem die Kostenaufschlagsmethode Anwendung findet. Eine Übersicht, aufgeschlüsselt nach der Art des Geschäftsvorfalls, folgt im Anschluss. Vgl. zudem die empirischen Auswertungen bei *Ditz/Bärsch/Kluge*, IStR 2019, S. 300 ff.

138 *Baumhoff/Liebchen*, Internationale Einkunftsabgrenzung auf der Grundlage des Fremdvergleichs, in: Mössner, Steuerrecht internationaler Unternehmen, S. 499 f., Rn. 4.284.

139 *Frotscher*, Internationales Steuerrecht, Rn. 1005; *Kraft* in: Kraft, AStG, § 1 AStG, Rn. 272.

140 *Vögele/Raab*, in: Vögele/Borstell/Engler, Verrechnungspreise, 2. Teil, Kapitel D, Rn. 19 ff.; *Jacobs/Endres/Spengel*, Internationale Unternehmensbesteuerung, S. 574;

mathematischer Formeln, deren Darstellung und Erläuterung für diese Arbeit keinen Mehrwert bringt.

(1) Nettomargenmethode

Die Nettomargenmethode (engl. *transactional net margin method*) untersucht und vergleicht die Nettomarge (im Unterschied zur Kostenaufschlagsmethode, bei der der marktübliche Aufschlag, d.h. die Bruttomarge Gegenstand der Untersuchung ist), die ein Unternehmen bei einem Geschäftsvorfall mit einem verbundenen Unternehmen erzielt. [141] Zur Anwendung der Methode ist in einem ersten Schritt der sog. Nettomargenindikator zu bestimmen. Dafür wird die Nettomarge aus dem Geschäftsvorfall ins Verhältnis zu einer geeigneten Bezugsbasis gesetzt, z.B. Kosten, Umsatz oder eingesetztes Kapital.[142] In einem zweiten Schritt ist der ermittelte Nettomargenindikator mit solchen Indikatoren zu vergleichen, die bei einem Geschäftsvorfall zwischen unabhängigen Unternehmen bestehen.[143]

Der Vorteil der Nettomargenmethode besteht darin, dass Nettomargenindikatoren durch geschäftsvorfallbezogene Unterschiede weniger beeinflusst werden als der Preis, der beispielsweise bei der Preisvergleichsmethode im Vordergrund steht. Auch Funktionsunterschiede wirken sich auf Nettomargenindikatoren weniger aus als auf Bruttomargen, da sich die Unterschiede regelmäßig in der Höhe der betrieblichen Aufwendungen wiederspiegeln.[144] Der größte Nachteil besteht darin, dass der Nettomargenindikator durch Faktoren beeinflusst werden kann, die sich auf Preise nicht, weniger stark oder nur mittelbar auswirken, was im Ergebnis eine zuverlässige Ermittlung fremdvergleichsüblicher Nettomargen erschwert.[145]

---

141 OECD-Verrechnungspreisrichtlinien für multinationale Unternehmen und Steuerverwaltungen 2017, S. 126; *Borstell* in: Vögele/Borstell/Engler, Verrechnungspreise, 1. Teil, Kapitel B, Rn. 101; *Hofacker* in: Haase, AStG/DBA, § 1 AStG, Rn. 272.

142 OECD-Verrechnungspreisrichtlinien für multinationale Unternehmen und Steuerverwaltungen 2017, S. 126; *Borstell* in: Vögele/Borstell/Engler, Verrechnungspreise, 1. Teil, Kapitel B, Rn. 101; *Jacobs/Endres/Spengel*, Internationale Unternehmensbesteuerung, S. 577.

143 *Jacobs/Endres/Spengel*, Internationale Unternehmensbesteuerung, S. 578 ff.

144 *Hofacker* in: Haase, AStG/DBA, § 1 AStG, Rn. 274.

145 OECD-Verrechnungspreisrichtlinien für multinationale Unternehmen und Steuerverwaltungen 2017, S. 128 f.

(2) Gewinnaufteilungsmethode

Die Gewinnaufteilungsmethode (engl. *profit split method*) hat unter den Verrechnungspreismethoden ein Alleinstellungsmerkmal. Alle dargestellten Methoden gehen bei der Bestimmung von Verrechnungspreisen einseitig vor, d.h. es wird nur für eines (das inländische) der verbundenen Unternehmen zur Feststellung der Vergleichbarkeit eine Funktions- und Risikoanalyse durchgeführt. Auf dieses Unternehmen wird dann die am besten geeignete Verrechnungspreismethode angewendet.

Die Gewinnaufteilungsmethode geht zweiseitig vor, sodass neben den Informationen über das inländische Unternehmen zusätzlich detaillierte Informationen über das ausländische verbundene Unternehmen notwendig sind.[146] Die Anwendung der Gewinnaufteilungsmethode ist daher mit einem höheren Aufwand verbunden, kann jedoch u.U. zu präziseren Ergebnissen führen.

Zunächst wird der aufzuteilende Gewinn ermittelt, der sich aus dem zwischen den verbundenen Unternehmen realisierten Geschäftsvorfall ergibt (Gesamtgewinn).[147] Der Gewinn wird dann zwischen den beteiligten Unternehmen nach „wirtschaftlich vernünftigen Gesichtspunkten" [148] verteilt, mithin so, dass jedes Unternehmen einen seinem Beitrag nach sachgerechten Anteil zugewiesen bekommt. Als Verteilungsmaßstab fungieren die von den Unternehmen ausgeübten Funktionen, Haftungsrisiken und eingesetzte Wirtschaftsgüter.

Der Hauptvorteil der Gewinnaufteilungsmethode liegt darin, dass sie eine Lösung für hoch integrierte Tätigkeiten bieten kann, bei denen einseitige Methoden nicht geeignet sind.[149] Sie kann beispielsweise dann die am besten

---

146 *Hofacker* in: Haase, AStG/DBA, § 1 AStG, Rn. 282; BMF, Glossar Verrechnungspreise, IV B 5- S 1341/07/10006-01, S. 21; *Baumhoff/Liebchen,* Internationale Einkunftsabgrenzung auf der Grundlage des Fremdvergleichs, in: Mössner, Steuerrecht internationaler Unternehmen, S. 502 f., Rn. 4.291.

147 *Pohl* in: Blümich, EStG, KStG, GewStG, § 1 AStG, Rn. 92; OECD-Verrechnungspreisrichtlinien für multinationale Unternehmen und Steuerverwaltungen 2017, S. 144.

148 *Renz* in: Drinhausen/Eckstein, Beck'sches Handbuch der AG, 2. Abschnitt, § 16, Rn. 227; OECD-Verrechnungspreisrichtlinien für multinationale Unternehmen und Steuerverwaltungen 2017, S. 144.

149 OECD-Verrechnungspreisrichtlinien für multinationale Unternehmen und Steuerverwaltungen 2017, S. 145; *Baumhoff/Liebchen,* Internationale Einkunftsabgrenzung auf der Grundlage des Fremdvergleichs, in: Mössner, Steuerrecht internationaler

geeignete Methode sein, wenn beide Unternehmen einzigartige und wertvolle Beiträge zum Geschäftsvorfall leisten (z.B. das Einbringen von einzigartigen immateriellen Gütern in Form von Patentüberlassungen).[150] Sie eignet sich generell gut bei Geschäftsbeziehungen zwischen zwei weitgehend gleichberechtigten Unternehmen, welche beide strategische Funktionen bei dem Geschäftsvorfall ausüben.

Ein allgemeiner Nachteil der Methode ist der stark erhöhte Informationsaufwand.[151] Dies ergibt sich erst auf den zweiten Blick. Grundsätzlich scheint die Gewinnaufteilungsmethode sowohl für das steuerpflichtige Unternehmen als auch bei einer Nachprüfung durch die Steuerbehörden eine verhältnismäßig leicht einzusetzende Methode zu sein, da sie sich weniger auf Informationen über unabhängige Unternehmen stützt. Stattdessen stehen die verbundenen Unternehmen im Vordergrund.

Für Unternehmen und vor allem die Steuerbehörden kann es jedoch schwierig sein, detaillierte Informationen von ausländischen Unternehmensgesellschaften zu erhalten, um so den gesamten Gewinn und den die gesamten Kosten der Wertschöpfungskette zu ermitteln, da Rechnungslegung und Buchführung eher selten auf einer gemeinsamen Grundlage geführt werden.[152] Unterschiedliche Währungen ergeben weitere Probleme.[153]

c. *Probleme bei der Bestimmung der richtigen Methode*

Wollen verbundene Unternehmen Geschäftsvorfälle realisieren und müssen in diesem Kontext Verrechnungspreise bestimmen, stehen ihnen die vorgenannten fünf Methoden zur Auswahl. Richtig angewendet genügen sie den Anforderungen des Fremdvergleichsgrundsatzes. Welche Methode ein

---

Unternehmen, S. 503, Rn. 4.292; *Kofler* in: Reimer/Rust, Klaus Vogel on Double Taxation Conventions, Art. 9 OECD-MA, S. 658, Rn. 88.

150 OECD-Verrechnungspreisrichtlinien für multinationale Unternehmen und Steuerverwaltungen 2017, S. 145.

151 *Pohl* in: Blümich, EStG, KStG, GewStG, § 1 AStG, Rn. 91; *Baumhoff/Liebchen*, Internationale Einkunftsabgrenzung auf der Grundlage des Fremdvergleichs, in: Mössner, Steuerrecht internationaler Unternehmen, S. 504, Rn. 4.295.

152 *Engler/Gotsis* in: Vögele/Borstell/Engler, Verrechnungspreise, 5. Teil, Kapitel O, Rn. 646.

153 OECD-Verrechnungspreisrichtlinien für multinationale Unternehmen und Steuerverwaltungen 2017, S. 145; *Engler/Gotsis* in: Vögele/Borstell/Engler, Verrechnungspreise, 5. Teil, Kapitel O, Rn. 646.

Unternehmen anwendet, fällt dabei in seinen Verantwortungsbereich.[154] Es hat grundsätzlich Wahlfreiheit und wird „nur" durch die Maßgabe gebunden, die am besten geeignete Methode zu finden.[155] In der Praxis haben sich je nach Art und Inhalt der Geschäftsvorfälle typische Anwendungsfelder der einzelnen Methoden herauskristallisiert, wie Abbildung 2 zeigt[156].

	Preisvergleichsmethode	*Wiederverkaufspreis-methode*	*Kostenaufschlags-methode*	*Nettomargenmethode*	*Gewinnaufteilungsmethode*
Vorprodukte	4,17	4,17	37,50	47,22	4,17
Endprodukte	14,93	19,40	28,36	17,91	14,93
Sachanlagen	13,04	13,04	30,43	8,70	4,35
Immaterielle Wirtschaftsgüter	30,77	2,56	17,95	17,95	7,69
Dienstleistungen	20,00	4,29	60,00	5,71	5,71
Finanzierungen	46,30	0,00	35,19	1,85	1,85
Ersatzteile	6,06	27,27	54,55	3,03	3,03
Durchschnitt	**19, 32**	**10,11**	**37,71**	**14,62**	**5,96**

Abbildung 2: Weltweite Anwendung der Verrechnungspreismethoden nach Art und Inhalt der Geschäftsvorfälle (Angaben in Prozent)

Quelle: Eigene Darstellung. Werte von *Becker/Kimpel/Oestreicher/Reimer*, Das Verfahrensrecht der Verrechnungspreise, S. 133.

154 Im Ergebnis so auch *Kofler* in: Reimer/Rust, Klaus Vogel on Double Taxation Conventions, Art. 9 OECD–MA, S. 660, Rn. 60.

155 Zusätzlich können unternehmensinterne Verrechnungspreisrichtlinien die Geschäftsleiter zur Wahl einer bestimmten Methode anhalten, vgl. auch *Becker/Kimpel/Oestreicher/Reimer*, Das Verfahrensrecht der Verrechnungspreise, S. 132.

156 In Summe bildet diese Tabelle 87,72 Prozent der Fälle ab. Die restlichen 12,28 Prozent entfallen vor allem auf eine Vermischung der Methodenelemente, sodass sie nicht in dieser Tabelle aufgenommen wurden.

Es zeigt sich beispielsweise, dass die Kostenaufschlagsmethode bei Dienstleistungen und der Lieferung von Produkten (Vorprodukte, Endprodukte und Ersatzteile) ihren Hauptanwendungsbereich hat. Die Nettomargenmethode hat neben dem Bereich der Vorprodukte ihren Hauptanwendungsbereich bei immateriellen Wirtschaftsgütern. Dieser bei realitätsnaher Betrachtung für die gerichtliche Beihilfekontrolle sehr relevante Bereich – schließlich wird Gewinnverlagerung regelmäßig unter Nutzung von Verrechnungspreisen für Immaterialrechtsgüter betrieben – zeigt exemplarisch das Problem der Wahl einer Verrechnungspreismethode. Die Nettomargenmethode ist keinesfalls „die" Methode bei Geschäftsvorfällen über immaterielle Wirtschaftsgüter; vielmehr findet die Kostenaufschlagsmethode genauso häufig Anwendung wie die Nettomargenmethode, die Preisvergleichsmethode sogar beinahe doppelt so häufig.

Somit geben die Daten einerseits Auskunft über typische Anwendungsfelder jeder Methode. Andererseits verdeutlichen sie, dass in vielen Bereichen grundsätzlich mehrere Methoden in Betracht kommen. Im Bereich der Finanzierungen findet in fast jedem zweiten Fall die Preisvergleichsmethode Anwendung. Zeitgleich findet in mehr als jedem dritten Fall die Kostenaufschlagsmethode Anwendung. Sollte ein Geschäftsleiter also versuchen, für einen Geschäftsvorfall mit Finanzierungen einen Verrechnungspreis zu bestimmen, stehen ihm dafür im Wesentlichen diese beiden Methoden zur Verfügung. Er muss sich daher für eine der beiden Methoden entscheiden und trägt damit das Risiko, dass die Steuerbehörden im konkreten Fall die andere Methode bevorzugen.

Noch deutlicher wird dieses Risiko im Bereich von Geschäftsvorfällen über Endprodukte. Hier haben alle fünf Methoden einen Anwendungsbereich von mindestens 15 Prozent. Die Festlegung auf eine Methode ist in diesem Fall daher besonders risikobehaftet. Aus dieser Problematik heraus ergibt sich der Sinn und Zwecks von APAs.

V. Sinn und Zweck von APAs

Generell bergen Verrechnungspreise für Unternehmen in mehrerer Hinsicht Risiken; die Verrechnungspreisbestimmung ist keine exakte Wissenschaft, sondern produziert unterschiedliche Ergebnisse.[157] Es ist möglich, dass in ein und demselben Sachverhalt Unternehmen und Steuerbehörden zu

---

157 *Hülster*, IStR 2016, S. 874; *Baumhoff/Liebchen*, Internationale Einkunftsabgrenzung auf der Grundlage des Fremdvergleichs, in: Mössner, Steuerrecht internationaler Unternehmen, S. 377, Rn. 4.12.

unterschiedlichen Preisen kommen, obwohl das Unternehmen keine Gewinnverlagerung beabsichtigt.[158]

Dies zeigt sich auch in der Praxis. Eine Studie von *EY* aus dem Jahr 2013 stellte fest, dass die Bestimmung von Verrechnungspreisen eine der bedeutendsten Kontroversen bei Steuerprüfungen in Deutschland ist. [159] Dies hat im Wesentlichen zwei Gründe. Die Auswirkungen des ersten Grundes wurden oben bereits aufgezeigt, indem die Probleme bei der Wahl der richtigen Verrechnungspreismethode dargestellt wurden. Dieser Schwierigkeit zugrunde liegt eine konzeptionelle Schwäche des Fremdvergleichsgrundsatzes und seine uneinheitliche Anwendung.[160] Ein weiteres Problem ergibt sich aus der *ex-post* Sachverhaltsbetrachtung durch die Steuerbehörden.

1. Der Fremdvergleichsgrundsatz – konzeptionelle Schwäche und unterschiedliche Sichtweisen der nationalen Steuerbehörden

Der Fremdvergleichsgrundsatz gebietet fremdübliche Gestaltung von Verrechnungspreisen. Was für den außenstehenden Betrachter nach einem sinnvollen Vorgehen klingt, stellt die Unternehmen vor Schwierigkeiten. Der Fremdvergleichsgrundsatz an sich schweigt sich nämlich darüber aus, wie genau Verrechnungspreise fremdüblich zu bestimmen sind. Dies ist der Komplexität der zu regelnden Materie geschuldet; es ist nicht möglich, die Einzelfallumstände jedes Geschäftsvorfalls zu antizipieren und eine Vorgehensweise vorzuschreiben. Stattdessen ist der Fremdvergleichsgrundsatz weitgehend unbestimmt und bedarf der Auslegung in jedem einzelnen konkreten Fall.[161]

Grundsätzlich ist diese Situation keine Besonderheit. Gesetze und die darin enthaltenen Normen kennzeichnen sich durch ihre Qualität als abstrakt-generelle Rechtsakte. Für Juristen gehört es deshalb zum Beruf, Gesetze im Wege der Auslegung auf den konkreten Einzelfall anzuwenden. Allerdings muss man sich vor Augen führen, dass mit der Gesetzesauslegung stets auch subjektive

---

158 *Kofler* in: Reimer/Rust, Klaus Vogel on Double Taxation Conventions, Art. 9 OECD-MA, S. 659, Rn. 89.

159 EY Global Transfer Pricing Survey 2013, Navigating the choppy waters of international tax, abrufbar unter: https://www.ey.com/Publication/vwLUAssets/EY-2013_Global_Transfer_Pricing_Survey/$FILE/EY-2013-GTP-Survey.pdf (zuletzt abgerufen am 11. Juli 2019), S. 41.

160 Vgl. dazu auch sehr ausführlich *Nientimp/Schwarz/Stein*, IStR 2016, S. 487 ff.

161 *Kraft* in: Kraft, AStG, § 1 AStG, Rn. 86 ff; *Greil*, IFSt-Schrift Nr. 512, S. 20.

Komponenten Eingang in die Bewertung finden. Die Vorhersehbarkeit einer Entscheidung wird so erschwert. Dies gilt für den Fremdvergleichsgrundsatz in besonderer Art und Weise.

Bei grenzüberschreitenden Sachverhalten muss nicht nur eine, sondern müssen mindestens zwei nationale Steuerbehörden den Grundsatz anwenden. Daraus resultieren in der Regel zwei unterschiedliche Sichtweisen hinsichtlich der Fremdüblichkeit der Verrechnungspreise. Zwar darf dem Grunde nach von einem einheitlich verstanden Fremdvergleichsgrundsatz ausgegangen werden, der sich an Art. 9 Abs. 1 OECD–MA orientiert.[162] Allerdings eröffnen die OECD-Verrechnungspreisrichtlinien den Staaten unterschiedliche Auslegungsmöglichkeiten des Fremdvergleichsgrundsatzes, was einer einheitlichen Anwendung entgegensteht.

Bei der Anwendung sind steuerpolitische Bestrebungen und kulturelle Aspekte von Bedeutung; auch ist der den Verrechnungspreisen zugrunde liegende internationale Konflikt über die Verteilung des Steueraufkommens[163] entscheidend für die Beurteilung dessen, was fremdübliche Verrechnungspreise sind und was nicht.[164] Zusätzlich können auch die nationale Ausbildung und Erfahrung sowie die Beurteilungssysteme der jeweiligen Prüfer in den Steuerbehörden Einfluss auf die Beurteilung haben.

Somit ist festzustellen: Die doppelte Auslegungsbedürftigkeit des Fremdvergleichsgrundsatzes ist ein konzeptionelles Problem. Zunächst muss jeder Staat für sich entscheiden, inwieweit es den Verrechnungspreisrichtlinien bei der Anwendung des Fremdvergleichsgrundsatzes folgt oder davon abweicht. Daraus ergibt sich ein nationales Verständnis des Grundsatzes.[165]

---

162 *Eigelshoven* in: Vogel/Lehner, DBA, Art. 9, Rn. 30; *Baumhoff/Liebchen*, Internationale Einkunftsabgrenzung auf der Grundlage des Fremdvergleichs, in: Mössner, Steuerrecht internationaler Unternehmen, S. 426, Rn. 4.96.

163 Vgl. *Schön*, MPI Working Paper 2011 – 05, S. 14, „*Transfer Pricing is about increasing the size of the cake*“. Vgl. dazu auch die Unterschiede zwischen OECD-Verrechnungspreisrichtlinien und den UN Practical Manual on Transfer Pricing for Developing Countries, welches sich mit der Sicht von Schwellenländern auf den Fremdvergleichsgrundsatz auseinandersetzt.

164 *Greil*, IFSt-Schrift Nr. 512, S. 24.

165 *Ditz*, FR 2015, S. 115 ff. kommt deshalb beispielsweise zu dem Schluss, dass der Fremdvergleichsgrundsatz keine objektiv eindeutige Regelung ist, die einen internationalen Maßstab verfolgt; vgl. auch zu deutschen Besonderheiten *Kraft* in: Kraft, AStG, § 1 AStG, Rn. 535 ff.

Das Vorhandensein eines nationalen Verständnisses ist jedoch keinesfalls gleichbedeutend damit, dass es in einem Staat dann „den einen" Fremdvergleichsgrundsatz gibt. Vielmehr stehen fünf Methoden zur Verfügung, mit denen sich fremdübliche Preise bestimmen lassen. Innerhalb der Methoden gibt es nicht eine richtige Methode, die immer bei bestimmten Arten von Geschäftsvorfällen Anwendung findet, sondern es kommt auf den Einzelfall an. Selbst bei der Wahl der gleichen Methode können divergierende Preise herauskommen, da beispielsweise die zur Eliminierung unterschiedlicher Faktoren vorgenommen Anpassung innerhalb einer Methode unterschiedlich stark ausfällt. Diese Umstände führen zu einer *Rechtsunsicherheit*, da sich Unternehmen nicht sicher sein können, ob sie die richtige Methode ausgewählt und auf ihrer Grundlage einen angemessenen Verrechnungspreis bestimmt haben.[166]

2. Ex-Post-Sachverhaltsbetrachtung durch die nationalen Steuerbehörden

Hinzu kommt eine weitere Unsicherheit. Sie ergibt sich aus dem Umstand, dass die Beurteilung eines Steuersachverhalts grundsätzlich erst erfolgt, nachdem er verwirklicht wurde. Mithin wird die Steuerbehörde die seitens des steuerpflichtigen Unternehmens gewählte Wertfindung durch die Bestimmung eines Verrechnungspreises erst aus der *ex-post*-Sichtweise beurteilen. Hieraus kann sich für das Unternehmen eine *Sachverhaltsunsicherheit* ergeben.

Es besteht die Gefahr, dass eine Steuerbehörde im Nachhinein eingetretene Umstände in ihre Beurteilung der vom Unternehmen vorgenommenen Bestimmung der Verrechnungspreise einfließen lässt. Zwar soll die Beurteilung auf Basis dessen erfolgen, was zum Zeitpunkt der Sachverhaltsverwirklichung in Form des Geschäftsvorfalls bekannt war.[167] Allerdings ist die Feststellung der relevanten Umstände gerade dann schwierig, wenn der Geschäftsvorfall länger zurückliegt und die Umstände unternehmensseitig nicht vollumfänglich dokumentiert wurden.[168] Es kann daher sein, dass obwohl Steuerbehörden und

---

166 Vgl. zur Frage, unter welchen die Voraussetzungen die Steuerbehörden eine Anpassung der vom Unternehmen angesetzten Verrechnungspreisen vornehmen dürfen, *Hülster*, IStR 2016, S. 874 ff.

167 Schreiben betr. Grundsätze für die Prüfung der Einkunftsabgrenzung bei international verbundenen Unternehmen vom 23. Februar 1983, BMF IV C 5 – S 1341- 4/83, Tz. 3.1.2.2; *Kofler* in: Reimer/Rust, Klaus Vogel on Double Taxation Conventions, Art. 9 OECD–MA, S. 638, Rn. 61.

168 *Greil*, IFSt-Schrift Nr. 512, S. 23.

Unternehmen das gleiche Verständnis von Fremdüblichkeit haben und sich die von beiden bestimmten Verrechnungspreise im Falle einer gleichzeitigen Bestimmung annähernd entsprochen hätten, durch die nachträgliche Einbeziehungen von Umständen divergierende Verrechnungspreise errechnet werden.

3. Mögliche Lösung: APAs?

Aus Rechts- und Sachverhaltsunsicherheit erwachsen für die Unternehmen erhebliche finanzielle Risiken.[169] Sie laufen Gefahr, dass die Steuerbehörden ihrer Verrechnungspreisbestimmung nicht folgen und in der Folge eine Anpassung vornehmen, die sich in der Steuerlast niederschlägt. Zusätzlich zu diesen Anpassungen können die Steuerbehörden noch hohe Strafaufschläge verlangen.[170] Die Unternehmen müssen daher Rücklagen bilden, um auf etwaige Nachzahlungen vorbereitet zu sein. Vor diesem Hintergrund haben die Unternehmen ein berechtigtes Interesse und ein großes Bedürfnis daran, vor Realisierung eines Geschäftsvorfalls die steuerliche Beurteilung der Steuerbehörden zu kennen.[171]

APAs können den Unternehmen genau das bieten. Durch ihre – vorbehaltlich gradueller Abweichungen – Verbindlichkeit ermöglichen sie den Unternehmen eine höhere Rechtssicherheit.[172] Dabei hängt der Inhalt eines APAs vom Einzelfall ab.[173] Selbst wenn nur die Verrechnungspreismethode vereinbart wird, wird das Risiko für die Unternehmen bereits merklich minimiert, allerdings noch nicht entscheidend. Die Steuerbehörde kann die vom Unternehmen auf Grundlage der gewählten Verrechnungspreismethode bestimmten Verrechnungspreise beanstanden, weil sie beispielsweise die zur Eliminierung abweichender Umstände vorgenommene Anpassung für fehlerhaft hält. Je genauer daher ihr Inhalt ist, desto größere Sicherheit können APAs einem Unternehmen bieten. Die höchste Rechtssicherheit besteht folglich bei Vereinbarung eines konkreten Verrechnungspreises.

Somit bringen APAs den Unternehmen viele Vorteile. Allerdings ist das Rechtsinstrument kein risikoloses Allheilmittel, sondern hat auch Nachteile und birgt für Unternehmen ggf. Risiken.

---

169 Vgl. auch *Kokott*, Das Steuerrecht der EU, § 3, Rn. 201.

170 *Lehner* in: Vogel/Lehner, DBA, Art. 25, Rn. 329; *Jacobs/Endres/Spengel*, Internationale Unternehmensbesteuerung, S. 883 f.

171 *Kramer*, IStR 2007, S. 174.

172 *Greil*, IStR 2017, S. 677.

173 Vgl. zum möglichen Inhalt von APAs diesen Abschnitt, I, 2.

a. *Vorteile*

Positiv für Unternehmen ist die Rechtssicherheit.[174] Sie trägt dazu dabei, dass teure und langwierige Rechtsstreitigkeiten vermieden werden und das Risiko von Verrechnungspreisanpassungen und Strafzahlungen darauf entfällt. Rückstellungen werden entbehrlich. In der Literatur werden APAs deshalb auch als „insurance against future shocks in tax treatment"[175] oder „Königsweg zur Vermeidung von Verrechnungspreiskonflikten"[176] bezeichnet. Zusätzlich sollte man nicht außer Acht lassen, dass die im Rahmen von APA-Verhandlungen entstehende vertrauensvolle Bindung[177] zwischen Unternehmen und Steuerbehörden u.U. dazu führen kann, dass letztere „innovativen" Verrechnungspreisbestimmungen offener gegenüberstehen, als dies bei nachträglichen Prüfungen der Fall wäre.[178]

Das erklärt sich, wenn man sich vergegenwärtigt, dass sich das Verhältnis zwischen multinationalen verbundenen Unternehmen und nationalen Steuerbehörden aufgrund der Komplexität der Steuersachverhalte zusehends weniger durch das klassische staatliche Über-Unterordnungsverhältnis, sondern durch Reziprozität kennzeichnet.[179] Für die Steuerbehörde ist die Beantragung eines APAs in der Regel eine Entlastung, da sie so die Möglichkeit erhält, den Sachverhalt im Vorfeld umfassend zu untersuchen und die Unternehmen ihr von sich aus alle notwendigen Informationen bereitstellen. Es ist davon auszugehen, dass sich diese „Dankbarkeit" in den APA-Verhandlungen zwischen Unternehmen und Steuerbehörden niederschlägt, da die Verhandlungen aufgrund der Ungenauigkeit bei der Verrechnungspreisbestimmung mit dem Ziel geführt werden, eine einvernehmliche Lösung zu finden.

---

174 Vgl. auch Europäische Kommission, Commission Staff Working Document, Report prepared by the EU Joint Transfer Pricing Forum vom 26. Februar 2007, SEC(2007) 246, Tz. 3.2, Rn. 24 ff.; *Liebchen*, Advance Pricing Agreements, in: Mössner, Steuerrecht internationaler Unternehmen, S. 1207, Rn. 13.110.

175 *Becker/Davies/Jakobs*, CESifo Working Paper Nr. 5079, S. 1 m.w.A; *Vollert/Eikel/Sureth*, StuW 2013, S. 367 ff.

176 *Oestreicher/Kimpel/Reimer/Becker*, Internationale Verrechnungspreise – Herausforderungen und Lösungsansätze für Familienunternehmen, abrufbar unter: https://www.familienunternehmen.de/media/public/pdf/publikationen-studien/studien/Studie_Stiftung_Familienunternehmen_Internationale-Verrechnungspreise.pdf (zuletzt abgerufen am 11. Juli 2019), S. 3, 91.

177 *Lehner* in: Vogel/Lehner, DBA, Art. 25, Rn. 329.

178 *Markham*, Intertax 2006, S. 399.

179 *Van de Velde*, 'APAs' in the EU Member States, S. 9; *Kramer*, IStR 2007, S. 174.

b. Nachteile

Der letztgenannte Punkt hat jedoch auch eine Kehrseite. Das Unternehmen muss bereit sein, den Steuerbehörden bei Antragstellung alle bekannten Informationen bereitzustellen und sie bei einer etwaigen Sachverhaltsaufklärung zu unterstützen. Das umfasst die Preisgabe sensibler interner Daten und Geschäftsgeheimnisse, welche die Behörden intensiv analysieren können.[180]

Insbesondere die Preisgabe von Geschäftsgeheimnissen kann bei der Einbeziehung von Steuerbehörden aus Drittstaaten heikel sein, da möglicherweise die Wahrung der Vertraulichkeit nicht sichergestellt werden kann[181] und die Daten so auch potentiellen Konkurrenten zugänglich gemacht werden könnten. Auf Seiten der Steuerbehörden führt die Preisgabe sensibler Geschäftsgeheimnisse zwangsläufig zu vertieften Kenntnissen über das Unternehmen, welche so bei nachträglichen Prüfungen in der Regel nicht gewonnen werden können.[182] Dabei muss sich ein Unternehmen bewusst sein, dass die Steuerbehörden die gewonnenen Erkenntnisse zugunsten, aber auch zulasten des Unternehmens verwenden können und im Wege des Informationsaustausches an andere nationale Steuerbehörden übermitteln dürfen – auch wenn die APA-Verhandlungen letztlich scheitern und dem Antrag nicht stattgegeben wird.[183] Auch kann durch die Beantragung eines APAs der Fokus der Steuerbehörden erst auf das steuerpflichtige Unternehmen bzw. den Sachverhalt fallen.[184]

Hinzu kommen die Verwaltungsgebühren, die die nationalen Verfahrensregeln regelmäßig vorsehen – in Deutschland gemäß § 178a Abs. 2 Satz 1 AO grundsätzlich 20.000 €, bei Verlängerung 15.000 € (§ 178a Abs. 2 Satz 2 AO) und bei einer Änderung 10.000 € (§ 178a Abs. 2 Satz 3 AO) – und die lange Verfahrensdauer gerade bei bilateralen und multilateralen APAs.[185]

---

180 *Lehner* in: Vogel/Lehner, DBA, Art. 25, Rn. 330.

181 *Liebchen*, Advance Pricing Agreements in: Mössner, Steuerrecht internationaler Unternehmen, S. 1207 f., Rn. 13.111.

182 *Jacobs/Endres/Spengel*, Internationale Unternehmensbesteuerung, S. 884.

183 Vgl. auch PWC Transfer Pricing Perspective Deutschland November 2015, abrufbar unter: https://blogs.pwc.de/tax/files/2015/12/PwC_TP-Newsletter_Ausgabe-28_November-2015.pdf (zuletzt abgerufen am 11. Juli 2019), S. 8.

184 *Lehner* in: Vogel/Lehner, DBA, Art. 25, Rn. 330.

185 Europäische Kommission, Commission Staff Working Document, Report prepared by the EU Joint Transfer Pricing Forum vom 26. Februar 2007, SEC(2007) 246, Tz. 3.4, Rn. 36; *Liebchen*, Advance Pricing Agreements in: Mössner, Steuerrecht internationaler Unternehmen, S. 1207 f., Rn. 13.111.

4. Zwischenergebnis

Die Bestimmung von Verrechnungspreisen ist keine exakte Wissenschaft, sondern für Unternehmen mit Rechts- und Sachverhaltsunsicherheiten behaftet. Sie haben ein Bedürfnis nach einer verbindlichen Zusicherung von Steuerbehörden darüber, wie diese zukünftige im Rahmen von Geschäftsvorfällen vereinbarte Verrechnungspreise beurteilen. Diese verbindlichen Zusicherungen können Unternehmen in Form von APAs erhalten.

Die Beantragung eines APAs ist für Unternehmen jedoch nicht ausschließlich vorteilhaft, sondern birgt auch Risiken. So kann zwar festgehalten werden, dass APAs für Unternehmen das zuverlässigste Mittel zur Minimierung von Steuerrisiken sind, allerdings sollte ihrer Beantragung stets eine Abwägung der Vor- und Nachteile im konkreten Einzelfall vorausgegangen sein.

VI. APAs als Mittel zur Gewinnverlagerung für multinationale Unternehmen?

Obwohl Unternehmen ein legitimes Interesse an Vorab-Beurteilungen haben, ist der öffentliche Ruf von APAs schlecht. Steuerbehörden wird dabei unterstellt, dass sie aufgrund des internationalen steuerlichen Wettbewerbs um Kapital und Arbeitsplätze[186] die Regeln für die Unternehmensbesteuerung tendenziell eher in einem günstigen Licht sehen.

Abwegig ist das nicht.[187] Der internationale Steuerwettbewerb zwingt die Staaten dazu, bei der Abwärtsspirale der Besteuerung mitzuziehen. Auch stellt sich die Frage, ob die Vertraulichkeit der APA-Verfahren nicht zu einem „secret body of law“[188] im Steuerrecht führt, wenn die Vereinbarung allein den Parteien bekannt ist und nicht der Öffentlichkeit zugänglich gemacht wird.[189] Dies befeuert den Eindruck, bei APAs handele es sich weniger um rechtsstaatliche

---

186 Vgl. dazu Abschnitt C, II und III.

187 Vgl. auch *Kokott*, Das Steuerrecht der EU, § 3, Rn. 203.

188 *Hickman*, Northwestern Journal of International Law & Business 1998, S. 174; *Greil*, IStR 2017, S. 680, *ders.*, IFSt-Schrift Nr. 512, S. 76.

189 Der Abschlussbericht zu Aktionspunkt 14 des BEPS-Projekts schlägt deshalb vor, die Informationen im Anschluss an das APA-Verfahren der Öffentlichkeit in einer abstrakten, anonymisierten Form zugänglich zu machen, vgl. z.B. Rn. 44; ausführlich mit dieser Frage beschäftigt sich auch *Hickman*, Northwestern Journal of International Law & Business 1998, S. 171 ff.

Instrumente als um informelle Absprachen. Auch stellt sich die Frage, wie APAs mit der Gleichheit vor dem Gesetz in Einklang zu bringen sind.

Bei aller (teilweise berechtigter) Kritik an den Umständen, die der Ausstellung von APAs zugrunde liegen, bleibt dennoch festzuhalten, dass APAs Rechtsinstrumente sind, die grundsätzlich keine Verbindung zu einer Gewinnverlagerung von Unternehmen haben. Im Gegenteil: Das Interesse der Unternehmen ist auf die Erlangung von Rechtssicherheit hinsichtlich der zukünftigen Besteuerung gerichtet. Rechtssicherheit ist keineswegs etwas Verwerfliches, sondern eines der Kernelemente eines Rechtsstaates. Sie gibt den Bürgern die Möglichkeit, staatliche Entscheidungen vorherzusehen und entzieht so Willkür den Boden.

Zudem ist der ganz überwiegende Anteil an APAs rechtmäßig. Dies hat auch Kommissarin *Vestager* bei einer Rede in Kopenhagen am 02. September 2016, die sich an Untersuchung der Kommission von einer Vielzahl von APAs anschloss, festgestellt:

> „Of course, not all tax rulings that deal with transfer pricing [...] are like this. [...] And most of them give us no concern at all. Rather than allowing them [the companies] to avoid tax, most tax rulings are just designed to give companies clarity about how the tax laws will be applied."[190]

APA sind daher grundsätzlich kein Mittel, mit dem verbundene Unternehmen aggressive Steuerplanung betreiben. Vielmehr bieten sie vielen Unternehmen im Vorfeld vor geplanten Transaktionen die benötigte Rechtssicherheit.

VII. Ergebnis

Die Unionsgerichtsbarkeit wird sich in den Verfahren, in denen es um potentielle steuerliche Beihilfen durch mitgliedstaatliche APAs zugunsten von Unternehmen geht, intensiv mit der Frage auseinandersetzen müssen, ob die in den APAs vereinbarten Verrechnungspreise fremdüblich bestimmt wurden oder stattdessen der Gewinnverlagerung dienen. Nur so kann sie letztlich die Frage beantworten, ob die Tatbestandsvoraussetzungen von Art. 107 Abs. 1 AEUV erfüllt sind.

Bei der Prüfung wird sie ähnlich wie eine Steuerbehörde vorgehen müssen. Gerichtshof und Gericht werden den konkreten Sachverhalt selbstständig steuerlich bewerten, d.h. die Entscheidung treffen müssen, ob ein hypothetischer

---

190 Die Rede trug den Titel „Working together for a fairer taxation", der Text ist abrufbar unter: https://ec.europa.eu/commission/commissioners/2014-2019/vestager/announcements/working-together-fairer-taxation_en (zuletzt abgerufen am 11. Juli 2019).

oder ein tatsächlicher Fremdvergleich angewendet Anwendung findet. Auf Basis dieser Entscheidung ist dann – zumeist unter Auswahl einer der aufgezeigten Methoden – ein konkreter Verrechnungspreis bzw. eine Bandbreite von Verrechnungspreisen zu ermitteln und mit den Werten des APAs zu vergleichen.

Mit Blick auf die Wahrung der mitgliedstaatlichen Steuersouveränität wird sich indes der Prüfungsmaßstab bei dem wahrscheinlichen Vorhandensein von Abweichungen zwischen gerichtlicher Einschätzung und APA-Inhalt darauf beschränken müssen, eklatante Abweichungen/Fehlanwendungen als beihilferechtswidrig anzusehen und ansonsten lediglich die Plausibilität der Verrechnungspreisbestimmung zu untersuchen. Dieses Vorgehen deckt sich ebenfalls mit der Intention der Kommission, nur „Ausreißer" zu kontrollieren.[191]

191 Zur intendierten Ausreißerkontrolle seitens der Kommission wird verwiesen auf Abschnitt D, III.

C. Die Unternehmensbesteuerung in der Europäischen Union

Nachdem in Abschnitt B der Gegenstand der vorliegenden Arbeit geklärt und Funktionsweise, Inhalt und Notwendigkeit von APAs untersucht wurden, soll in dem folgenden Abschnitt C eine Darstellung des *status quo* der Unternehmensbesteuerung in der EU erfolgen. Dies dient dazu, Informationen in den richtigen Kontext zu setzen. So bleibt beispielsweise bei isolierter Betrachtung der Funktionsweise von APAs und ohne eine Beleuchtung des Entstehens eines staatlichen Steuerwettbewerbs und seiner Auswirkungen der Zusammenhang unklar, warum APAs dazu genutzt werden, Unternehmen davon zu überzeugen, sich in einem bestimmten Staat anzusiedeln.

Weiter kann die Bedeutung des Europäischen Beihilferechts bei der Kontrolle von APAs nicht ohne eine Betrachtung der Art. 113 ff. AEUV erfolgen, welche die mitgliedstaatliche Steuersouveränität im Bereich der Unternehmensbesteuerung sichern. Aus dieser Souveränität und der gesetzlich vorgesehenen Einstimmigkeit bei Harmonisierungsvorhaben folgt ein weitgehend unharmonisiertes Nebeneinander der Unternehmensbesteuerung in der EU, welches es multinationalen verbundenen Unternehmen überhaupt erst ermöglicht, die Unterschiede zum Zwecke der Gewinnverlagerung zu nutzen. Begonnen wird daher mit dem Ausgangspunkt, der Kompetenzverteilung zwischen der EU und ihren Mitgliedstaaten.

I. Kompetenzverteilung zwischen der EU und ihren Mitgliedstaaten im Hinblick auf die Unternehmensbesteuerung

Die EU befürwortet eine stärker harmonisierte Unternehmensbesteuerung in den Mitgliedstaaten. Sie besitzt jedoch keine originären steuerlichen Kompetenzen[192], mithilfe derer sie dieses Ziel erreichen könnte, ohne auf die mitgliedstaatliche Zustimmung angewiesen zu sein. Das ergibt sich aus einem Rückschluss aus Art. 311 AEUV und aus einer teleologischen Betrachtung der Normen des AEUV, die für steuerrechtliche Gesetzgebungsvorhaben erhöhte formelle

192 *Kokott*, IStR 2019, S. 123 f.; *Winkler* in: Grabitz/Hilf/Nettesheim, EUV/AEUV, Art. 352 AEUV, Rn. 125.

Anforderungen vorsehen.[193] Zu nennen sind Art. 114 Abs. 2 und Art. 115 AEUV für den Binnenmarkt, Art. 173 Abs. 3 Unterabs. 2 AEUV zur Wettbewerbsfähigkeit der Industrie, Art. 192 Abs. 2 Unterabs. 1 lit. a AEUV für die Umweltpolitik und Art. 194 Abs. 3 AEUV für die Energiepolitik. Eine Ausnahme bildet Art. 28 AEUV: Nach dieser Vorschrift i.V.m. Art. 3 Abs. 1 lit. a AEUV besitzt die EU die alleinige Kompetenz für die Erhebung von Zöllen, einer Sonderform der Steuer.

Das Fehlen originärer Kompetenzen ist kein Zufall. Die Mitgliedstaaten haben in den Europäischen Verträgen ihre Steuersouveränität gegen eine Kompetenzverlagerung zugunsten der EU gesichert. Für sie bildet die Budgethoheit den Kern staatlicher Souveränität.[194] Es ist eines der ältesten und wichtigsten Parlamentsrechte. Hinter der Erhebung von oder dem Verzicht auf Steuern stehen politische Erwägungen; sie sind ein Steuerungsmittel für nationale wirtschaftliche und politische Belange und können einen gesellschaftlichen Diskurs oder grundlegende Projekte[195] anstoßen. Zudem dienen sie der Mittelgewinnung. In den meisten Staaten setzt sich der Staatshaushalt überwiegend aus den Steuereinnahmen zusammen. In Deutschland wird das durch das Steuerstaatsprinzip bestimmt.[196]

Die Steuersouveränität schützt die Mitgliedstaaten jedoch nicht vollends vor steuerlicher Unionsgesetzgebung.[197] Das Primärrecht überträgt der EU einige steuerliche Harmonisierungskompetenzen, d.h. Ermächtigungsgrundlagen, die auf eine Angleichung der Steuersysteme in den Mitgliedstaaten gerichtete Rechtsakte ermöglichen. Potentiell für die Unternehmensbesteuerung relevante Harmonisierungskompetenzen enthält das Unionsrecht in den Art. 113 – 115 AEUV. Sie sind Umsetzungen des Handlungsauftrages von Art. 26 Abs. 1 AEUV („erlässt die erforderlichen Maßnahmen (...) um den Binnenmarkt zu verwirklichen“).[198]

---

193 Vgl. auch *Kokott*, Entwicklungsrichtlinien der Rechtsprechung des EuGH zu den direkten Steuern, FS 100 Jahre BFH, S. 738.

194 *Kokott*, IStR 2019, S. 123.

195 Beispielsweise den deutschen Ausstieg aus der Stromerzeugung durch Atomkraftwerke.

196 *Kube* in: BeckOK GG, Art. 105 GG, Rn. 2; BVerfG, NJW 1988, 2529 (2530).

197 Zeitgleich schützt die Steuersouveränität auch nicht vor europäischen Entscheidungen aufgrund von Verstößen gegen die Grundfreiheiten oder das Beihilferecht, vgl. *Brauneck*, EuZW 2018, S. 628; *Reimer*, Die Auswirkungen des Grundfreiheiten auf das Ertragssteuerrecht der Bundesrepublik Deutschland, in: Lehner, Grundfreiheiten im Steuerrecht der EU-Staaten, S. 42.

198 *Schröder* in: Streinz, EUV/AEUV, Art. 26 AEUV, Rn. 13.

Die Ermächtigungsgrundlagen unterscheiden zwischen indirekten und direkten Steuern.

Nach § 3 Abs. 1 AO sind Steuern „Geldleistungen, die nicht eine Gegenleistung für eine besondere Leistung darstellen und von einem öffentlich-rechtlichen Gemeinwesen zur Erzielung von Einnahmen allen auferlegt werden, bei denen der Tatbestand zutrifft, an den das Gesetz die Leistungspflicht knüpft; die Erzielung von Einnahmen kann Nebenzweck sein." Sie sind indirekt, wenn das Steuersubjekt keine direkte Belastung durch die Steuer trifft.[199] Stattdessen trifft die Belastung eine andere Person, den Steuerträger, der sie an seine Kunden und damit die eigentlichen Steuersubjekte in Form von Preiserhöhungen weitergibt.[200] Beispiele sind die Mehrwertsteuer, Stromsteuer[201] und die Genusssteuern (Tabak-, Bier- oder Kaffeesteuer). Bei direkten Steuern sind Steuersubjekt und Steuerträger personenidentisch. Die Steuer richtet sich direkt an die Person, welche die Belastung letztlich tragen soll. Klassische direkte Steuern sind solche auf Einkommen und Vermögen.[202] Hierunter fällt auch die Unternehmensbesteuerung.[203]

1. Art. 113 AEUV

Die Vorschrift ermächtigt die EU zur Harmonisierung, sofern die Rechtsakte der Verwirklichung und dem Funktionieren des gemeinsamen europäischen Binnenmarkts dienen. [204] So soll eine steuerliche Wettbewerbsgleichheit zwischen den Staaten hergestellt werden.[205] Für die Harmonisierung der Unternehmensbesteuerung ist Art. 113 AEUV jedoch keine Hilfe, weil sein Anwendungsbereich auf indirekte Steuern beschränkt ist und es sich bei Unternehmenssteuern um direkte Steuern handelt.[206]

---

199 *Valta*, IStR 2018, S. 766.

200 *Hummel*, MwStR 2018, S. 779.

201 Vgl. jüngst zu indirekten Steuern auf Strom EuGH, Rs. C-103/17 (*Messer France*), ECLI:EU:C:2018:587.

202 *Müller-Graff* in: Streinz, EUV/AEUV, Art. 49 AEUV, Rn. 70.

203 *Gröpl* in: Dauses/Ludwigs, Handbuch zum EU-Wirtschaftsrecht, Abschnitt J, Rn. 259.

204 *Waldhoff* in: Callies/Ruffert, EUV, AEUV, Art. 113 AEUV, Rn. 1.

205 *Mick*, Die Steuerkonzeption der Europäischen Union, S. 57; *Waldhoff* in: Callies/Ruffert, EUV/AEUV, Art. 113 AEUV, Rn. 1.

206 Zur Frage, ob Art. 113 AEUV als Ermächtigungsgrundlage für eine Digitalsteuer geeignet wäre, vgl. *Kokott*, IStR 2019, S. 124 f.; *Valta*, IStR 2018, S. 766.

2. Art. 114 AEUV

Art. 114 AEUV ist ebenso wie Art. 113 AEUV eine Ermächtigungsgrundlage für harmonisierende Rechtsakte, sofern diese der Errichtung und dem Funktionieren des gemeinsamen Binnenmarkts dienen.[207] Er erlaubt Mehrheitsbeschlüsse und nimmt aufgrund dessen eine zentrale Stellung für den Prozess der Rechtsangleichung ein.[208] Allerdings erfährt sein Anwendungsbereich durch die Bereichsausnahmen in Abs. 2 Einschränkungen. Diese greifen ein, sofern ein Rechtsakt die genannten Bereiche nicht nur am Rande, sondern substanziell betrifft.[209] Eine dieser Bereichsausnahmen gilt für den Bereich der „Steuern". Was darunter zu verstehen ist, wird unterschiedlich beurteilt.

Teilweise[210] wird der Begriff der Steuer eng bestimmt. Begründet wird dogmatisch; Bereichsausnahmen seien stets Ausnahmeregelungen und als solche bereits ihrer Natur nach eng auszulegen.[211] Nach dieser Ansicht wäre die Unternehmensbesteuerung nicht unter den Begriff „Steuern" zu fassen, sodass der Anwendungsbereich von Art. 114 AEUV für Rechtsakte zu Harmonisierung eröffnet wäre.

Überzeugend ist das jedoch nicht. Der Wortlaut der Bereichsausnahme ist zwar nicht eindeutig, eine teleologische Betrachtung wiederlegt jedoch die obige Ansicht. Art. 114 Abs. 2 AEUV soll den Staaten einen sog. fiskalischen Selbststand ermöglichen, d.h. ihnen bleibt weitestgehend die freie Entscheidungsgewalt bei der Gestaltung ihrer Steuersysteme. Dieser Selbststand würde jedoch durch mehrheitsgetragene Rechtsangleichungen auf europäischer Ebene ausgehöhlt. Es muss den Staaten bei dieser Kernkompetenz staatlicher Souveränität unbenommen bleiben, durch eine verweigerte Zustimmung im Rat eine Begrenzung ihrer Entscheidungsfreiheit zu verhindern.[212] Der zuerst genannten Ansicht ist somit nicht zu folgen. Stattdessen ist mit Blick auf das Telos von Art. 114 Abs. 2 AEUV der Begriff der Steuern weit auszulegen und umfasst so

---

207 *Helmke*, Die Finanzkompetenzen der Europäischen Gemeinschaft, S. 57.

208 *Tietje* in: Grabitz/Hilf/Nettesheim, EUV/AEUV, Art. 114 AEUV, Rn. 1; *Classen* in: von der Groeben/Schwarze/Hatje, EUV/AEUV, Art. 114 AEUV, Rn. 5.

209 *Korte* in: Callies/Ruffert, EUV/AEUV, Art. 114 AEUV, Rn. 13; *Classen* in: von der Groeben/Schwarze/Hatje, EUV/AEUV, Art. 114 AEUV, Rn. 97.

210 *Kreibohm*, Der Begriff der Steuer im Europäischen Gemeinschaftsrecht, S. 187 m.w.N.

211 Z.B. *Helmke*, Die Finanzkompetenzen der Europäischen Gemeinschaft, S. 57.

212 *Korte* in: Callies/Ruffert, EUV/AEUV, Art. 114 AEUV, Rn. 14.

sämtliche Abgaben.[213] Folglich ist Art. 114 AEUV aufgrund seiner Bereichsausnahmen keine taugliche Ermächtigungsgrundlage für unternehmensbesteuerungsrelevante Rechtsakte.

3. Art. 115 AEUV

Im Verhältnis zu Art. 114 AEUV ist Art. 115 AEUV lex generalis und hat nur dort eine eigenständige Bedeutung, wo eine der Bereichsausnahmen des Art. 114 Abs. 2 AEUV greift.[214] Eine solche besteht für den Bereich der (Unternehmens-)Besteuerung. Der Anwendungsbereich von Art. 115 AEUV ist somit eröffnet. Art. 115 AEUV hat zwei Tatbestandsvoraussetzungen:

Zum einen bedarf es einer „unmittelbaren Auswirkung" auf den Binnenmarkt. Welche Kriterien an die unmittelbare Auswirkung zu stellen sind, wird unterschiedlich beurteilt.[215] Würde man in Anlehnung an das deutsche Rechtsverständnis des Unmittelbarkeitserfordernisses eine Kausalbeziehung fordern[216], so wäre eine unmittelbare Auswirkung konsequenterweise grundsätzlich zu verneinen. Das liegt daran, dass sich im steuerlichen Bereich kausale Zusammenhänge nicht mit exakter Präzision darstellen lassen.[217] In der Folge würden jedoch die Voraussetzungen des Art. 115 AEUV regelmäßig nicht vorliegen.

Eine weitgehend leerlaufende Norm ist indes nicht sinnvoll. Überzeugend ist daher die Ansicht des *EuGH*, der eine Unmittelbarkeit bereits bejaht, sofern Unterschiede im nationalen Recht dazu geeignet sind, den Binnenmarkt zu beeinträchtigen oder Verzerrungen hervorzurufen.[218] Dieser weiten Auslegung wird durch das zweite Tatbestandsmerkmal des Art. 115 AEUV – das Erfordernis der Einstimmigkeit – Einhalt geboten. Somit bietet Art. 115 AEUV der EU eine Kompetenzgrundlage für unternehmensbesteuerungsrelevante harmonisierende Rechtsakte.[219]

---

213 So auch *Wasmeier*, Umweltabgaben und Europarecht, S. 227 ff.; *Hof*, Straßenverkehrsabgaben und Europarecht, S. 29.

214 *Classen* in: von der Groeben/Schwarze/Hatje, EUV/AEUV, Art. 115 AEUV, Rn. 6.

215 Vgl. nur *Recker*, Direkte Unternehmenssteuern in der Europäischen Union, S. 36; *Korte* in: Callies/Ruffert, EUV/AEUV, Art. 115 AEUV, Rn. 8 m.w.N.

216 So wohl *P. Kirchhof*, Jahrbuch der Fachanwälte für Steuerrecht 1994/1995, S. 32.

217 Wohl auch *Helmke*, Die Finanzkompetenzen der Europäischen Gemeinschaft, S. 56.

218 EuGH, Rs. C-33/76 (*Rewe*), ECLI:EU:C:1976:188, Rn. 5.

219 *Grube*, Der Einfluss des unionsrechtlichen Beihilfeverbots auf das deutsche Steuerrecht, S. 26. Vgl. auch Homepage des Europäischen Parlaments, Kurzdarstellung zur Europäischen Union, Direkte Besteuerung: Personen- und Unternehmensbesteuerung, abrufbar unter: http://www.europarl.europa.eu/factsheets/de/sheet/80/

4. Kompetenzergänzungsklausel, Art. 352 AEUV

Die Norm ist eine Generalermächtigung zur Schließung von Lücken der einzelnen Kompetenznormen.[220] Sie soll „einen Ausgleich in Fällen schaffen, in denen Gemeinschaftsorganen durch spezifische Bestimmungen des Vertrages ausdrücklich oder implizit verliehene Befugnisse fehlen und gleichwohl Befugnisse erforderlich erscheinen, damit die Union ihre Aufgaben im Hinblick auf die Erreichung eines vom Vertrag festgelegten Zieles wahrnehmen kann".[221]

Art. 352 AEUV hat einen subsidiären Anwendungsbereich gegenüber den Kompetenzen, die in den Verträgen ausdrücklich oder implizit enthalten sind.[222] Ein Rückgriff ist nach ständiger Rechtsprechung des *EuGH* erst gerechtfertigt, sofern es keine andere Bestimmung gibt, die den Unionsorganen eine Kompetenz verleiht.[223] Außerdem dürfen denklogisch die vom Vertrag vorgesehenen Verfahren nicht durch Art. 352 AEUV unterlaufen werden.[224] Folglich verleiht Art. 352 AEUV der EU nur dann eine Kompetenz, sofern in den Verträgen eine solche nicht vorgesehen ist und keine anderen steuerlichen Vorschriften entgegenstehen. Die Verträge halten jedoch klare und differenzierte Regelungen

---

direkte-besteuerung-personen-und-unternehmensbesteuerung (zuletzt abgerufen am 11. Juli 2019).

220 *Helmke*, Die Finanzkompetenzen der Europäischen Gemeinschaft, S. 98.

221 EuGH, verbundene Rs. C-402/05 P und C-415/05 P *(Kadi u. Albarakaat)*, ECLI:EU:C:2008:461, Rn. 211; EuGH, Gutachten 2/94 (*EMRK-Beitritt*), ECLI:EU:C:1996:140, Rn. 29.

222 *Streinz* in: Streinz, EUV/AEUV, Art. 352 AEUV, Rn. 8; *Helmke*, Die Finanzkompetenzen der Europäischen Gemeinschaft, S. 99.

223 Vgl. nur EuGH, verbundene Rs. C-73/63 und C-74/63 (*Internationale Crediet-en Handelsvereniging Rotterdam*), ECLI:EU:C:1964:8, S. 29; EuGH, verbundene Rs. C-402/05 P und C-415/05 P (*Kadi u. Albarakaat*), ECLI:EU:C:2008:461, Rn. 216.

224 Ziel der Vorschrift ist es, eine fortschreitende Integration in der EU zu ermöglichen. Dies gelingt durch eine systemimmanente Fortentwicklung des Unionsrechts unterhalb der Schwelle der förmlichen Vertragsänderung im Sinne des Art. 48 EUV. Art. 352 AEUV räumt der EU jedoch nicht die Möglichkeit ein, sich selbstständig weitere Kompetenzen zu schaffen, die bisher nicht vorhanden waren; die Norm ist keine Kompetenz-Kompetenz, vgl. *Rossi* in: Callies/Ruffert, EUV/AEUV, Art. 352 AEUV, Rn. 5a; *Schröder* in: von der Groeben/Schwarze/Hatje, EUV/AEUV, Art. 352 AEUV, Rn. 9; *Bungenberg*, EuR 2000, S. 885; EuGH, Gutachten 1/94 (*GATS und TRIPS*), ECLI:EU:C:1994:384, Rn. 89; EuGH, Gutachten 2/94 (*EMRK-Beitritt*), ECLI:EU:C:1996:140, Rn. 25; *Streinz* in: Streinz, EUV/AEUV, Art. 352 AEUV, Rn. 1.

bereit.[225] Ein Rückgriff auf Art. 352 AEUV würde daher Wertungswidersprüche auslösen und ist mithin nicht möglich.[226]

5. Zwischenergebnis und Betrachtung

Das Unionsrecht bietet der EU in Art. 115 AEUV eine Ermächtigungsgrundlage für harmonisierende Rechtsakte im Bereich der Unternehmensbesteuerung. Die Norm könnte einen wichtigen Beitrag zur Entschärfung des Steuerwettbewerbs und damit auch der Bekämpfung aggressiver Steuerplanung durch Unternehmen leisten. In der Praxis scheitern Gesetzesvorschläge jedoch seit 20 Jahren regelmäßig am Erfordernis der einstimmigen Beschlussfassung des ECOFIN-Rats. Einzelne Staaten – in der Vergangenheit haben sich insbesondere Luxemburg, Irland und die Niederlande hervorgetan – haben kein Interesse an einer europaweiten Angleichung der Steuersysteme. Vielmehr nutzen sie den Steuerwettbewerb zu ihren Gunsten, indem sie Unternehmen mit einer – nicht ausschließlich, aber auch durch APAs zugesicherten – niedrigen Steuerlast von einer Ansiedlung auf ihrem Staatsgebiet überzeugen. Folglich blockieren diese Staaten die europäische Beschlussfassung.

II. Harmonisierungsgrade der Unternehmensbesteuerung und der indirekten Steuern

Aufgrund dieser Blockade ist der Bereich der Unternehmensbesteuerung bruchstückhaft geregelt; von einer echten Harmonisierung kann bisher nicht die Rede sein.[227]

---

225 Art. 113 AEUV für die indirekten Steuern, Art. 173 Abs. 3 Unterabs. 2 AEUV für Steuerfragen bei der Wettbewerbsfähigkeit der Industrie, Art. 192 Abs. 2 Unterabs. 1 lit. a AEUV für Steuerfragen bei der Umweltpolitik, Art. 194 Abs. 3 AEUV für Steuerfragen bei der Energiepolitik und Art. 115 AEUV für direkte Steuern.

226 So auch *Helmke*, Die Finanzkompetenzen der Europäischen Gemeinschaft, S 101; i.E. auch *Strüber*, Steuerliche Beihilfen: Eine kritische Analyse der Anwendung des Beihilfeverbots im Bereich der direkten Steuern, S. 90; a.A. für Verordnungen im Bereich der direkten Steuern *Brinkmann*, Der Einfluß des Europäischen Rechts auf die Unternehmensbesteuerung, S. 25.

227 So auch *Kube/Reimer/Spengel*, Tax Policy, EC Tax Review 2016, S. 249; *Kokott/Henze*, Tendenzen der EuGH-Rechtsprechung zu direkten Steuern, in: Lüdicke, Tendenzen der Europäischen Unternehmensbesteuerung, S. 74 f; *Grube*, Der Einfluss des unionsrechtlichen Beihilfeverbots auf das deutsche Steuerrecht, S. 26.

1. Harmonisierungsentwicklungen im Bereich der Unternehmensbesteuerung

Die Idee einer harmonisierten Unternehmensbesteuerung ist nicht neu, sondern beinahe so alt wie die Gemeinschaft selbst.[228] Schon im sog. „Neumark-Bericht" von 1962 wurde eine Harmonisierung der Unternehmensbesteuerung gefordert.[229] Auch in der von der Kommission in Auftrag gegebenen „Van-Tempel-Studie" von 1970 wurde der Vorschlag unterbreitet, ein einheitliches europäisches Körperschaftssteuersystem zu etablieren. Die auf diesen Studien aufbauenden Kommissionsvorschläge aus den Jahren 1975, 1984 und 1985 erreichten jedoch nicht die erforderliche einstimmige Zustimmung im Rat.

Deshalb schlug die Kommission 1990 vor, alle Regelungen mit den Mitgliedstaaten gemeinsam in einem Konsultationsverfahren auszuarbeiten.[230] Der Vorschlag führte zum Beschluss von drei Rechtsakten: der „Fusionsrichtlinie"[231], der „Mutter-Tochter-Richtlinie"[232] sowie der „Schiedskonvention"[233]. Die Fusionsrichtlinie bezweckte den Abbau von Hindernissen bei grenzüberschreitenden Umstrukturierungen von Unternehmen.[234] Die seit ihrer Verabschiedung

---

228 GA *Saugmansgaard ØE*, Schlussantrag zur Rs. C-374/17 (*A-Brauerei*), ECLI:EU:C:2018:741, Rn. 74; *Recker*, Direkte Unternehmenssteuern in der Europäischen Union, S. 135; für eine detaillierte Darstellung der Vorschläge in diesem Bereich siehe z.B. *Klapdor*, Effiziente Steuerordnung durch ein europäisches Musterabkommen?, S. 313; *Marquardt*, Ertragsbesteuerung von Unternehmen in der Europäischen Union.

229 Bericht des Steuer- und Finanzausschuss 1962, S. 35 f., abrufbar unter: http://www.steuerrecht.jku.at/gwk/Dokumentation/Steuerpolitik/Gemeinschaftsdokumente/DE/Neumark_DE.pdf, (zuletzt abgerufen am 11. Juli 2019).

230 Mitteilung der Kommission an das Europäische Parlament und den Rat: Leitlinien zur Unternehmensbesteuerung, SEK (90) 601.

231 Richtlinie 90/434/EWG des Rates vom 23. Juli 1990 über das gemeinsame Steuersystem für Fusionen, Spaltungen, die Einbringung von Unternehmensteilen und den Austausch von Anteilen, die Gesellschaften verschiedener Mitgliedstaaten betreffen.

232 Richtlinie 90/435/EWG des Rates vom 23. Juli 1990 über das gemeinsame Steuersystem der Mutter- und Tochtergesellschaften verschiedener Mitgliedstaaten.

233 Richtlinie 90/436/EWG vom 23. Juli 1990, Übereinkommen über die Beseitigung der Doppelbesteuerung im Falle von Gewinnberichtigungen zwischen verbundenen Unternehmen.

234 Homepage der Europäischen Kommission, Steuern und Zollunion, Unternehmen, Unternehmensbesteuerung, Fusionsrichtlinie, abrufbar unter: https://ec.europa.eu/taxation_customs/business/company-tax/merger-directive_de (zuletzt abgerufen am 11. Juli 2019); *Kube/Reimer/Spengel*, EC Tax Review 2016, S. 249.

1990 vorgenommenen Änderungen und Verbesserungen wurden 2009 kodifiziert.[235]Die Mutter-Tochter-Richtlinie wurde verabschiedet, um einerseits Doppelbesteuerungen von Gewinnen zwischen Mutter- und Tochterunternehmen und andererseits die Besteuerung von Gewinnausschüttungen zwischen verbundenen Unternehmen aus unterschiedlichen Staaten anhand der Quellensteuer zu vermeiden.[236] Ihr Anwendungsbereich wurde 2003 auf EU-Betriebsstätten ausgedehnt und auf Beitrittskandidaten erweitert.[237]

Die Schiedskonvention hat für APAs wohl die größte Relevanz. Sie hat einen Mechanismus installiert, um zwischenstaatliche Verrechnungspreiskonflikte beizulegen. Vorgesehen ist ein Verständigungsverfahren zwischen den Staaten[238]; sollte dieses nicht innerhalb von 2 Jahren zu einem erfolgreichen Abschluss gebracht worden sein, sieht Art. 7 Abs. 1 Schiedskonvention die Klärung durch einen „beratenden Ausschuss", im Ergebnis also durch ein Schiedsverfahren vor.[239] Ihre Bedeutung mit Blick auf die Einführung des Fremdvergleichsgrundsatzes in das Unionsrecht wird an anderer Stelle[240] noch ausführlich untersucht.

Das Beihilferecht ist kein Produkt eines Harmonisierungsvorhabens, sondern europäisches Primärrecht. Als allgemeines Rechtsinstitut ohne steuerrechtlichen Fokus ermöglichen Beihilfeentscheidungen keine generelle Harmonisierung der Unternehmensbesteuerung. Vielmehr sind es Einzelfallentscheidungen mit

---

235 Richtlinie 2009/133/EG des Rates vom 19. Oktober 2009 über das gemeinsame Steuersystem für Fusionen, Spaltungen, Abspaltungen, die Einbringung von Unternehmensteilen und den Austausch von Anteilen, die Gesellschaften verschiedener Mitgliedstaaten betreffen, sowie für die Verlegung des Sitzes einer Europäischen Gesellschaft oder einer Europäischen Genossenschaft von einem Mitgliedstaat in einen anderen Mitgliedstaat.

236 Homepage der Europäischen Kommission, Steuern und Zollunion, Unternehmen, Unternehmensbesteuerung, Mutter und Tochtergesellschaften in der EU, abrufbar unter: https://ec.europa.eu/taxation_customs/business/company-tax/parent-companies-their-subsidiaries-eu-union_de (zuletzt abgerufen am 11. Juli 2019); *Recker*, Direkte Unternehmenssteuern in der Europäischen Union, S. 137 f.

237 Richtlinie 2003/123/EG des Rates vom 22. Dezember 2003 zur Änderung der Richtlinie 90/435/EWG über das gemeinsame Steuersystem der Mutter- und Tochtergesellschaften verschiedener Mitgliedstaaten.

238 Ähnlich dem in Art. 25 OECD–MA.

239 Die genauere Besetzung, die Befugnisse etc. des beratenden Ausschusses werden beschrieben in Kapitel II, Art. 7 – 14 der Richtlinie 90/436/EWG vom 23. Juli 1990, Übereinkommen über die Beseitigung der Doppelbesteuerung im Falle von Gewinnberichtigungen zwischen verbundenen Unternehmen.

240 Vgl. dazu Abschnitt D, III, 2, b, bb, (2), (a), (cc), α, γγ.

Wirkung ausschließlich für den konkreten Fall. Allenfalls können Entscheidungen dazu führen, dass bestimmte Steuerregime für mit dem Beihilferecht unvereinbar erklärt werden, was im Ergebnis zu einer stückweiten Harmonisierung „durch die Hintertür“ führen kann.

Weitere sekundärrechtliche Harmonisierungsinitiativen der Kommission scheiterten.[241] Das änderte sich erst 2016, als sie ein Maßnahmenpaket zur Bekämpfung von aggressiver Steuerplanung vorgelegt hat[242], welches der Rat im Juli 2016 umgesetzt hat.[243] Inhaltlich beruht der Vorschlag auf den Erarbeitungen rund um das OECD „Base Erosion and Profit Shifting“ (BEPS) Projekt[244]. Das Maßnahmenpaket enthält die „Anti Tax Avoidance Directive“ (ATAD I Richtlinie)[245]. Sie enthält neben Vorgaben zur allgemeinen Missbrauchsverhinderung durch Unternehmen und zur Zinsschranke[246] auch Regelungen zu hybriden Gestaltungen.

Hybride Gestaltungen mit verbundenen Unternehmen liegen vor, wenn der Belegenheitsstaat des Mutterunternehmens und derjenige des verbundenen Tochterunternehmens eine unterschiedliche Auffassung bzgl. der Gewinnverteilung zwischen den Unternehmen haben oder der Ansässigkeitsstaat des Tochterunternehmens dieses als nicht oder nur teilweise steuerlich ansässig betrachtet.[247] Das kann zur Folge haben, dass der Abzug von Betriebsausgaben

241 Z.B. die Analytische Studie der Unternehmensbesteuerung in der Europäischen Gemeinschaft samt darin enthaltener Handlungsvorschläge, SEK (2001) 1681.

242 Vorschlag für eine Richtlinie des Rates mit Vorschriften zur Bekämpfung von Steuervermeidungspraktiken mit unmittelbaren Auswirkungen auf das Funktionieren des Binnenmarktes, COM (2016) 26.

243 Richtlinie (EU) 2016/1164 des Rates vom 12. Juli 2016 mit Vorschriften zur Bekämpfung von Steuervermeidungspraktiken mit unmittelbaren Auswirkungen auf das Funktionieren des Binnenmarkts.

244 OECD/G20, Base Erosion and Profit Shifting Project, Exekutive Summaries, 2015 Final Reports, abrufbar unter: https://www.oecd.org/ctp/beps-reports-2015-executive-summaries.pdf (zuletzt abgerufen am 11. Juli 2019).

245 Homepage der Europäischen Kommission, Taxation and Customs Union, Business, Company Tax, Anti Tax Avoidance Package, abrufbar unter: https://ec.europa.eu/taxation_customs/business/company-tax/anti-tax-avoidance-package/anti-tax-avoidance-directive_en (zuletzt abgerufen am 11. Juli 2019).

246 Als Zinsschranke wird ein Element der Unternehmensbesteuerung bezeichnet, das den Abzug von Zinsaufwendungen als betriebliche Ausgaben bei Unternehmen begrenzen soll. In Deutschland finden sich entsprechende Regelungen in § 8a KStG sowie § 4h EStG.

247 Deloitte Tax News, OECD: Hybride Gestaltungen mit Betriebsstätten, Beitrag vom 19. September 2017, abrufbar unter: https://www.deloitte-tax-news.de/steuern/

gleichzeitig zu einer Nichtberücksichtigung der Einnahme führt (sog. deduction/no inclusion), dass Betriebsausgaben doppelt abzugsfähig sind (sog. double deduction) oder dass eine Besteuerungsinkongruenz[248] importiert wird (sog. imported mismatch). Für diese Probleme bietet die ATAD I Richtlinie Lösungsvorschläge. Sie war bis zum 31. Dezember 2018 ins nationale Recht umzusetzen.

Die jüngste Entwicklung im Bereich der europäischen Unternehmensbesteuerung ist eine Ergänzung der ATAD I Richtlinie: Aufgrund der Komplexität der zu regelnden Materie wurde seitens der Kommission eine weitere Richtlinie erarbeitet. Sie enthält Einschränkungen bei der steuerlichen Anerkennung hybrider Gestaltungen und wird als ATAD II Richtlinie bezeichnet. Sie wurde im Mai 2017 vom Rat angenommen[249] und ist bis zum 31. Dezember 2019 ins nationale Recht umzusetzen.

2. Vergleich zu indirekten Steuern

Im Gegensatz zur bruchstückhaft harmonisierten Unternehmensbesteuerung ist der Harmonisierungsgrad bei indirekten Steuern merklich höher.[250] Das zeigt sich unter anderem im Bereich der Mehrwertsteuer. Bereits 1967 hat der Rat eine Richtlinie erlassen, die das Ziel einer europaweit einheitlichen Mehrwertsteuer zum Inhalt hatte.[251] Mittlerweile wurde der Bereich durch eine Richtlinie des Rates aus dem Jahr 2006 so weit harmonisiert, dass den Mitgliedstaaten bei der Festsetzung ihres Steuersatzes ein Korridor von 15 bis 25 Prozent verbleibt.

Vergleichbare Erfolge im Bereich der direkten Steuern und insbesondere der Unternehmensbesteuerung gibt es nicht. Zwar sind die ATAD I und II Richtlinien ein wichtiger Schritt, sie können indes nicht darüber hinwegtäuschen, dass

---

internationales-steuerrecht/oecd-hybride-gestaltungen-mit-betriebsstaetten.html (zuletzt abgerufen am 11. Juli 2019).

248 Eine Betriebsaufgabe, die aus einer hybriden Gestaltung stammt (z.B. Abzug von Lizenzaufwendungen), wird zum Ausgleich einer steuerpflichtigen Einnahme, deren zugrundeliegende Zahlung bei einem Dritten eine abzugsfähige Betriebsaufgabe darstellt, verwendet.

249 Richtlinie (EU) 2017/952 des Rates vom 29. Mai 2017 zur Änderung der Richtlinie (EU) 2016/1164 bezüglich hybrider Gestaltungen mit Drittländern.

250 *Kube/Reimer/Spengel*, Tax Policy, EC Tax Review 2016, S. 248; *Recker*, Direkte Unternehmenssteuern in der Europäischen Union, S. 9; *Strüber*, Steuerliche Beihilfen: Eine kritische Analyse der Anwendung des Beihilfeverbots im Bereich der direkten Steuern, S. 52.

251 Erste Richtlinie des Rates vom 11. April 1967 zur Harmonisierung der Rechtsvorschriften der Mitgliedstaaten über die Umsatzsteuer (67/227/EWG).

weiterhin ein weitgehend unkoordiniertes Nebeneinander der Steuersysteme besteht.[252] Die Gründe dafür sind unklar. Das Einstimmigkeitserfordernis allein begründet die Diskrepanz jedenfalls nicht; Art. 115 AEUV und seine Vorgängernorm Art. 94 EGV sehen Einstimmigkeit ebenso vor wie Art. 113 AEUV und Art. 93 EGV. Auch besteht kein Wertigkeitsverhältnis.

3. Schädlicher Steuerwettbewerb

Ohne Harmonisierungszwänge verbleibt den Mitgliedstaaten weitgehend freie Handhabe bei der Besteuerung von Unternehmen; sie haben die Möglichkeit, Unternehmen durch Geringbesteuerung – unter anderem durch in Aussicht gestellte vorteilhafte APAs – davon zu überzeugen, sich vor Ort anzusiedeln. Für die Unternehmen ist die Wahl des Standorts meist zweitrangig. In Zeiten der fortgeschrittenen Digitalisierung und Globalisierung[253] können Dienstleistungen grenzenlos „per Mausklick" erbracht und Waren mit geringen Kosten an andere Orte transportiert werden.[254] Andere Staaten mit einer regulären Unternehmensbesteuerung haben das Nachsehen. Ihnen bleibt die Wahl, entweder auf das Anwerben zu verzichten oder sich mit den anderen Staaten in einen Wettbewerb zu begeben.

Dieser sog. Steuerwettbewerb zwischen den Mitgliedstaaten ist das größte, aus der fehlenden Harmonisierung im Bereich der Unternehmensbesteuerung resultierende, Problem. Er definiert sich als der staatliche Wettbewerb um Unternehmenskapital durch gezielte steuerliche Vergünstigungen.[255] Um den Unternehmen durch eine geringe effektive Gewinnbesteuerung ein möglichst attraktives Angebot machen zu können, nutzen die Staaten die volle Bandbreite des Steuerrechts, beispielsweise Steuersätze, Abschreibungsmöglichkeiten oder besonders günstige Verrechnungspreisgestaltung zur Verringerung der Steuerbemessungsgrundlage.

Für sie ist das Ansiedeln eines Großunternehmens sehr attraktiv.[256] *Prima facie* scheint das wiedersinnig, schließlich sind die meisten Staaten zum Bestreiten ihres Staatshaushalts zwingend auf hohe Steuereinnahmen angewiesen. Allerdings hat beispielsweise *Apple*, dem von Irland Steuervergünstigungen in

---

252 Im Ergebnis auch *Brauneck*, EuZW 2018, 628 f.

253 Vgl. auch *Kokott*, Herausforderungen einer Digitalsteuer, IStR 2019, S. 123 ff.

254 *Selling*, IStR 2000, S. 225.

255 *Pitlik*, Wieviel Steuerharmonisierung in der EU?, S. 3; *Recker*, Direkte Unternehmenssteuern in der Europäischen Union, S. 120.

256 *Rathje/Wohlrabe*, IStR 2019, S. 1.

Form von APAs zugesichert wurden, vor Ort 6000 Arbeitsplätze geschaffen[257]; so viele wie in Frankreich, Deutschland, der Niederlande, Schweden und Dänemark zusammen. Die Mitarbeitereinkommen mehren über die Einkommenssteuer das Steueraufkommen zusätzlich. Zuletzt sind auch nicht-monetäre Vorteile möglich, beispielsweise eine generell erhöhte Attraktivität des Standorts durch Clusterbildung oder die Verbesserung der Infrastruktur.

Darunter leiden die übrigen Mitgliedstaaten, vor allem jedoch der Europäische Wirtschaftsraum als Ganzes. Dort gehen jedes Jahr 60 Mrd. Euro aus Unternehmensbesteuerung verloren.[258] Deutschland ist dabei als „Hochsteuerstaat"[259] mit einem effektiven Steuersatz von knapp 30 Prozent[260] besonders stark betroffen. Folge ist, dass von den 60 Mrd. Euro an verlorenen Steuereinnahmen 17 Mrd. Euro auf Deutschland entfallen.[261] Mittelbar betrifft das die Bevölkerung. Die nicht gezahlten Steuern fehlen im Staatshaushalt.

a. Pro Steuerwettbewerb – Effizienzsteigerung und Gefahr von Steuerkartellen

Jenen Zahlen und Auswirkungen zum Trotz gibt es Stimmen, die einer Entschärfung oder Beendigung des Steuerwettbewerbs durch europäische Harmonisierung ablehnend gegenüberstehen.[262] Ihre Argumentation fundiert auf

---

257 Homepage von Apple, Informationen über Mitarbeiter in Europa, abrufbar unter: https://www.apple.com/de/job-creation/ (zuletzt abgerufen am 11. Juli 2019).

258 „Steueroasen kosten Deutschland 17 Milliarden Euro pro Jahr", Beitrag vom 07. November 2017, abrufbar unter: https://www.sueddeutsche.de/wirtschaft/paradise-papers-steueroasen-kosten-deutschland-17-milliarden-euro-pro-jahr-1.3738109 (zuletzt abgerufen am 11. Juli 2019).

259 Vgl. zu der prozentualen Unternehmensbesteuerung in der EU sowie wichtiger Industrienationen 2017, BMF – Die wichtigsten Steuern im internationalen Vergleich 2017, S. 11 ff.

260 In Deutschland kommt zur Körperschaftssteuer i.H.v. 15 Prozent zusätzlich die Gewerbesteuer hinzu.

261 „Steueroasen kosten Deutschland 17 Milliarden Euro pro Jahr", Beitrag vom 07. November 2017, abrufbar unter: https://www.sueddeutsche.de/wirtschaft/paradise-papers-steueroasen-kosten-deutschland-17-milliarden-euro-pro-jahr-1.3738109 (zuletzt abgerufen am 11. Juli 2019).

262 Die Ansicht ist vor dem Hintergrund der größeren Frage der Konsequenzen eines staatlichen Ordnungswettbewerbs zu sehen, vgl. *Pitlik*, Wieviel Steuerharmonisierung in der EU?, S. 5 mit Verweis auf *Streit*, ZfW 1995, S. 113 ff.; für eine detaillierte Übersicht der ökonomischen Dimension sei an dieser Stelle zudem verwiesen auf *Keen/Konrad*, MPI Working Paper 2012, Nr. 6; für eine rechtlichere Betrachtung wird

den Gedanken von *Tiebout*[263], nach denen eine Regierung ausschließlich an der Maximierung der Annehmlichkeiten ihrer Bürger interessiert ist, d.h. alleine mit der Zielsetzung agiert, das Leben ihrer Bürger durch Bereitstellen öffentlicher Leistungen zu erleichtern. Eine höhere Steuerlast führe zu einer besseren Bereitstellung öffentlicher Leistungen.

Aufgrund des Nebeneinanders der Steuersysteme könne sich jedes Individuum die Region heraussuchen, die das für seine Bedürfnisse optimale Verhältnis von Steuerlast und Leistungen bereithalte. Aufgrund der Möglichkeit des Orts- und Systemwechsels seien die Staaten dazu gezwungen, sich stärker an die Bedürfnisse der Bürger anzupassen. Eine Harmonisierung der Systeme führe hingegen dazu, dass die Staaten sich mangels Konkurrenz nicht mehr an den Bürgerbedürfnissen auszurichten bräuchten.[264]

Teilweise werden die Tiebout´schen Gedanken leicht modifiziert. Demnach sei es illusorisch zu glauben, dass eine Regierung ausschließlich im Interesse ihrer Bürger handele; stattdessen handele sie auch aus eigenen Motiven heraus. Eines dieser eigenen Motive sei eine größere Beliebtheit in der Bevölkerung. Um dies zu erreichen, würde sie zunächst die Steuern erhöhen, um die so eingenommenen Mittel in Form von „Geschenken" an die Bevölkerung zurückzugeben.[265] Das Steueraufkommen werde aufgebläht um diesen „*Leviathan*" finanzieren zu können. Durch Harmonisierung falle die Möglichkeit eines Orts- und Systemwechsels weg und es entstünden „Steuerkartelle"[266] zwischen den Staaten, welche nach dem *Leviathan*-Konzept die Steuern erhöhen würden.[267]

Zuletzt gibt es einen Ansatz, der aus marktwirtschaftlicher Sicht für einen Steuerwettbewerb argumentiert. Wettbewerb führe immer zur Effizienzoptimierung, ineffiziente Konzepte würden modifiziert oder aufgegeben. Im Bereich der Steuerwettbewerbs bedeute dies, dass die Staaten gezwungen würden, die

---

verwiesen auf *Fuest/Fuest*, Intereconomics 2004, S. 183 ff; vgl. auch *Lüdicke* IStR 2009, S. 544 ff.

263 *Tiebout*, JPE 1956, S. 416 ff.

264 *Tiebout*, JPE 1956, S. 416 ff.

265 *Brennan/Buchanan*, Journal of Public Economics 1977, S. 255 ff.

266 Der Begriff „Steuerkartell" ist an das Kartellrecht angelehnt, welches unter anderem Preisabsprachen zwischen Unternehmen sanktioniert. Nach Auffassung der Vertreter dieser Ansicht beträfen die Absprachen keine Preise für Produkte oder Dienstleistungen, sondern wären darauf gerichtet, einen gewissen Steuersatz nicht zu unterschreiten, bzw. darauf, grenzüberschreitend einen einheitlichen Steuersatz zu implementieren.

267 *Edwards/Keen*, EER 1996, S. 113 ff.; ähnlich auch *Buchanan/Lee*, JEEH 1994, S. 219 ff.

Effizienz im öffentlichen Sektor zu erhöhen, um im Rennen der Steuersysteme nicht abgehängt zu werden.[268] Dies verschlanke den Staat und führe dazu, dass letztlich alle Staaten das effizienteste System nutzen würden.

b. Pro Steuerharmonisierung – Race to the bottom und Gefahr der Unterversorgung mit staatlichen Leistungen

Allen befürwortenden Ansichten liegt ein liberales Marktverständnis zu Grunde, das der Verfasser grundsätzlich teilt. Schon *Smith* hat mit seinem Modell der unsichtbaren Hand dargelegt, dass nicht regulierte Märkte und der daraus entstehende Wettbewerb zu einer Verdrängung der schwächsten Konzepte führen, was für die Förderung des Gemeinwohls das optimale Ergebnis ist.[269] Allerdings hat das Konzept der freien Marktwirtschaft einige Schwächen, welche in der Vergangenheit sichtbar geworden sind. Hierunter fallen beispielsweise die Gefahr der Monopolisierung und der Unterversorgung mit öffentlichen Leistungen.

Gerade letztere Gefahr zeigt sich beim „Steuermarkt" der EU. Wendet man das freie Marktmodell darauf an, so zeigt sich, dass sich die Staaten in einem Teufelskreis befinden. Das für sich genommen effizienteste System ist das desjenigen Staates, der durch geringe Besteuerung Unternehmen von einer Ansiedlung überzeugt. Würden alle Staaten diesem System folgen, so müssten alle ihre Steuerlast senken und Unternehmen Steuerzusicherungen machen.

Dieser Umstand wäre für die Unternehmen zwar buchstäblich günstig, auf Seiten der Staaten jedoch würden die nationalen Steueraufkommen erodieren. Elementare staatliche Aufgaben wie die effektive Durchsetzung des Rechtsstaats, der staatliche Bildungsauftrag durch Schulen, eine Gesundheits- und Altersversorgung oder das Bereitstellen einer guten Infrastruktur könnten nicht mehr angemessen wahrgenommen werden. Es käme mithin zu einer Unterversorgung der Bevölkerung mit öffentlichen Gütern.[270] Würden alle Staaten ihre Steuerlast senken und unterböten sich dabei gegenseitig, befänden sie sich in einer

---

268 So auch zusammenfassend *Recker,* Direkte Unternehmenssteuern in der Europäischen Union, S. 121.

269 *Smith,* An Inquiry into the Nature and Causes of the Wealth of Nations.

270 *Boss/Gern/Meier/Scheide,* Mehr Wachstum in Europa durch eine Koordination makroökonomischer Politik?, S. 92 f.; i.E. wohl auch *Sinn,* EER 1990, S. 501: *„[W]ill be the death of Europe's welfare state".*

Abwärtsspirale, einem steuerlichen *race to the bottom*, welches für Staaten und Bürger nachteilig wäre.[271]

Bisher haben einige große Mitgliedstaaten wie Deutschland darauf verzichtet, sich am *race to the bottom* zu beteiligen[272]; nur dieser Umstand ermöglicht es verhältnismäßig kleinen Staaten wie Irland oder Luxemburg überhaupt, ihr Konzept zur Ansiedelung von großen Unternehmen so erfolgreich zu gestalten. Ob die Zurückhaltung jener Staaten jedoch dauerhaft sein wird, ist fraglich.[273] Eine sich schneller drehende Abwärtsspirale gilt durch eine Marktregulierung in Form der Steuerharmonisierung zu verhindern. So würde auch das „Rosinenpicken" der besten Aspekte eines Standortes durch die Unternehmen verhindert und das Steueraufkommen gleichmäßiger verteilt.[274] Sogar für die Unternehmen selbst führt eine Harmonisierung nicht nur zu Nachteilen in Form von einer höheren Steuerlast, sondern bringt auch Vorteile mit sich.[275] Die für die Wahl des besten Standorts notwendige Analyse ist kostenintensiv und für kleine und mittlere Unternehmen (KMU) kaum rentabel[276]; selbst für multinational agierende Unternehmen ist der momentane Steuerwettbewerb nicht ausschließlich

---

271 *Oates*, RSUE 2001, S. 137 findet den Begriff insoweit unpassend und spricht statt von einer Abwärtsspirale von einem „suboptimal equilibria", also einem suboptimalen Gleichgewicht.

272 *Schreiber/von Hagen/Pönnighaus*, StuW 2018, S. 240 ff.

273 *Schreiber/von Hagen/Pönnighaus*, StuW 2018, S. 239 ff. plädieren für eine Senkung des deutschen Besteuerungsniveaus gerade mit Blick auf die US-Steuerreform und den anstehenden Brexit. Vgl für aktuelle politische Entwicklungen in diese Richtung z.B.: „Für eine kluge Entlastung von Unternehmen", Beitrag vom 18. Mai 2018, abrufbar unter: https://www.zeit.de/wirtschaft/2018-05/unternehmenssteuern-steuerpolitik-entlastung-deutschland-usa (zuletzt abgerufen am 11. Juli 2019); „Altmaier will Soli kippen – und Unternehmen um Milliarden entlasten", Beitrag vom 11. Oktober 2018, abrufbar unter: https://www.handelsblatt.com/politik/deutschland/neues-steuerpaket-altmaier-will-soli-kippen-und-unternehmen-um-milliarden-entlasten/23173918.html?ticket=ST-7453787-0pKhTIgZ1UF0df5pfQaD-ap3 (zuletzt abgerufen am 11. Juli 2019.

274 *Spengel/Eggert*, ifo Schnelldienst Nr. 57 (13), S. 6.

275 GA *Geelhoed*, Schlussantrag zur Rs. C-374/04 (*Test Claimants in Class IV of the ACT Group Litigation*), ECLI:EU:C:2006:139, Rn. 38; *Kokott*, Entwicklungsrichtlinien der Rechtsprechung des EuGH zu den direkten Steuern, FS 100 Jahre BFH, S. 743.

276 *Bach*, Steuerpolitik in Europa zwischen Wettbewerb und Harmonisierung, S. 17, *Recker*, Direkte Unternehmenssteuern in der Europäischen Union, S. 125 f.; Europäische Kommission, A Common Consolidated EU Corporate Tax Base, Commission Non Paper to informal Ecofin Council 2004, S. 1.

positiv.[277] Eine Harmonisierung im Sinne einer Vollangleichung sollte indes nicht das Ziel sein.[278] Den Staaten müssen Spielräume bei der Gestaltung ihrer Unternehmensbesteuerung verbleiben, um eigenständige Anreize setzen zu können und das Innovationspotential zu wahren.

III. Gewinnverlagerung bzw. aggressive Steuerplanung

Fehlende Harmonisierung und Steuerwettbewerb zwischen den Staaten bieten den Unternehmen die Möglichkeit, sich die für sie günstigsten Regelungen herauszusuchen. Durch geschickte Konstrukte mit mehreren Tochterunternehmen in unterschiedlichen Staaten werden die nationalen Steuerbesonderheiten dafür genutzt, möglichst wenig Steuern zu zahlen.

Eine Unternehmenskonstruktion kann dann – in Anlehnung an *Amazon* – so aussehen: Ein amerikanisches Unternehmen errichtet ein Tochterunternehmen nach luxemburgischem Recht und überträgt ihm die alleinigen Nutzungsrechte für die Immaterialrechtsgüter des Mutterunternehmens auf dem europäischen Kontinent. Ferner wird ein Unternehmen nach niederländischem Recht gegründet, das offiziell Forschung & Entwicklung betreibt. Das luxemburgische Unternehmen erlaubt seinen verbundenen Unternehmen in Europa die Nutzung der Immaterialrechtsgüter gegen eine Lizenzzahlung. Nach luxemburgischem Körperschaftssteuerrecht werden die Gewinne aus Lizenzzahlungen nicht wie üblich mit rund 30 Prozent besteuert, sondern nur mit 6 Prozent. Diese Steuerprivilegierung bezeichnet man als Patentbox.

Zudem leistet jedes verbundene Unternehmen eine Zahlung an das niederländische Unternehmen, um es für seine Forschungs- & Entwicklungsaktivitäten zu entschädigen. Das niederländische Körperschaftssteuerrecht privilegiert diese Form der Einkünfte, um Innovationen zu fördern. Die Höhe der Steuerermäßigung ist nicht pauschal, sondern hängt vom Gesamtbetrag der

277 „Hoffentlich seid ihr Deutschen richtig stolz auf euch" – Tim Cook im Interview, Beitrag vom 14. Oktober 2017, abrufbar unter: https://www.faz.net/aktuell/wirtschaft/diginomics/tim-cook-im-interview-hoffentlich-seid-ihr-deutschen-richtig-stolz-auf-euch-15245252.html (zuletzt abgerufen am 11. Juli 2019), S. 2: „*Und so haben wir sehr versucht, auf eine umfassende Steuerreform auf internationaler Ebene zu dringen*".

278 Europäische Kommission, A Common Consolidated EU Corporate Tax Base, Commission Non Paper to informal Ecofin Council 2004, S. 3: „*While harmful tax competititon must be adressed […], a reasonable degree of tax competition within the EU is healthy and should be allowed to operate.*"

Forschungs- und Entwicklungskosten ab.[279] Je höher der Betrag, desto größer die Ermäßigung.[280]Die Höhe ist von vereinbarten Verrechnungspreisen abhängig. Aufgrund der günstigen Steuergesetze in Luxemburg und der Niederlande werden die Verrechnungspreise so gewählt, dass der Großteil der Gewinne in den beiden Staaten anfällt, um so die Gesamtsteuerlast des Unternehmens zu verringern.[281]

Die juristisch korrekte Bezeichnung für das Vorgehen wurde bereits mehrfach verwendet: Gewinnverlagerung. Nach Ansicht des Verfassers greift diese Bezeichnung jedoch teilweise zu kurz und beschreibt das Verhalten der Unternehmen nicht vollumfänglich. Gewinnverlagerung suggeriert, dass ein Gewinn „nur" unter bereits bestehenden verbundenen Unternehmen verlagert wird. Viele Großkonzerne agieren jedoch strategisch, indem Unternehmen und Betriebsstätten genau in den Staaten – beispielsweise in Luxemburg und der Niederlande – gegründet bzw. etabliert werden, in denen das nationale Steuerrecht besondere Regelungen beinhaltet, die zu einer Geringbesteuerung führen. Zwischen diesen eigens zum Zwecke der Einsparung von Steuern geschaffenen Unternehmen wird sodann der Gewinn mittels Verrechnungspreisen verlagert.

Um eine Bezeichnung zu finden, welche die planmäßige Umgehung der Steuerpflicht impliziert, nutzt die vorliegende Arbeit daher teilweise die Bezeichnung „aggressive Steuerplanung". Der reine, sich an die geplante Gründung von Unternehmen anschließende Akt des Verschiebens von Gewinnen aus Hochsteuer- in Niedrigsteuerstaaten wird dagegen als Gewinnverlagerung bezeichnet. Letztere erfolgt maßgeblich unter Nutzung von APAs. Der Umfang wurde Ende 2014 durch Bekanntwerden der „Luxemburg Leaks" deutlich.

279 ECOVIS-Bericht „Unternehmen in den Niederlanden 2018", abrufbar unter: https://www.ecovis.com/nl/wp-content/uploads/2018/06/ECOVIS-BonsenReuling-Unternehmen-in-den-Niederlanden-2018.pdf (zuletzt abgerufen am 11. Juli 2019), S. 13.

280 Vgl. auch PWC Bericht „Doing Business in den Niederlanden 2018", abrufbar unter: https://www.pwc.nl/nl/assets/documents/pwc-doing-business-in-den-niederlanden-2018.pdf (zuletzt abgerufen am 11. Juli 2019), S. 9.

281 Vgl. für eine Beschreibung der Vorgehensweise von US-IT-Unternehmen auch *Pinkernell*, IStR 2013, S. 180 ff.

1. Luxemburg Leaks

a. *Sachverhalt*

Der Begriff *Luxemburg Leaks* beschreibt einen luxemburgischen Finanzskandal. Im November und Dezember 2014 veröffentlichte das *International Consortium of Investigative Journalists* 548 APAs, mit denen die luxemburgischen Steuerbehörden 343 internationalen Unternehmen Steuererleichterungen gewährt hatten, darunter *Amazon, McDonald`s* und *Apple.*[282] Die APAs genehmigten eine für die Unternehmen günstige Verrechnungspreisgestaltung, unter anderem durch erhöhte Lizenzzahlungen an verbundene Unternehmen. Die effektive Steuerlast betrug in der Folge teilweise weniger als 1 Prozent des Gesamtunternehmensumsatzes; (für *Apple* beispielsweise wurde für das Jahr 2011 eine effektive Steuerlast von 425.070 Euro errechnet und zugesichert).[283]

b. *Konsequenzen*

Die Kommission hatte bereits vorher erkannt, dass APAs ebenso wie Steuergesetze binnenmarktschädliche Wirkung haben können und dass die Staaten sich nicht auf die legislativen Möglichkeiten einer günstigen Steuergesetzgebung – etwa durch die Möglichkeit von Verlustvorträgen – beschränken, um Unternehmen anzulocken. Deshalb hatte sie bereits im Juli 2013 damit begonnen, einzelne APAs am Maßstab des Beihilferechts zu überprüfen.[284] Bis zum Zeitpunkt der Enthüllung hatte die Kommission bereits in vier Fällen förmliche Prüfverfahren[285] von APAs eingeleitet: APAs zugunsten von *Apple* durch Irland, zugunsten von *Starbucks* durch die Niederlande sowie zugunsten von *Fiat* und *Amazon* durch Luxemburg.

Damit öffnete sie ein ganz neues Kapitel des Beihilferechts, hatte sie vorher stets nur gesetzliche Steuertatbestände am Maßstab des Beihilferechts gemessen. Im

---

282 Vgl. die „Luxembourg Leaks Database", abrufbar unter: https://www.icij.org/investigations/luxembourg-leaks/explore-documents-luxembourg-leaks-database/ (zuletzt abgerufen am 11. Juli 2019).

283 Luxembourg Leaks Database, Kategorie „Tech", Dokumente zu Apple, S. 2.

284 Seit Juli 2013 überprüfte die Kommission bereits einige wenige APAs aus Irland, Luxemburg, Malta, der Niederlande, dem Vereinigten Königreich und Zypern, vgl. Europäische Kommission, Pressemitteilung vom 17. Dezember 2014, Staatliche Beihilfen: Kommission weitet Untersuchung zu Steuervorentscheidungen ("Rulings") auf alle Mitgliedstaaten aus, IP/14/2742.

285 Zum Ablauf eines Beihilfeverfahrens siehe Abschnitt D, II.

Nachgang der Enthüllungen setzte sie zudem ihren Fokus stärker auf APAs und intensivierte die Untersuchungen, indem diese auf alle Mitgliedstaaten ausgedehnt wurden.[286]Hierbei stellt sich die Frage, wie die Tatbestandsvoraussetzungen des Beihilferechts in Form des Verbotstatbestandes des Art. 107 Abs. 1 AEUV bei der Überprüfung von APAs zu verstehen sind und ob das Verständnis ggf. einer Anpassung bedarf. Diese Frage stellt einen Schwerpunkt der Arbeit dar und wird im Rahmen der Tatbestandsvoraussetzungen[287] von Art. 107 Abs. 1 AEUV behandelt. Im Ergebnis hat die Kommission in allen vier genannten Fällen einen Verstoß gegen Art. 107 Abs. 1 AEUV angenommen.[288]

Nicht nur die Kommission, auch das Parlament hat auf die Enthüllungen reagiert. Es errichtete auf Grundlage von Art. 197 seiner Geschäftsordnung den Sonderausschuss für Steuerbescheide und andere Maßnahmen ähnlicher Art und Wirkung (TAXE)[289] Seine Arbeit hatte kaum Konsequenzen und die Untersuchungen brachten keine neuen Erkenntnisse. Im Abschlussbericht[290] bedauerte er, dass die internationalen Bemühungen zur Bekämpfung von Gewinnverlagerung durch EU und OECD kaum Erfolge brachten[291] und unterbreitete den

286 Europäische Kommission, Pressemitteilung vom 17. Dezember 2014, Staatliche Beihilfen: Kommission weitet Untersuchung zu Steuervorentscheidungen ("Rulings") auf alle Mitgliedstaaten aus, IP/14/2742.

287 Siehe weiter unten in Abschnitt D, III.

288 Vgl. Europäische Kommission, Beschluss (EU) 2017/1283 vom 30. August 2016 über die staatliche Beihilfe SA.38373 (2014/C) (ex 2014/NN) (ex 2014/CP) Irlands zugunsten von Apple (Bekannt gegeben unter Aktenzeichen C(2016) 5605); Europäische Kommission, Beschluss (EU) 2018/859 vom 4. Oktober 2017 über die staatliche Beihilfe Luxemburgs SA.38944 (2014/C) (ex 2014/NN) zugunsten von Amazon (Bekannt gegeben unter Aktenzeichen C(2017) 6740); Europäische Kommission, Beschluss (EU) 2017/502 vom 21. Oktober 2015 über die staatliche Beihilfe der Niederlande SA.38374 (2014/C) (ex 2014/NN) zugunsten von Starbucks (Bekannt gegeben unter Aktenzeichen C(2015) 7143); Europäische Kommission, Beschluss (EU) 2016/2326 vom 21. Oktober 2015 über die staatliche Beihilfe SA.38375 (2014/C ex 2014/NN) Luxemburgs zugunsten von Fiat, (Bekannt gegeben unter Aktenzeichen C(2015) 7152).

289 Homepage des TAXE-Ausschusses mit allen Dokumenten abrufbar unter: http://www.europarl.europa.eu/committees/en/taxe/publications.html?tab=Press%20statements (zuletzt abgerufen am 11. Juli 2019).

290 TAXE Ausschuss, Abschlussbericht vom 25. November 2015, abrufbar unter: http://www.europarl.europa.eu/sides/getDoc.do?pubRef=-//EP//TEXT+TA+P8-TA-2015-0408+0+DOC+XML+V0//DE (zuletzt abgerufen am 11. Juli 2019).

291 TAXE Ausschuss, Abschlussbericht, Nr. 35.

Vorschlag, einen europäischen Mechanismus zum automatischen Austausch von APAs zu installieren. [292] Diese Forderung wurde später im Rahmen des BEPS-Projekts aufgegriffen und in Aktionspunkt 5 umgesetzt.

Die Enthüllungen haben nicht wie teilweise erwartet oder erhofft dazu geführt, dass die Mitgliedstaaten die Ausstellung von APAs eingestellt oder zumindest eingeschränkt haben. Im Nachgang zu den Enthüllungen stieg deren Zahl europaweit an (von 972 Ende 2014 auf 1444 Ende 2015). Auch in Luxemburg stieg die Zahl im gleichen Zeitraum von 347 auf 519.[293]

2. Die Kommissionsentscheidungen zu APAs – der Fall *Apple*

Bis zum heutigen Tag ist zu den vier genannten Fällen *Starbucks*, *Fiat*, *Amazon* und *Apple* am 20. Juni 2018 mit dem Fall *ENGIE* noch eine weitere Entscheidung hinzugekommen. Nach Ansicht der Kommission hatte *ENGIE* durch APAs aus Luxemburg eine verbotene Beihilfe im Sinne des Art. 107 Abs. 1 AEUV erhalten; das Volumen der Nachforderung beträgt 120 Mio. Euro.[294]

Insgesamt gibt es so fünf Unvereinbarkeitsentscheidungen der Kommission. Es gibt darüber hinaus noch eine weitere Entscheidung[295], welche formal der Kategorie von APAs zugeordnet wird. Sie betraf das belgische „Excess Profit Scheme", welches APAs auf Basis von Artikel 185 §2, b) des „Code des Impôts sur les Revenus/Wetboek Inkomstenbelastingen" erlaubte. Bei dieser Entscheidung werden indes nicht einzelne APAs auf den Prüfstand gestellt, sondern das komplette belgische System einer Kontrolle unterzogen. Diese Entscheidung wird deshalb nicht als APA-Entscheidung im engeren Sinne beurteilt und folglich auch nicht näher untersucht.

Die fünf gegenständlichen Kommissionsentscheidungen haben – trotz aller Sachverhaltsunterschiede – im Kern gemein, dass in der Verrechnungspreisgestaltung die Gewährung eines selektiven Vorteils im Sinne des

---

292 TAXE Ausschuss, Abschlussbericht, Nr. 105 ff.

293 Paradise Papers Beiträge auf www.sueddeutsche.de, abrufbar unter: https://projekte.sueddeutsche.de/paradisepapers/politik/das-ist-das-leak-e229478/, (zuletzt abgerufen am 11. Juli 2019).

294 Europäische Kommission, Pressemitteilung vom 20. Juni 2018, Staatliche Beihilfen: Kommission stellt fest, dass Luxemburg Engie unzulässige Steuervergünstigungen gewährt hat und rund 120 Mio. EUR zurückfordern muss, P/18/4228.

295 Europäische Kommission, Beschluss (EU) 2016/1699 vom 11. Januar 2016 über die Beihilferegelung Belgiens SA.37667 (2015/C) (ex 2015/NN) (Bekannt gegeben unter Aktenzeichen C(2015) 9837.

Art. 107 Abs. 1 AEUV gesehen wurde. Folglich beschränkt sich die Arbeit auf die ausführliche Untersuchung einer Entscheidung, sowohl an dieser Stelle hinsichtlich der Kurzdarstellung des Sachverhalts als auch bei der Überprüfung der Tatbestandsmerkmale im weiteren Verlauf der Arbeit.[296]

Die Wahl fällt auf die wohl am kontroversesten diskutierte Entscheidung im Fall *Apple*. Es besteht die Sondersituation, dass alle beteiligten Parteien (Irland[297], *Apple*[298], die Kommission[299] und sogar die USA[300]) Klage erhoben haben. Zudem sticht aus den unterschiedlichen Rechtslagen, welche die Ausstellung des APAs in den Mitgliedstaaten flankierten, aus Sicht des Verfassers die in Irland zum Zeitpunkt der Ausstellung geltende Rechtslage mit Section 23A Abs. 4 des Taxes Consolidation Act (TCA) a.F. heraus. Zuletzt folgt aus der Entscheidung die mit Abstand größte Rückforderungssumme (rund 13 Mrd. Euro) und sie hat das größte nationale[301] und internationale[302] Medienecho hervorgerufen.

---

296 Vgl. dazu Abschnitt D. III.

297 Rs. T-778/16 (*Irland/Kommission*).

298 Rs. T-892/16 (*Apple/Kommission*).

299 Rs. C-678/17 (*Kommission/Irland*).

300 EuGH, Rs. C-12/18 P(I) (*USA/Kommission*), ECLI:EU:C:2018:330; das Verfahren wurde jedoch mangels Klagebefugnis der USA eingestellt, vgl. Rn. 20.

301 Vgl. stellvertretend nur „EU – Apple überweist 13 Milliarden nach Irland“, Beitrag vom 24. April 2018, abrufbar unter: https://www.sueddeutsche.de/wirtschaft/eu-apple-ueberweist-13-milliarden-nach-irland-1.3956934 (zuletzt abgerufen am 11. Juli 2019); „Steueroase Irland, Apples Steuertricks kosten EU-Staaten mindestens vier Milliarden Euro“, Beitrag vom 21. Juni 2018, abrufbar unter: https://www.sueddeutsche.de/wirtschaft/apple-steuern-eu-irland-1.4024640 (zuletzt abgerufen am 11. Juli 2019); „Irland zieht 13 Milliarden Euro Steuern von Apple ein“, Beitrag vom 24. April 2018, abrufbar unter: https://www.spiegel.de/wirtschaft/unternehmen/irland-zieht-13-milliarden-euro-steuern-von-apple-ein-a-1204605.html (zuletzt abgerufen am 11. Juli 2019).

302 Vgl. auch hier stellvertretend nur „Ireland collects disputed Apple taxes in full ahead of appeal“, Beitrag vom 18. September 2018, abrufbar unter https://www.reuters.com/article/us-eu-apple-taxavoidance/ireland-collects-disputed-apple-taxes-in-full-ahead-of-appeal-idUSKCN1LY1Y5 (zuletzt abgerufen am 11. Juli 2019); „Ireland collects more than €14bn in taxes and interest from Apple“, Beitrag vom 18. September 2018, abrufbar unter: https://www.theguardian.com/world/2018/sep/18/ireland-collects-more-than-14bn-disputed-taxes-from-apple (zuletzt abgerufen am 11. Juli 2019); „Apple pays over the 14.3bn due to Ireland – but the minister again denies that it's owed“, Beitrag vom 18. September 2018, abrufbar unter: https://www.thejournal.ie/apple-tax-ireland-7-4241938-Sep2018/ (zuletzt abgerufen am 11. Juli 2019).

Zum besseren Verständnis erfolgt eine Kurzüberblick über die Steuerstrukturen von *Apple*. In den 1980er Jahren hat *Apple Inc.*, das amerikanische Technologieunternehmen mit Sitz in Kalifornien, drei Tochterunternehmen in Irland gegründet, die vollständig von *Apple Inc.* kontrolliert wurden: *Apple Operations International* (AOI), *Apple Operations Europe* (AOE) und *Apple Sales International* (ASI). Alle Unternehmen waren nach irischem Recht gegründet, wurden indes aus den USA kontrolliert und gesteuert.[303]

Ein nach irischem Recht gegründetes Unternehmen unterfällt grundsätzlich der Körperschaftssteuer in Irland.[304] Eine Ausnahme von dieser Regel sah Section 23A Abs. 4 TCA a.F. vor seiner Änderung durch zwei Finance Acts in den Jahren 2013 und 2014 vor. Nach alter Rechtslage war ein Unternehmen dann nicht körperschaftssteuerpflichtig, sofern es entweder durch DBA in einem anderen Staat als steueransässig galt oder effektiv von einer (juristischen) Person kontrolliert wurde, die in einem anderen Staat, mit dem ein Besteuerungsabkommen bestand, ansässig war und dieses Unternehmen bzw. seine Tochterunternehmen eine Handelstätigkeit in Irland ausübten.[305]

Die zweite Ausnahme griff im Fall von AOE und ASI. ASI war zuständig für Beschaffungs- und Vertriebsaktivitäten in Europa, dem mittleren Osten, Indien und Afrika (EMEIA) und anderen Teilen des asiatisch-pazifischen Raums.[306] AOE war zuständig für die Herstellung in Irland und Ansprechpartner für verbundene Unternehmen in EMEIA, unter anderem bei Fragen zu Abrechnung, Personal und Accounting; beide übten – anders als AOI, welches der

303 *Myzithra*, Apple – Ireland and European Union State Aid Rules, in: Kerschner/Somare, Taxation in a Global Digital Economy, S. 449.

304 Europäische Kommission, Beschluss (EU) 2017/1283 vom 30. August 2016 über die staatliche Beihilfe SA.38373 (2014/C) (ex 2014/NN) (ex 2014/CP) Irlands zugunsten von Apple (Bekannt gegeben unter Aktenzeichen C(2016) 5605), Rn. 48.

305 Vgl. auch *Ting*, British Tax Review 2014, S. 237 ff.; *Myzithra*, Apple – Ireland and European Union State Aid Rules, in: Kerschner/Somare, Taxation in a Global Digital Economy, S. 449, Europäische Kommission, Beschluss (EU) 2017/1283 vom 30. August 2016 über die staatliche Beihilfe SA.38373 (2014/C) (ex 2014/NN) (ex 2014/CP) Irlands zugunsten von Apple (Bekannt gegeben unter Aktenzeichen C(2016) 5605), Rn. 49.

306 Europäische Kommission, Beschluss (EU) 2017/1283 vom 30. August 2016 über die staatliche Beihilfe SA.38373 (2014/C) (ex 2014/NN) (ex 2014/CP) Irlands zugunsten von Apple (Bekannt gegeben unter Aktenzeichen C(2016) 5605), Rn. 54.

irischen Körperschaftssteuer unterfiel[307] – Handelsaktivitäten im Sinne von Section 3 TCA[308] in Irland aus.

Aus Unternehmenssicht ergänzten sich Section 23A TCA a.F. und das amerikanische Steuerrecht ideal. Das lag daran, dass in den USA die Gründungstheorie gilt, was für die Körperschaftssteuer bedeutet, dass ein Unternehmen nur dann steuerpflichtig ist, wenn es auch in den USA gegründet wurde.[309] Da AOE und ASI aber irische Unternehmen waren, unterfielen sie nicht der amerikanischen Körperschaftssteuer; gleichzeitig waren sie wegen Section 23A Abs. 4 TCA a.F. aber auch nicht in Irland steuerpflichtig und somit aus Besteuerungssicht effektiv staatenlos.

AOI und ASI spielen bei der Entscheidung die Hauptrolle: Obwohl *Apple*-Kunden ihre Produkte vor Ort in einer Filiale kauften, war Vertragspartner nicht das jeweilige nationale Unternehmen, sondern die staatenlose ASI. Der Großteil der Gewinne landete somit direkt bei ASI, wo sie nicht versteuert wurden, obwohl ASI abgesehen von den Mitarbeitern der irischen Filialen keine weiteren Angestellten beschäftigte und keine Gebäude unterhielt.[310] Das Einkommen von AOI bestand primär aus Lizenzzahlungen durch AOE. *Apple Inc.* hatte AOI das

---

307 Dies war indes nicht dem Umstand geschuldet, dass AOI keine Handelsaktivitäten im Sinne von Section 3 TCA ausübte, sondern lag schlicht daran, dass AOI nicht als Unternehmen im Sinne der „relevant enterprise rule" von Section 23A anerkannt wurde, obwohl es ebenso wie AOE und ASI die Voraussetzungen grundsätzlich erfüllt hätte. Es kann daher allein daran liegen, dass Apple seine Steuerpflicht nicht vollständig umgehen wollte und dieser Umstand der Steuervereinbarung mit dem Staat Irland war. In der Kommissionsentscheidung zu Apple ist ein Schreiben des Unternehmenssteuerberaters an die irischen Steuerbehörden erwähnt, in welchem er von einer Steuersumme von 30 bis 40 Mio. Euro schreibt, die Apple bereit sei zu zahlen. Vor diesem Hintergrund ist davon auszugehen, dass AOI nur deshalb nicht unter die Ausnahme von Section 23A fiel, damit eine Steuerlast in dieser Höhe entrichtet werden konnte.

308 Section 3 TCA definiert das englische Wort „trade" als *„every trade, manufacture, adventure or concern in the nature of trade.*

309 *Kaulen*, Die Anerkennung von Gesellschaften unter Artikel XXV Abs. 5 S. 2 des deutsch-US-amerikanischen Freundschafts-, Handels- und Schifffahrtsvertrags von 1954, S. 77 ff. unter Verweis auf das US „Restatement (second) of Conflict of Laws", Section 302; vgl. auch *Weller* in: MüKo GmbHG, Einleitung, Rn. 336; *Dostal* in: Römermann, Münchener Anwaltshandbuch GmbH-Recht, § 26 GmbHG, Rn. 95; *Ting*, British Tax Review 2014, S. 237 ff.

310 Vgl. für eine sehr ausführliche Darstellung des Sachverhalts im Fall Apple z.B. *Stuart*, EStAL 2017, S. 217 ff. oder *Mason*, Tax Notes 2017, S. 735 ff.

Recht eingeräumt, Immaterialrechtsgüter wie Marken oder Patente zu nutzen.[311] AOI musste dafür hohe Lizenzgebühren an *Apple Inc.* zahlen; gleichwohl hat AOI die Nutzungsrechte für einen Bruchteil der Gebühren exklusiv weiter auf AOE übertragen.

In einem APA von 1991 sicherten die irischen Finanzbehörden AOI die für AOE sehr günstigen Verrechnungspreise für Immaterialrechtsgüter zu. Zudem wurde das Recht eingeräumt, hohe Entwicklungskosten geltend zu machen, obwohl *de facto* Forschung und Entwicklung fast ausschließlich von *Apple Inc.* in den USA betrieben wurde.[312] Über das APA von 2007 sind keine öffentlichen belastbaren Informationen verfügbar.

Mithilfe der skizzierten und durch die APAs abgesicherte Vorgehensweise hat *Apple* es geschafft, seine effektive Steuerlast zu minimieren. ASI hatte einen Gewinn von 15,95 Mrd. Euro, der aufgrund der Staatenlosigkeit unversteuert blieb. Allein eine Summe von 50 Mio. Euro bei AOI – überwiegend Einkünfte aus Lizenzzahlungen seitens AOE, gemindert durch Entwicklungskosten – wurde gemäß Section 21 Abs. 1 lit. f i.V.m. Section 18 Abs. 1 und 2a TCA zu einem Steuersatz von 12,5 Prozent versteuert, insgesamt also 6,25 Mio. Euro. Die Kommission berechnete daraus eine prozentuale Steuerlast von 0,05 Prozent des Gesamtunternehmensgewinns.[313] In den folgenden Jahren wuchs der Gewinn bei ASI, der steuerbare irische Teil bei AOI indes nicht. In der Folge betrug die effektive Steuerlast 2014 nach Berechnungen der Kommission nur noch 0,005 Prozent.

Vor diesem Hintergrund kam die Kommission am 30. August 2016 zu dem Ergebnis, dass *Apple* mithilfe der skizzierten und durch APAs aus den Jahren 1991 und 2007 abgesicherte Konstruktion weniger Steuern zahlen musste als vergleichbare irische Unternehmen. Hierin sah sie eine verbotene Beihilfe im Sinne des Art. 107 Abs. 1 AEUV und forderte Irland deshalb auf, *Apple* nachzubesteuern.[314]

---

311 *Myzithra*, Apple – Ireland and European Union State Aid Rules, in: Kerschner/Somare, Taxation in a Global Digital Economy, S. 449.

312 Europäische Kommission, Beschluss (EU) 2017/1283 vom 30. August 2016 über die staatliche Beihilfe SA.38373 (2014/C) (ex 2014/NN) (ex 2014/CP) Irlands zugunsten von Apple (Bekannt gegeben unter Aktenzeichen C(2016) 5605), Rn. 125.

313 Europäische Kommission, Pressemitteilung vom 30. August 2016, Staatliche Beihilfen: Irland gewährte Apple unzulässige Steuervergünstigungen von bis zu 13 Mrd. EUR, IP/16/2923.

314 Europäische Kommission, Pressemitteilung vom 30. August 2016, Staatliche Beihilfen: Irland gewährte Apple unzulässige Steuervergünstigungen von bis zu 13 Mrd. EUR, IP/16/2923.

IV. Die Rolle der Grundfreiheiten und des Beihilferechts bei der Unternehmensbesteuerung

Wie voranstehend herausgearbeitet, hat die EU im Bereich der Unternehmensbesteuerung nur eine geringe Handhabe, da das Primärrecht die Steuersouveränität der Staaten schützt. Grundsätzlich verbleibt den Mitgliedstaaten so die Möglichkeit, Unternehmen mit steuerlichen Anreizen – auch durch Ausstellung von Rechtssicherheit bietenden APAs – davon zu überzeugen, sich auf ihrem Territorium anzusiedeln.

Allerdings muss dies unter Beachtung der unionsrechtlichen Rechtsinstitute, den Grundfreiheiten und dem Beihilferecht, geschehen, die den gemeinsamen Binnenmarkt vor Verfälschungen schützen sollen.[315] Dadurch, dass eine zu geringe Unternehmensbesteuerung binnenmarktschädlich sein kann, erlangen beide Rechtsinstitute auch eine steuerliche Relevanz und ermöglichen so Eingriffe in den eigentlich geschützten Bereich der Unternehmensbesteuerung.[316] Um deutlich zu machen, warum sich die Arbeit allein mit der Beihilferechtskonformität von APAs beschäftigt und Grundfreiheiten außer Acht lässt, soll in gebotener Kürze das Verhältnis beider Rechtsinstitute und ihre jeweilige Rolle bei (zu) geringer Unternehmensbesteuerung – primär durch APAs, nur angedeutet durch Steuergesetze – beleuchtet werden.

1. Die Rolle der Europäischen Grundfreiheiten bei der Überprüfung von Steuergesetzen und APAs

Das Unionsrecht kennt fünf Grundfreiheiten[317], die den Binnenmarkt dadurch schützen, dass sie eine Gleichbehandlung grenzüberschreitender und rein innerstaatlicher Sachverhalte fordern.[318] Damit ist einer protektionistischen Politik der Mitgliedstaaten der Boden entzogen.[319] Ähnlich wie bei der Prüfung von

315 *Brauneck*, EuZW 2018, S. 628; *Reimer*, Die Auswirkungen des Grundfreiheiten auf das Ertragssteuerrecht der Bundesrepublik Deutschland, in: Lehner, Grundfreiheiten im Steuerrecht der EU-Staaten, S. 42.

316 EuGH, Rs. C-72/09 (*Établissements Rimbaud*), ECLI:EU:C:2010:645, Rn. 23; EuGH, Rs. C-319/02 (*Manninen*), ECLI:EU:C:2004:484, Rn. 19; EuGH, Rs. C-157/05 (*Holböck*), ECLI:EU:C:2007:297, Rn. 21.

317 Die Warenverkehrsfreiheit (Art. 28 – 37 AEUV), die Arbeitnehmerfreizügigkeit (Art. 45 AEUV), die Niederlassungsfreiheit (Art. 49 AEUV), die Dienstleistungsfreiheit (Art. 56 AEUV) und die Kapitalverkehrsfreiheit (Art. 63 AEUV).

318 *Kainer/Herzog*, EuR 2018, S. 406.

319 *Kokott/Ost*, EuZW 2011, S. 497 f.

deutschen Freiheitsgrundrechten ist nach der Prüfung eines eröffneten Schutzbereiches eine Beschränkung denkbar. Im Unionsrecht erfolgt die Prüfung einer Beschränkung nach der *Dassonville-Formel.* Nach der sehr weit gefassten Formel ist „jede Handelsregelung der Mitgliedstaaten, die geeignet ist, den innergemeinschaftlichen Handel unmittelbar oder mittelbar, tatsächlich oder potentiell zu behindern, als Maßnahmen mit gleicher Wirkung wie eine mengenmäßige Beschränkung anzusehen".[320] Es genügt somit bereits, dass die Ausübung einer Grundfreiheit weniger attraktiv gemacht wird.[321] Jede Steuer ist danach eine Beschränkung. Einen grenzüberschreitenden Sachverhalt vorausgesetzt, haben die Grundfreiheiten somit eine hohe Relevanz, sofern es um steuerliche Ungleichbehandlungen geht.

Dieser Umstand bringt Probleme mit sich. Wäre jede Steuer eine Beschränkung, so hätten Kommission und *EuGH* die Aufgabe, jedes Steuergesetz auf seine Verhältnismäßigkeit zu prüfen. Das entspricht jedoch nicht der Aufgabe der Grundfreiheiten und würde die Kompetenzverteilung zwischen der EU und ihren Mitgliedstaaten ins Gegenteil verkehren. Bei Steuergesetzen hat der *EuGH* der mitgliedstaatlichen Steuersouveränität insbesondere dadurch Rechnung getragen, dass er eine Vielzahl von ungeschriebenen Rechtfertigungsgründen wie z.B. die „Kohärenz des nationales Steuersystems"[322] anerkannt hat; so verbleiben dem Gesetzgeber Spielräume für nationale Eigenheiten.[323]

Bei der Kontrolle der einzelnen APAs spielen die Grundfreiheiten indes keine Rolle. Grundfreiheiten beanstanden eine Ungleichbehandlung rein innerstaatlicher und grenzüberschreitender Sachverhalte. Notwendig wäre daher, dass ein APA einen innerstaatlichen Sachverhalt anders beurteilt als einen grenzüberschreitenden. APAs richten sich jedoch wie in Abschnitt B herausgearbeitet nicht an der Staatsangehörigkeit eines Unternehmens aus. Vielmehr bieten sie

---

320 EuGH, Rs. C-8/74 *(Dassonville)*, ECLI:EU:C:1974:82, Rn. 5.

321 EuGH, Rs. C-33/74 (*van Binsbergen/Bedrijfsvereniging voor de Metaalnijverheid*), ECLI:EU:C:1974:131, Rn. 10.

322 Vgl. die Entwicklung der Rechtsprechung von der erstmaligen Anerkenntnis in EuGH, Rs. C-204/90 (*Bachmann/Belgischer Staat*), ECLI:EU:C:1992:35, Rn. 38; über ein strenges Verständnis in EuGH, Rs. C-80/94 (*Wielockx/Inspecteur der directe belastingen*), ECLI:EU:C:1995:271, Rn. 23; bis zu einem erneuten Aufleben in EuGH, Rs. C-157/07 (*Krankenheim Ruhesitz am Wannsee-Seniorenheimstatt*), ECLI:EU:C:2008:588, Rn. 43.

323 *Kokott/Ost*, , EuZW 2011, S. 503; vgl. auch allgemeiner *Hindelang/Köhler*, JuS 2014, S. 405 ff.

Unternehmen Rechtssicherheit, indem sie zukünftige Verrechnungspreiskonflikte durch rechtsverbindliche Vorabzusagen vermeiden.

2. Das Verhältnis der Europäischen Grundfreiheiten und des Europäischen Beihilferechts

In bestimmten Situationen sind die Tatbestandsvoraussetzungen des Art. 107 Abs. 1 AEUV erfüllt und zeitgleich ist ein Verstoß gegen eine Grundfreiheit denkbar. Das Beihilferecht verbietet eine Bevorteilung (überwiegend „Selektivität" genannt) bestimmter Unternehmen gegenüber solchen in einer vergleichbaren Situation. Diese Bevorteilung wird stets nur Unternehmen mit Sitz im Inland gewährt. Diese Situation kann eine nach den Grundfreiheiten verbotene Ungleichbehandlung grenzüberschreitender und rein innerstaatlicher Sachverhalte darstellen.[324]

In diesem Fall besteht zwischen Beihilferecht und Grundfreiheiten respektive deren Rechtsfolgen ein Konkurrenzverhältnis. Beide richten sich am Gleichheitssatz aus müssen daher konsistent, d.h. einheitlich angewendet werden. Wertungswidersprüche sind zu vermeiden.[325] Die konsistente Anwendung setzt jedoch nicht voraus, dass eine Prüfung des Beihilferechts und der Grundfreiheiten stets zum gleichen Ergebnis kommen (muss). Eine genehmigte Beihilfe bietet keinen Schutz vor einer Überprüfung am Maßstab der Grundfreiheiten, sondern muss deren ganz eigenen Anforderungen genügen.[326] Sofern ein Verstoß gegen nur eines der Rechtsinstitute vorliegt, finden seine Rechtsfolgen Anwendung.

Als Rechtsfolge des Beihilferechts wird die Beihilfe für ungültig erklärt und der Empfänger muss sie zurückzahlen. Rechtsfolge eines Verstoßes gegen die Grundfreiheiten ist, dass der nationale Gesetzgeber die Rechtslage in unionsrechtskonformer Weise neugestalten muss; bis dahin greift der Anwendungsvorrang des Unionsrechts und die beanstandete Vorschrift bleibt unangewendet.[327] Zur Neugestaltung muss eine der beiden Rechtslagen auf die jeweils andere angewandt werden. Theoretisch wäre auch denkbar, dass die günstigere zugunsten

324 *Jennert/Ellenrieder*, EWS 2011, S. 309.

325 *Kokott*, Steuerrecht und unionsrechtlicher Beihilfebegriff in: Veröffentlichungen der 42. DJStG-Tagung 2017, S. 551.

326 EuGH, Rs. C-156/98 (*Deutschland/Kommission*), ECLI:EU:C:2000:46, Rn. 78 ff.; EuGH, Rs. C-249/81 (*Kommission/Irland*), ECLI:EU:C:1982:402, Rn. 18; *Bartosch*, EU-Beihilferecht, Einleitung, Rn. 5.

327 *Lang*, IStR 2010, S. 578;

der ungünstigeren aufgegeben wird. Praktisch allerdings wird stets die vorteilhafte auf die nachteilige Situation erstreckt.[328] Ein Verstoß gegen die Grundfreiheiten wirken deshalb zugunsten des Steuerpflichtigen wohingegen sich ein Verstoß gegen das Beihilferecht zulasten des Steuerpflichtigen auswirkt.

Problematisch ist, wenn ein Verstoß gegen beide Institute vorliegt. Einen solchen Fall hat der *EuGH* bereits entschieden. In der Rechtssache *Presidente del Consiglio die Ministri/Regione Sardegna*[329] hat er eine sardische Steuer auf Flugzeuglandungen, die nur von gebietsfremden Luftfahrtunternehmen zu entrichten war, zugleich als verbotene Beihilfe zugunsten der gebietsansässigen Unternehmen und als Verstoß gegen die Dienstleistungsfreiheit zulasten der gebietsfremden Unternehmen angesehen.[330] Fraglich war daher, welche Rechtsfolge Anwendung findet.

Man könnte der Ansicht sein, die Rechtsfolgen der Grundfreiheiten hätten Vorrang. Dies wäre gerade auch aus Sicht der benachteiligten Partei wünschenswert, da diese in den Genuss der günstigeren Regelung der Steuerbefreiung käme.[331] Andererseits wäre es denkbar, diese Frage dem nationalen Gesetzgeber zu überlassen. Er könnte sich entscheiden, ob er lieber die Beihilfe zurückfordern oder die Regelung allen zugänglich machen möchte. Dafür würde auch das Subsidiaritätsprinzip sprechen[332], nach dem die Union angehalten ist, nur dann zu handeln, wenn Maßnahmen der Mitgliedstaaten nicht ausreichen.[333] Der *EuGH* hat sich in der genannten Rechtssache für diesen Fall im Ergebnis letzterem Ansatz angeschlossen und es dem vorlegenden Gericht überlassen, angemessene Rechtsfolgen aus dem Verstoß gegen Beihilferecht und Grundfreiheiten zu ziehen.[334]

Nach der hier vertretenen Ansicht hätte er jedoch anders entscheiden und die Rechtsfolgen des Beihilferechts heranziehen müssen, da es gegenüber den Grundfreiheiten einen spezielleren Maßstab darstellt, um derartige Sachverhalte

---

328 *Kokott*, Das Steuerrecht der EU, § 3, Rn. 227.

329 EuGH, Rs. C-169/08 (*Presidente des Consiglio di Ministri/Regione Sardegna*), ECLI:EU:C:2009:709.

330 EuGH, Rs. C-169/08 (*Presidente des Consiglio di Ministri/Regione Sardegna*), ECLI:EU:C:2009:709, Rn. 64.

331 *Jennert/Ellenrieder*, EWS 2011, S. 305 ff.

332 *Blumenberg/Kring*, -Schrift Nr. 473, S. 19 f.

333 *Kadelbach* in: von der Groeben/Schwarze/Hatje, EUV/AEUV, Art. 5 EUV, Rn 25.

334 EuGH, Rs. C-169/08 (*Presidente des Consiglio di Ministri/Regione Sardegna*), ECLI:EU:C:2009:709, Rn. 65.

zu regeln.[335] Die Grundfreiheiten fordern die Erstreckung der vorteilhafteren Regelung auf alle Beteiligten; aber dies nur vorläufig, bis der nationale Gesetzgeber eine anders lautende Regelung erlässt. Er hat insoweit die Entscheidungshoheit, wie er die Ungleichbehandlung endgültig beseitigt. Das Beihilferecht ist in seinen Rechtsfolgen eindeutig und vor allem endgültig, indem es eine Rückforderung vorsieht. Eine Entscheidungshoheit des nationalen Gesetzgebers besteht nicht. Somit ist im Kollisionsfall den Rechtsfolgen des Beihilferechts Vorrang zu gewähren und die Beihilfe zurückzufordern[336]; das Beihilferecht bietet den spezielleren Maßstab.[337]

3. Zwischenergebnis

Die Kommission hat aufgrund der primärrechtlich geschützten Steuersouveränität der Staaten kaum Zugriff auf den Bereich der Unternehmensbesteuerung. Der Großteil der harmonisierenden Initiativen wurde seitens der Mitgliedstaaten blockiert, sodass weiterhin ein unharmonisiertes Nebeneinander der Steuersysteme besteht. Einige Staaten nutzen das aus und gewähren Unternehmen großzügige Steuererleichterungen mithilfe von APAs. Einzig das Beihilferecht bietet der Kommission die Möglichkeit, diese potentiell binnenmarktschädliche APAs der Mitgliedstaaten zu untersuchen; die Grundfreiheiten sind insoweit mangels Anwendbarkeit keine Hilfe. Inwiefern das heutige Verständnis des Beihilferechts bzw. seiner Tatbestandsmerkmale dafür geeignet ist und ob es ggf. Modifikationen bedarf, bildet den Schwerpunkt der vorliegenden Arbeit und wird daher sogleich im Anschluss behandelt.

---

335 *Szudoczky*, The Sources of EU Law and Their Relationships: Lessons for the Field of Taxation, S. 699 ff., 731 ff.

336 So auch *Kokott*, Steuerrecht und unionsrechtlicher Beihilfebegriff in: Veröffentlichungen der 42. DJStG-Tagung 2017, S. 554.

337 *Buendia Sierra/Smulders*, The Limited Role of the „Refined Economic Approach", in: EC State Aid Law: Liber Amicorum Francisco Santaolalla, S. 10.

D. Die Vereinbarkeit von APAs mit dem Europäischen Beihilferecht

In diesem Abschnitt wird schwerpunktmäßig die Frage beantwortet, ob die Tatbestandsmerkmale des Verbotstatbestandes von Art. 107 Abs. 1 AEUV für eine Überprüfung von APAs geeignet sind bzw. ob sie dafür anders zu verstehen sind als bei der Überprüfung gesetzlicher Beihilfen. Vorab wird in gebotener Kürze die Entwicklung des Beihilferechts mit Blick auf seine gestaltende Wirkung sowie die formelle Verfahrensseite dargestellt. Letzteres dient zunächst dem Verständnis der nachfolgenden Ausführungen im Hinblick auf die Tatbestandsvoraussetzungen, außerdem wird es für den letzten Abschnitt der Arbeit, in welchem zur Lösung etwaiger auftretender Probleme unter anderem eine Änderung des Beihilfeverfahrens vorgeschlagen wird, relevant. Alle Darstellungen erfolgen mit Fokus auf die in dieser Arbeit im Vordergrund stehenden APAs.

I. Grundsätzliches

Der in dieser Arbeit verwendete Begriff „Europäisches Beihilferecht" ist keine Legalbezeichnung. Er ist angelehnt an die Überschrift der Art. 107 – 109 AEUV, die von „staatliche(n) Beihilfen" spricht.

1. Einordnung in den Kontext des Unionsrechts

Das Beihilferecht wird vom AEUV nicht isoliert gesehen, sondern eingeordnet in einen größeren Kontext des Wettbewerbsrechts (3. Teil des AEUV, Titel VII, Kapitel 1). Das Beihilferecht ist Teil eines größeren Systems, welches den Wettbewerb im europäischen Binnenmarkt vor Verfälschungen schützen soll.[338] Die Überwachung des Wettbewerbs, die Ausgestaltung und die Festlegung der für das Funktionieren des Binnenmarkts erforderlichen Regeln ist gemäß Art. 3 Abs. 1 lit. b AEUV ausschließliche Zuständigkeit der EU.

---

338 *Guarrata/Wagner*, NzBau 2018, S. 443; *Cremer* in: Callies/Ruffert, EUV/AEUV, Art. 107 AEUV, Rn. 1; *Kühling* in: Streinz, EUV/AEUV, Art. 107 AEUV, Rn. 1; zum Wettbewerbskonzept insgesamt *Schuhmacher* in: Grabitz/Hilf/Nettesheim, EUV/AEUV, Art. 101 AEUV, Rn. 10; *Säcker* in: MüKo Europäisches und Deutsches Wettbewerbsrecht, Band 5, Teil 1, Rn. 3.

Die anderen Teile des Wettbewerbsrechts finden sich in den Art. 101 – 106 AEUV. Dieser Abschnitt wird als Kartellrecht bezeichnet. Die Vorschriften stellen Anforderungen an die Unternehmen selbst. Art. 101 AEUV enthält ein Verbot für Vereinbarungen und aufeinander abgestimmte Verhaltensweisen, Art. 102 AEUV verbietet das Ausnutzen einer marktbeherrschenden Stellung. Art. 103 – 105 AEUV regeln die Rechtssetzungsbefugnis der EU in diesem Bereich sowie die Geltung nationaler Vorschriften, Art. 106 AEUV regelt die Ausnahmemöglichkeit für Unternehmen, die Dienstleistungen im allgemeinen wirtschaftlichen Interesse erbringen.

2. Bedeutung des Beihilferechts

a. Inhaltliche Dimension – Zwischen Notwendigkeit und Verzerrung des Wettbewerbs

Das Beihilferecht ergänzt das Kartellrecht, indem es sich nicht an die Unternehmen, sondern an die Staaten richtet.[339] Eine staatliche Einmischung in den Wettbewerb zwischen Unternehmen kann diesen abhängig vom Umfang verfälschen. Eine Beihilfe kann die Bedeutung von Unternehmen einer bestimmten Branche künstlich überhöhen, dem Unternehmen überhaupt erst eine wirtschaftliche Existenzgrundlage bereiten oder es sogar vor dem Konkurs bewahren. Letztlich stehen derartige Einmischungen hinsichtlich der Wettbewerbsschädlichkeit auf einer Stufe mit Preisabsprachen in Form von Kartellen.[340] Da die Beihilfen in der Regel Unternehmen mit Sitz im Inland gewährt werden, ist es die Aufgabe des Beihilferechts, einer am Erhalt der nationalen wirtschaftlichen Interessen und damit häufig protektionistisch ausgerichteten Standortpolitik entgegenzuwirken.[341]

Ein vollständiges Verbot von staatlichen Beihilfen im Sinne eines neoliberalen Marktverständnisses ist indes nicht gewollt.[342] Staatliche Beihilfen sind in der Realität ein elementarer Bestandteil und beliebter Steuerungsmechanismus der nationalen Finanzpolitik. Sehr prominent erfolgte ein Einsatz beispielsweise in der Bankenkrise zur Rettung einzelner großer systemrelevanter Unternehmen

339 *Bartosch*, EU-Beihilferecht, Einleitung, Rn. 1; *Säcker* in: MüKo Europäisches und Deutsches Wettbewerbsrecht, Band 5, Teil 1, Rn. 7.

340 So auch *Haratsch/Koenig/Pechstein*, Europarecht (Altauflage 2016), Rn. 1205.

341 *Schwalbe* in: MüKo Europäisches und Deutsches Wettbewerbsrecht, Band 5, Teil 1, Rn. 23 f.

342 *Jochum*, Europarecht, Rn. 724.

(Banken, die „too big to fail" waren), um dort den Verlust von Arbeitsplätzen zu verhindern.[343] Das Beihilferecht hat daher die bedeutsame Aufgabe, einerseits die Notwendigkeit staatlicher Eingriffe zu tolerieren und anderseits die Beihilfepolitik der Mitgliedstaaten in solche Bahnen zu lenken, dass sie mit dem gemeinsamen europäischen Binnenmarkt vereinbar ist.[344]

Das Beihilferecht erkennt jedoch nicht nur die Notwendigkeit von Beihilfen durch die Mitgliedstaaten an. Vielmehr nutzt die EU selbst Beihilfen, indem sie vor allem den europäischen Agrarbereich fördert. Der EU-Haushalt von 2015 hatte ein Volumen von 145 Mrd. Euro. Davon war mit 41 Prozent der größte Posten für die Förderung des Agrarbereichs vorgesehen.[345] Zusätzlich soll es einen staatlichen Beihilfewettbewerb der Staaten untereinander verhindern, der aus einer staatlichen Förderung von Unternehmen mit Sitz im Inland entstehen könnte.[346] Dieser würde allenfalls zu einer Verlagerung von Arbeitsplätzen und Kapital innerhalb der EU führen, aber wäre für die Gesamtfinanzkraft des gemeinsamen Wirtschaftsraums schädlich.[347]

b. Zeitliche Dimension – Vom reinen Abwehrmechanismus zum Gestaltungsinstrument der europäischen Finanzpolitik

Die Regelungen für staatliche Beihilfen sind keine Erfindung der jüngsten Vertragswerke, sondern bestehen in ihrem Kern bereits seit knapp 60 Jahren.[348] In der Anfangszeit war ihr Anwendungsbereich und die praktische Relevanz jedoch gering. Von der Möglichkeit, staatliche Förderungen für ungültig zu erklären, machten die EU-Organe kaum Gebrauch.

Dies lag unter anderem daran, dass das Beihilferecht in seiner Anfangszeit das sog. „Prinzip der negativen Integration" verfolgte.[349] Demnach beschränkte sich

---

343 *Lienemeyer* in: NK Europäisches Beihilferecht, Kapitel 1, Rn. 1178 ff., 1192 ff.

344 *Jochum*, Europarecht, Rn. 724.

345 Homepage der Europäischen Union, Politikfelder, Haushalt, abrufbar unter: https://europa.eu/european-union/topics/budget_de (zuletzt abgerufen am 11. Juli 2019).

346 *Schwalbe* in: MüKo Europäisches und Deutsches Wettbewerbsrecht, Band 5, Teil 1, Rn. 23.

347 *Mederer* in: NK zum EU-Wettbewerbsrecht, Vorbemerkungen zu Art. 107 – 109 AEUV, Rn. 2; *Bartosch*, EU-Beihilferecht, Einleitung, Rn. 1, EuGH, Rs. C-730/79 (*Philip Morris/Kommission*), ECLI:EU:C:1980:209, Rn. 25 f.

348 Art. 92 Abs. 1 EWG-Vertrag vom 25. März 1957 enthielt erstmalig ein Verbot für staatliche Beihilfen. Sein Wortlaut ist mit dem heutigen Art. 107 Abs. 1 AEUV fast identisch.

349 *Blauberger*, MPIfG Discussion Paper 08/4, S. 5

die Aufgabe der EU-Organe auf die reine Abwehr wettbewerbsschädlicher Maßnahmen. Sie hatten nicht die Möglichkeit darüber hinausgehende strukturpolitische Akzente zu setzen. Selbst eine aus heutiger Sicht harmlose Werbung für den bestimmten Einsatz staatlicher Beihilfen, die der Förderung der gemeinsamen EU-Ziele dienlich wären, war den Organen nicht gestattet.[350] In jüngerer Zeit hat sich die Aufgabe des Beihilferechts in seiner Anwendung durch die Organe gewandelt; das Prinzip der negativen Integration wurde schrittweise aufgegeben. Mittlerweile wird neben der Abwehr von Maßnahmen auch ein gestaltender Ansatz verfolgt.[351]

Dieser war vor allem in der Bankenkrise erkennbar. Da fast der gesamte Bankensektor der EU von der Krise betroffen war, erachteten die EU-Organe unkoordinierte nationale Stabilisierungsmaßnahmen in dieser Situation als unzureichend. Wegen der starken Verflechtung der europäischen Finanzmärkte und der Gefahr, die von der Insolvenz einer systemrelevanten Bank ausgehen könnte, veröffentliche die Kommission am 25. Oktober 2008 eine Mitteilung[352], in der sie die Stabilität der Finanzmärkte zum obersten Ziel erklärte und deutlich machte, welche Form der staatlichen Beihilfen sie zur Erreichung dieses Ziels genehmigen werde. Herauszugreifen ist hier vor allem die Möglichkeit einer Rekapitalisierung der Banken sowie die Übernahme von staatlichen Garantien/Bürgschaften.[353] Die Mitteilung an die Mitgliedstaaten hat dazu geführt, dass

---

350 *Von Wallenberg/Schütte* in: Grabitz/Hilf/Nettesheim, EUV/AEUV, Art. 107, Rn. 21.

351 *Blauberger*, MPIfG Discussion Paper 08/4, S. 3, 22; beispielhaft ist dazu der Aktionsplan der Kommission über staatliche Beihilfen – Weniger und besser ausgerichtete staatliche Beihilfen – Roadmap zur Reform des Beihilferechts 2005 – 2009 zu nennen. Hierin heißt es: „*Diese Reform zielt insbesondere darauf ab, die Mitgliedstaaten zu ermuntern, zur Verwirklichung der Ziele der Strategie von Lissabon beizutragen. Die neue Beihilfepolitik wird die Mitgliedstaaten somit bei der Ausrichtung ihrer öffentlichen Beihilfen auf die Verbesserung der Wettbewerbsfähigkeit der europäischen Industrie und die Schaffung von Dauerarbeitsplätzen unterstützen.*“
Der Plan enthielt in der Folge acht Kategorien von Beihilfen, in denen sich die Kommission bei der Prüfung zurückhalten und auf die Einschätzung der Mitgliedstaaten vertrauen wollte, darunter Investitionen in Forschung und Entwicklung oder die Förderung von Unternehmensgründungen.

352 Europäische Kommission, Bankenmitteilung – Die Anwendung der Vorschriften für staatliche Beihilfen auf Maßnahmen zur Stützung von Finanzinstituten im Kontext der derzeitigen globalen Finanzkrise vom 25. Oktober 2008, 2008/C270/02.

353 Europäische Kommission, Bankenmitteilung – Die Anwendung der Vorschriften für staatliche Beihilfen auf Maßnahmen zur Stützung von Finanzinstituten im Kontext

diese ihre Rettungsbemühungen ganz überwiegend auf die von der Kommission erlaubten Formen gestützt haben.[354] Somit hat das Beihilferecht mittlerweile eine Doppelfunktion: neben der Abwehr von schädlichen Maßnahmen dient es auch als Steuermechanismus für den Binnenmarkt.[355]

II. Formelle Komponente – Kontrollverfahren, Folgen und Rechtsschutz

Die primärrechtlichen Verfahrensgrundlagen des Beihilferechts finden sich in Art. 108 und 109 AEUV. Die Aufgabe, effektiv und zentralisiert über die Einhaltung der Regeln zu wachen, ist der Kommission als Hüterin der Verträge übertragen worden. Daneben besitzt auch der Rat der EU einige Ausnahmekompetenzen im Beihilfebereich. Bedeutsam ist dabei die ihm von Art. 109 AEUV verliehene Kompetenz, auf Vorschlag der Kommission Durchführungsverordnungen zu erlassen. Hiervon hat er in der Vergangenheit Gebrauch gemacht; eine Kompetenz zu einer weitergehenden Beihilfepolitik besitzt der Rat jedoch nicht.[356]

1. Das Kontrollverfahren und seine Folgen

Die Rolle der Kommission bei Beihilfeverfahren wird in Art. 108 Abs. 1 AEUV definiert. Demnach überprüft sie in Zusammenarbeit mit den Mitgliedstaaten fortlaufend deren Beihilferegelungen und schlägt ihnen zweckdienliche Maßnahmen vor, welche die fortschreitende Entwicklung und das Funktionieren des Binnenmarkts erfordern.

Der AEUV selbst regelt das Verfahren nicht im Detail. Daher gibt es Konkretisierungen auf Ebene des sekundären Unionsrechts. Die Kommission hat genauere Verfahrensvorgaben in einer Anmelde- und Durchführungsverordnung[357]

---

der derzeitigen globalen Finanzkrise vom 25. Oktober 2008, 2008/C270/02, Rn. 17 ff. und 34 ff.

354 *Lienemeyer* in: NK Europäisches Beihilferecht, Kapitel 1, Rn. 1226.

355 Ähnlich auch *Biondi/Righini*, An Evolutionary Theory of State Aid Control, in: The Oxford Handbook of European Union Law, S. 672 f.; *Kühling* in: Streinz, EUV/AEUV, Art. 107 AEUV, Rn. 3 m.w.N.

356 *Frenz*, Handbuch Europarecht, Band 3: Beihilfe- und Vergaberecht, Rn. 1227.

357 Verordnung (EU) 2015/2282 der Kommission vom 27. November 2015 zur Änderung der Verordnung (EG) Nr. 794/2004 hinsichtlich der Anmeldeformulare und Anmeldebögen.

kodifiziert. Auch der Rat hat mit der Verfahrensverordnung[358](VerfahrensVO) zur Konkretisierung beigetragen. So ergibt sich ein System, das zwischen neuen und bereits bestehenden Beihilfen unterscheidet.

a. Repressivkontrolle bestehender Beihilfen

Bestehende Beihilfen sind solche, die bereits vor dem Inkrafttreten des AEUV in dem jeweiligen Staat eingeführt wurden sowie solche, die bereits genehmigt worden sind oder als genehmigt gelten, Art. 1 lit. b VerfahrensVO. Sie werden von der Kommission in Zusammenarbeit mit den Mitgliedstaaten fortlaufend überprüft, Art. 108 Abs. 1 AEUV. Die Mitgliedstaaten sind dabei nach dem Grundsatz der loyalen Zusammenarbeit[359] aus Art. 4 Abs. 3 EUV zur Zusammenarbeit verpflichtet.[360] Der Sinn der Prüfung besteht darin festzustellen, ob Anlass für die Einleitung eines förmlichen Prüfverfahrens besteht.

Während der Prüfung dürfen die Staaten die Beihilfen weiter ausführen. Erst in dem Moment, in dem die Kommission ihre Unvereinbarkeit mit dem Binnenmarkt positiv feststellt, sind sie einzustellen. Darin liegt ein großer Unterschied zu neuen Beihilfen, welche bis zu einer Genehmigung nicht durchgeführt werden dürfen. [361]

b. Präventivkontrolle neuer Beihilfen

Neue Beihilfen sind solche, die keiner Kategorie der bestehenden Beihilfen unterfallen, sowie geänderte bestehende Beihilfen, Art. 1 lit. c VerfahrensVO. Möchte ein Staat eine bestehende Beihilfe neu gestalten oder eine neue Beihilfe einführen, so hat er die Kommission rechtzeitig zu unterrichten und ihr Gelegenheit zur Stellungnahme zu geben, Art. 108 Abs. 3 Satz 1 AEUV. Nach der Notifizierung der Maßnahme beginnt die Kommission die vorläufige Prüfung. Diese endet mit einem genehmigenden Beschluss, Art. 4 Abs. 2 und 3 VerfahrensVO, oder damit, dass Bedenken hinsichtlich der Vereinbarkeit mit dem Binnenmarkt angemeldet

---

358 Verordnung (EU) 2015/1589 des Rates vom 13. Juli 2015 über besondere Vorschriften für die Anwendung von Artikel 108 des Vertrags über die Arbeitsweise der Europäischen Union.

359 Allgemein zum Grundsatz der loyalen Zusammenarbeit vgl. z.B. *von Bogdandy/Schill* in: Grabitz/Hilf/Nettesheim, EUV/AEUV, Art. 4 EUV, Rn. 50 ff.

360 *Christof Lessenich* in: von der Groeben/Schwarze/Hatje, EUV/AEUV, Art. 108 AEUV, Rn. 165; vgl. auch *Blumenberg*, IFSt-Schrift Nr. 473, S. 27.

361 EuGH, Rs. C-6/12 (*P Oy*), ECLI:EU:C:2013:525, Rn. 36; *Blumenberg*, IFSt-Schrift Nr. 516, S. 13.

werden, Art. 4 Abs. 4 VerfahrensVO. Bestehen Bedenken, leitet die Kommission ein förmliches Prüfverfahren nach Art. 108 Abs. 2 AEUV ein. Die vorläufige Prüfung soll innerhalb von zwei Monaten beendet sein, Art. 4 Abs. 5 VerfahrensVO. Bleibt die Kommission bis zum Ablauf der Frist untätig, gilt die Beihilfe als genehmigt, Art. 4 Abs. 6 VerfahrensVO.

c. Förmliches Prüfverfahren

Sofern Bedenken bestehen, beginnt anschließend im Rahmen des förmlichen Prüfverfahrens eine eingehende Untersuchung der Beihilfe. Dabei fordert die Kommission alle Beteiligten (übrige Mitgliedstaaten, vor allem jedoch den beihilfegewährenden Staat, den Beihilfeempfänger und dessen etwaige Konkurrenten) zu einer Stellungnahme auf. Das Verfahren ist grundsätzlich nicht fristgebunden, sollte jedoch innerhalb von 18 Monaten abgeschlossen sein, Art. 9 Abs. 6 S. 2 VerfahrensVO. Es endet entweder mit einem Positivbeschluss oder mit einem Negativbeschluss, der die Unvereinbarkeit der Beihilfe feststellt.[362]

d. Rechtsfolgen

Es gibt zwei mögliche Rechtsfolgen: der Positivbeschluss führt zur Genehmigung der Beihilfe, der Negativbeschluss zu einem Durchführungsverbot sowie bei bereits gewährten Beihilfen zu einer Rück- bzw. Nachforderung.

Bei neuen Beihilfen führt die Genehmigung dazu, dass der Mitgliedstaat sie erstmals offiziell gewähren darf. Bei bestehenden Beihilfen, die nicht unter das Durchführungsverbot von Art. 108 Abs. 3 Satz 3 AEUV fallen, führt die Genehmigung dazu, dass der Mitgliedstaat sie weitergewähren darf und nicht einstellen muss. Wegen der fortlaufenden Kontrolle ist die Genehmigung jedoch nicht endgültig.

Kommt die Kommission zu dem Schluss, dass eine Beihilfe mit dem Binnenmarkt unvereinbar ist, untersagt sie dem Mitgliedstaat entweder dessen erstmalige Gewährung (neue Beihilfen) oder fordert ihn auf, die Beihilfe aufzuheben bzw. abzuändern (bestehende Beihilfen). Dieses Durchführungsverbot gilt nicht nur für ordnungsgemäß notifizierte Beihilfen, sondern erst recht für solche Beihilfen, die pflichtwidrig nicht oder nicht korrekt notifiziert wurden.[363] Anderenfalls würde ein Verstoß gegen die Notifizierungspflicht belohnt.

---

362 Vgl. Art. 9 Abs. 2, 3 und 5 VerfahrensVO, sowie Abs. 4 gleicher Norm, der die Möglichkeit einräumt, einen Positivbeschluss mit Bedingungen zu verknüpfen.

363 *Blumenberg*, IFSt-Schrift Nr. 516, S. 13.

Bei bestehenden Beihilfen ist ein Durchführungsverbot jedoch nicht ausreichend. Hier trifft den Staat zusätzlich die Verpflichtung, die Beihilfen vom Empfänger nebst Zinsen zurückzufordern, Art. 16 Abs. 1 und 2 VerfahrensVO. Der Begriff „Rückforderung" ist indes bei steuerlichen Beihilfen durch Nicht- oder Geringbesteuerung nicht passend. An die Stelle der zurückzufordernden Beihilfe, welche an den Empfänger ausgezahlt wurde, tritt in diesen Fällen eine Nachbesteuerung.[364] Folglich ist bei steuerlichen Beihilfen der Begriff „Nachforderung" zu verwenden. Ermächtigungsgrundlage für die Rück- bzw. Nachforderung sind die maßgeblichen nationalen Regeln (in Deutschland §§ 48, 49 VwVfG bzw. die entsprechenden landesrechtlichen Vorschriften).[365]

2. Rechtsschutzmöglichkeiten

Aufgrund der finanziellen Bedeutung, die Beihilfen für den Empfänger und den gewährenden Staat haben, enden Beihilfeverfahren häufig nicht mit den Kommissionsbeschlüssen, sondern die Sachverhalte erfahren gerichtliche Klärung.

a. Rechtsschutz vor der Unionsgerichtsbarkeit

Dabei gibt es nicht nur eine Verfahrensart, die immer Anwendung findet, sondern mehrere Verfahren, die für unterschiedliche Konstellationen gelten. Welches Verfahren Anwendung findet ist davon abhängig, wer Kläger ist und welcher Klagegenstand angegriffen wird. Mit Blick auf APAs werden im Folgenden nicht alle Möglichkeiten dargestellt, sondern die Darstellung beschränkt sich die in diesem Bereich relevanten Verfahrensarten.

aa. Klage eines Mitgliedstaates gegen die Nichtgenehmigung durch die Kommission

Die häufigste Situation, in der Rechtsschutz in Anspruch genommen wird, ist die, dass sich ein Staat gegen einen Negativbeschluss der Kommission zur Wehr setzt. Richtige Klageart ist hierfür die Nichtigkeitsklage nach Art. 263 AEUV. Der Kläger muss dafür parteifähig sein und den tauglichen Klagegegenstand

---

364 EuGH, verbundene Rs. C-164/15 P und C-165/15 P (*Kommission/Aer Lingus*), ECLI:EU:C:2016:990, Rn. 95 f.

365 *Braun*, NZBau 2010, S. 280; *Blumenberg*, IFSt-Schrift Nr. 516, S. 14. Auf die verfahrensrechtlichen Einzelheiten der nationalen Rückforderung, insbesondere vor dem Hintergrund des unionsrechtlichen *effet utile* und der dadurch bedingten „Überlagerung" der nationalen Verfahrensvorschriften wird in Abschnitt E, II gesondert eingegangen.

plausibel darlegen. Vor allem muss er jedoch eine Klagebefugnis besitzen, d.h. es muss die Möglichkeit bestehen, dass er in einem subjektiven öffentlichem Recht betroffen ist. Art. 263 AEUV unterscheidet insoweit zwischen privilegierten (Art. 263 Abs. 2 AEUV), teilprivilegierten (Art. 263 Abs. 3 AEUV) und nichtprivilegierten (Art. 263 Abs. 4 AEUV) Klägern. Ein Mitgliedstaat ist der ersten Kategorie zuzuordnen und daher ohne Weiteres klagebefugt.[366] In allen Fällen, in denen die Kommission die Unvereinbarkeit eines APAs mit Art. 107 Abs. 1 AEUV festgestellt hat, haben Irland, Luxemburg und die Niederlande von dieser Möglichkeit Gebrauch gemacht.[367] Die Verfahren sind erstinstanzlich beim *EuG* und nicht direkt beim *EuGH* angesiedelt.[368] Sollte das *EuG* die Klage zurückweisen, steht nach Art. 56 EuGH-Satzung der Rechtsweg zum *EuGH* offen.

bb. Klage eines Unternehmens gegen die Nichtgenehmigung durch die Kommission

Nicht nur die Staaten können Rechtsschutz beantragen, auch die betroffenen Unternehmen können selbstständig gegen den Kommissionsbeschluss vorgehen. Das indes nur unter höheren Voraussetzungen, da natürliche und juristische Personen der Kategorie der nichtprivilegierten Kläger im Sinne des Art. 263 Abs. 4 AEUV angehören und deshalb für die Klagebefugnis ein besonderes Rechtsschutzbedürfnis benötigen.

Ein solches liegt vor, wenn der Kläger Adressat der Handlung im Sinne des Art. 288 AEUV (Var. 1) oder durch die Handlung unmittelbar und individuell betroffen ist (Var. 2) sowie wenn die Handlung Verordnungscharakter hat, die Person unmittelbar betrifft und keine Durchführungsmaßnahmen nach sich zieht (Var. 3). Mit dieser restriktiven Klagebefugnis sollen Popularklagen ausgeschlossen werden.[369] Auch soll eine Überlastungssituation wie beim *EGMR* durch die dort vorhandene Möglichkeit der Individualklage vermieden werden.

---

366 Ausarbeitung des deutschen Bundestages, Unterabteilung Europa, PE 6 - 3000 - 196/14, S. 6; *Ehricke* in: Streinz, EUV/AEUV, Art. 263 AUEV, Rn. 5; *von Dörr* in: Grabitz/Hilf/Nettesheim, EUV/AEUV, Art. 263 AEUV, Rn. 10.

367 Fiat: Rs. T-755/15 (*Luxemburg/Kommission*), Starbucks: Rs. T-760/15 (*Niederlande/Kommission*), Apple: Rs. T-778/16 (*Irland/Kommission*), Amazon: Rs. T-816/17 (*Luxemburg/Kommission*), ENGIE: Rs. T-516/18 (*Luxemburg/Kommission*).

368 Vgl. Art. 256 Abs. 1 AEUV i.V.m Art. 51 des Protokolls über die Satzung des Gerichtshofs der Europäischen Union (EuGH-Satzung).

369 *Ehricke* in: Streinz, EUV/AEUV, Art. 263 AEUV, Rn. 58.

Bei Beihilfen kommen Variante 1 und 3 nicht in Betracht. Adressat einer Kommissionsentscheidung ist nicht das Unternehmen, sondern der Staat, der die Beihilfe zurückfordern muss. Zudem hat eine Kommissionsentscheidung auch keinen Verordnungscharakter. Erforderlich ist daher eine individuelle und unmittelbare Betroffenheit der Unternehmen. Wann diese vorliegt, ist Gegenstand vieler Literaturbeiträge[370] und Gerichtsentscheidungen[371]. In jedem Fall wird eine individuelle und unmittelbare Betroffenheit angenommen, wenn die Unternehmen die Beihilfe bereits erhalten haben.[372]

Mit Blick auf die Kommissionsentscheidungen zu APAs sind die Unternehmen stets klagebefugt, weil sie die durch die APAs gewährten Steuervergünstigungen bereits erhalten haben. Folglich haben *Fiat*[373], *Starbucks*[374], *Apple*[375], *Amazon*[376] und *ENGIE*[377] zusätzlich zu den Nichtigkeitsklagen der Staaten selbst Nichtigkeitsklage eingelegt. Sollten zukünftig auch noch nicht angewandte APAs von der Kommission beanstandet werden[378], so stellt sich in diesen Fällen die Frage der Klagebefugnis für die betroffenen Unternehmen.

cc. *Klage der Kommission wegen Nichtbeachtung des Kommissionsbeschlusses durch den betroffenen Mitgliedstaat*

Die Mitgliedstaaten müssen die Beihilfe innerhalb einer gesetzten Frist zurück- bzw. nachfordern, die in der Regel 4 Monate beträgt.[379] Kommt ein Mitgliedstaat einem entsprechenden Beschluss der Kommission nicht nach, können die Kommission sowie andere betroffene Staaten unmittelbar beim *EuGH* ein

---

370 Vgl. dazu z.B. *Blumenberg/Kring*, IFSt-Schrift Nr. 473, S. 33 ff.; *Geisenberger*, Der Einfluss des Europarechts auf steuerliches Verfahrensrecht, S. 72 ff.; *Thiede*, IStR 2017, S. 51 ff.

371 Vgl. zur sog. Plaumann-Formel EuGH, Rs. C-25/62 (*Plaumann/Kommission*), ECLI:EU:C:1963:17.

372 EuGH, Rs. C-105/99 (*Sardegna Lines/Kommission*), ECLI:EU:C:2000:570, Rn. 34; EuGH, Rs. C-298/00 P (*Italien/Kommission*), ECLI:EU:C:2004:240, Rn. 38 f.; so auch *Cremer* in: Callies/Ruffert, EUV/AEUV, Art. 108 AEUV, Rn. 23.

373 Rs. T-759/15 (*Fiat/Kommission*).

374 Rs. T-636/16 (*Starbucks/Kommission*).

375 Rs. T-892/16 (*Apple/Kommission*).

376 Rs. T-318/18 (*Amazon/Kommission*).

377 Rs. T-525/18 (*Engie/Kommission*).

378 Auch diese Möglichkeit wird in Abschnitt E, I noch genauer eingegangen und vorgeschlagen, die Beihilfehilfekontrolle bei APAs verfahrensrechtlich zu ändern.

379 Vgl. Art. 16 Abs. 3 VerfahrensVO („unverzüglich").

Vertragsverletzungsverfahren gegen den die Umsetzung verweigernden Staat einleiten, Art. 108 Abs. 2 UAbs. 2 AEUV. Dieses Verfahren kommt in der Praxis selten vor. Im Fall *Apple* hat die Kommission jedoch von dieser Möglichkeit Gebrauch gemacht.[380] Zwar verweigert Irland die Nachforderung der 13 Mrd. Euro gegenüber *Apple* nicht ausdrücklich, hat den Nachforderungsbeschluss nach Ansicht der Kommission jedoch unzureichend – vor allem in zeitlicher Hinsicht – umgesetzt.[381] Mittlerweile hat sie die Klage jedoch zurückgezogen.[382]

b. Rechtsschutz vor der nationalen Gerichtsbarkeit

Der Großteil von Beihilfeverfahren findet vor Unionsgerichten statt, allerdings können sich auch nationale Gerichte mit beihilferechtlichen Fragen befassen. Der *EuGH* hat immer wieder die Rolle der nationalen Gerichte hervorgehoben.[383] In Deutschland muss sich müssen sich vor allem die Verwaltungsgerichte mit den Regelungen des Beihilferechts auseinandersetzen, sofern sie über einen Rückforderungsbescheid zu entscheiden haben.

Einen Mitgliedstaat trifft nach einem negativen Kommissionsbeschluss eine Rück- bzw. Nachforderungspflicht. Daraufhin erlässt er einen entsprechenden Bescheid. In Deutschland ist die Ermächtigungsgrundlage dafür § 49a Abs. 1 VwVfG. Es handelt sich um einen Verwaltungsakt im Sinne des § 35 VwVfG, gegen den die Anfechtungsklage nach § 42 Abs. 1 Var. 1 VwGO statthaft ist.

Außerdem ist das Durchführungsverbot für Beihilfen nach Art. 108 Abs. 3 Satz 3 AEUV Unionsrecht, welches unmittelbar in die nationalen Rechtsordnungen einwirkt. Klagt ein Unternehmen beispielsweise auf die Gewährung einer steuerlichen Vergünstigung, beschäftigt sich das jeweilige Gericht auch mit den Regelungen des Beihilferechts und klärt diese Frage ggf. im Wege des Vorabentscheidungsverfahrens nach Art. 267 AEUV.[384]

---

380 Rs. C-678/17 (*Kommission/Irland*).

381 Europäische Kommission, Pressemitteilung vom 04. Oktober 2017, Staatliche Beihilfen: Kommission verweist Irland an den Gerichtshof wegen Nichtrückforderung illegaler Steuervorteile von Apple in Höhe von 13 Mrd. EUR, IP/17/3702.

382 EuGH, Beschluss zur Rs. C-678/17 (*Kommission/Irland*), ECLI:EU:C:2018:927, Rn. 1.

383 Z.B. EuGH, Rs. C-232/05 (*Kommission/Frankreich*), ECLI:EU:C:2006:651, Rn. 59; EuGH, Rs. C-368/04 (*Transalpine Ölleitung in Österreich*), ECLI:EU:C2006:644, Rn. 39.

384 Vgl. auch EuGH, Rs. C-6/12 (*P Oy*), ECLI:EU:C:2013:525; sowie zu weiteren Verfahren beim BFH, der beihilferechtliche Bedenken bzgl. § 6a GrEStG hatte, *Blumenberg*,

III. Materielle Komponente – Die Voraussetzungen des Verbotstatbestandes des Art. 107 Abs. 1 AEUV

Zentrale Vorschrift des Beihilferechts ist Art. 107 Abs. 1 AEUV. Dieser enthält einen Verbotstatbestand für Beihilfen und gibt Tatbestandsmerkmale vor, bei deren Vorliegen von einer Beihilfe ausgegangen werden kann.[385] Sein Wortlaut ist wie folgt:

> „Soweit in den Verträgen nicht etwas anderes bestimmt ist, sind staatliche oder aus staatlichen Mitteln gewährte Beihilfen gleich welcher Art, die durch die Begünstigung bestimmter Unternehmen oder Produktionszweige den Wettbewerb verfälschen oder zu verfälschen drohen, mit dem Binnenmarkt unvereinbar, soweit sie den Handel zwischen Mitgliedstaaten beeinträchtigen."

Aus dem Text ergeben sich je nach Lesart und Aufteilung zwischen drei und fünf unterschiedliche Tatbestandsmerkmale. In Anlehnung an den *EuGH*[386] und den wohl überwiegenden Teil der Literatur[387] wird hier von vier Tatbestandsmerkmalen ausgegangen, die kumulativ vorliegen müssen[388]:

1. Es muss sich um eine staatliche oder um eine aus staatlichen Mitteln stammende Zuwendung handeln
2. Dem oder den Begünstigten muss sie einen selektiven Vorteil gewähren

---

Aktuelle Entwicklungen des EU-Beihilferechts im Bereich der deutschen Unternehmensbesteuerung, IFSt-Schrift Nr. 516, S. 17; generell zum Vorabentscheidungsverfahren auch *Christof Lessenich* in: von der Groeben/Schwarze/Hatje, EUV/AEUV, Art. 108 AEUV, Rn. 169 ff.

385 Die Rechtsprechung nutzt den Begriff der Beihilfe insofern nicht als eigenes Tatbestandsmerkmal, sondern als Sammel- bzw. Oberbegriff, der eigene Tatbestandsmerkmale besitzt, vgl. z.B. EuGH, Rs. C-262/12 (*Vent de Colére u.a.*), ECLI:EU:C:2013:851, Rn. 15 m.w.N. sowie *Beljin* in: Schulze/Zuleeg/Kadelbach, Europarecht, § 28, Rn. 48.

386 Z.B. jüngst EuGH, Rs. C-706/17 (*Achema*), ECLI:EU:C:2019:284, Rn. 46; EuGH, Rs. C-329/15 (*ENEA*), ECLI:EU:C:2017:671, Rn. 17; EuGH, Rs. C-262/12 (*Vent de Colére u.a.*), ECLI:EU:C:2013:851, Rn. 15; EuGH, verbundene Rs. C-72/91 und C-73/91 (*Sloman Neptun/ Bodo Ziesemer*), ECLI:EU:C:1993:97, Rn. 18; EuGH, Rs. C-280/00 (*Altmark Trans*), ECLI:EU:C:2003:415, Rn. 75.

387 Z.B. *Beljin* in: Schulze/Zuleeg/Kadelbach, Europarecht, § 28, Rn. 48; *Frenz*, Handbuch Europarecht, Band 3: Beihilfe- und Vergaberecht, Rn. 167.

388 *Kokott*, Entwicklungsrichtlinien der Rechtsprechung des EuGH zu den direkten Steuern, FS 100 Jahre BFH, S. 755; EuGH, Rs. C-74/16 (*Congregación de Escuelas*), ECLI:EU:C:2017:496, Rn. 38; EuGH, Rs. C-657/15 P (*Viasat Broadcasting*), ECLI:EU:C:2017:837, Rn. 32.

3. Sie muss den Wettbewerb verfälschen oder zu verfälschen drohen
4. Die Maßnahme muss geeignet sein, den Handel zwischen den Mitgliedstaaten zu beeinträchtigen.

Auch an dieser Stelle - ebenso wie bei den Verfahrensregelungen - erfolgt auf Ebene des AEUV keine weitere Konkretisierung. Die Tatbestandsmerkmale sind deshalb nicht statisch, sondern können durch die Kommission und durch die Rechtsprechung fortentwickelt werden.

Ursprünglich war das Beihilferecht darauf zugeschnitten, Auszahlungen der Staaten an Unternehmen zu unterbinden. Der *EuGH* hat jedoch bereits 1961 angedeutet und 1974 ausdrücklich herausgearbeitet, dass nicht nur positive Leistungen in Form von Zahlungen erfasst sind, sondern auch die Verminderung von normalerweise zu tragenden Belastungen das Merkmal des Vorteils erfüllen kann.[389] Deshalb wurde das Beihilferecht fortan auf die Überprüfung von steuerlichen Vergünstigungen auf Gesetzesebene angewendet. Daran anknüpfend hat die Kommission 1998 den Anwendungsbereich des Beihilferechts erneut fortentwickelt. Nachdem vorher der Bereich der direkten Steuern dem Anwendungsbereich des Beihilferechts entzogen war, befürwortete sie in ihrer Mitteilung eine Anwendung für direkte Steuern. [390]

Die neueste gravierende Fortentwicklung des Beihilferechts im steuerlichen Bereich erfolgte durch eine Kommissionsmitteilung vom 19. Juli 2016.[391] In dieser bekräftigt sie die Absicht, das Beihilferecht zukünftig auch auf die Überprüfung von APAs anzuwenden. Daneben offenbart die Mitteilung ein weiteres

---

389 Vgl. insoweit insgesamt EuGH, Rs. C-30/59 (*Gezamenlijke Steenkolenmijnen Limburg*), ECLI:EU:C:1961:2, seitdem stetige Rechtsprechung, z.B. EuGH, Rs. C-78/08 bis C-80/08 (*Paint Graphos*), ECLI:EU:C:2011:550, Rn. 45. In der erstgenannten Rechtsprechung beschäftigt sich der EuGH jedoch nicht ausdrücklich mit der Frage, ob Steuervergünstigungen den Beihilfetatbestand konkret erfüllen können. Deshalb wird der Beginn der entsprechenden Praxis häufig auch im Urteil des EuGH aus dem Jahr 1974 zur Rs. C-173/73 (*Italien/Kommission*), ECLI:EU:C:1973:71 gesehen. In diesem stellte er fest, dass steuerliche Maßnahmen dann keine Beihilfe sondern allgemeine wirtschaftspolitische Maßnahmen sind, sofern sie allen Unternehmen offenstehen. Andersherum führte er aber aus, dass eine von dieser Grundlage abweichende Maßnahme, die einzelne Unternehmen begünstigt, durchaus den Charakter einer Beihilfe haben kann.

390 Europäische Kommission, Mitteilung über die Anwendung der Vorschriften über staatliche Beihilfen auf Maßnahmen im Bereich der direkten Unternehmenssteuern vom 10. Dezember 1998, 98/C/384/03.

391 Europäische Kommission, Bekanntmachung zum Begriff der staatlichen Beihilfe im Sinne des Art. 107 Abs. 1 AEUV vom 19. Juli 2016, C/2016/2946.

Verständnis des Tatbestandsmerkmals der Selektivität[392] (die Bevorteilung eines bestimmten Unternehmens gegenüber anderen Unternehmen in einer vergleichbaren Situation). Zurückzuführen ist diese Erweiterung des Selektivitätsbegriffes auf zwei Entscheidungen des *EuGH*. Im „Azoren-Urteil"[393] begründete der *EuGH* erstmals die sog. regionale Selektivität, die Bevorteilung einer gewissen Region eines Staates; im „Gibraltar-Urteil"[394] hatte er das Verständnis der sog. materiellen Selektivität dahingehend ergänzt, dass zukünftig auch rein faktisch begünstigende Maßnahmen darunter fallen.

Ziel dieser Arbeit ist es unter anderem herauszufinden, ob das heutige Verständnis der Tatbestandsmerkmale des Art. 107 Abs. 1 AEUV eine Überprüfung von potentiell binnenmarktschädlichen APAs ermöglicht oder ob es (punktueller) Anpassungen bedarf. Um dieser Frage nachgehen zu können, wird so verfahren, dass jedes Tatbestandsmerkmal in einem ersten Schritt kurz abstrakt dargestellt wird. Im zweiten Schritt wird die Bedeutung des Tatbestandsmerkmals bei steuerlichen Beihilfen in Gesetzesform beleuchtet, die bisher schon Gegenstand der Kontrolle waren. Dies ist vor dem Hintergrund zu sehen, dass in einem dritten Schritt überprüft wird, ob sich die Ausführungen bzw. die Vorgehensweise bei den einzelnen Tatbestandsmerkmalen auch auf APAs übertragen lassen, bzw. wie sie konkret zu modifizieren sind. Rechtsprechung zu der Frage, ob APAs eine wettbewerbswidrige Beihilfe darstellen können, ist bisher noch nicht ergangen.

Bislang ist in keinem der anhängigen Verfahren eine inhaltliche Auseinandersetzung erfolgt. Der einzige offizielle Anhaltspunkt sind daher die fünf Kommissionsentscheidungen. Diese sind vor dem Hintergrund der Bekanntmachung zum Beihilfebegriff von 2016 zu sehen, in der die Kommission dieser Materie eine eigene Kategorie widmet, welche die Überschrift „Steuervorbescheide und Steuervergleiche" trägt.[395] Einige Autoren werten dies als nachträglichen Versuch, ihren bereits 2013 begonnenen Untersuchungen einzelner APAs eine rechtliche Grundlage zu geben.[396]

---

392 Zur Selektivität siehe in diesem Abschnitt, III, 2, b.

393 EuGH, Rs. C-88/03 (*Portugal/Kommission*), ECLI:EU:C:2006:511.

394 EuGH, verbundene Rs. C-106/09 P und C-107/09 P (*Kommission & Spanien/Regierung von Gibraltar und Vereinigtes Königreich*), ECLI:EU:C:2011:732.

395 Europäische Kommission, Bekanntmachung zum Begriff der staatlichen Beihilfe im Sinne des Art. 107 Abs. 1 AEUV vom 19. Juli 2016, C/2016/2946, Nr. 5.4.4, Rn. 169 ff.

396 So z.B. *Verhagen*, State Aid and Tax rulings – An Assessment of the Selectivity Criterion of Article 107 (1) of the TFEU in Relation to Recent Commission Transfer Pricing Decisions, European Taxation 2017, S. 282.

In der rechtlichen Argumentation bzgl. der Tatbestandsmerkmale sind die Entscheidungen inhaltlich nahezu identisch. Daher wird sich – wie bereits bei der Sachverhaltsdarstellung[397] – darauf beschränkt, die prominenteste Entscheidung im Fall *Apple* herauszugreifen. An ihrem Maßstab wird auf die aufgeworfenen Fragen eingegangen. Die Entscheidung wird in der Darstellung der Tatbestandsmerkmale mit Blick auf APAs so verarbeitet, dass zunächst der jeweils relevante Passus der Entscheidung zitiert und im Anschluss daran seine Bedeutung erklärt wird. Zuletzt erfolgt eine Auseinandersetzung damit, ob das Vorgehen der Kommission rechtmäßig ist; sollte ein rechtswidriges Vorgehen festgestellt werden, wird stattdessen das rechtmäßige aufgezeigt und für die Entscheidung subsumiert.

Wichtig vorab ist eindeutig zu unterscheiden zwischen steuerlichen Beihilfen auf Gesetzesebene und Beihilfen durch APAs selbst. APAs benötigen als Administrativakt stets eine gesetzliche Grundlage, in Deutschland und Irland wie aufgezeigt Art. 25 des jeweiligen DBA. Eine besonders günstige Verrechnungspreisgestaltung kann für sich genommen bereits den Tatbestand einer Beihilfe im Sinne des Art. 107 Abs. 1 AEUV erfüllen.

Davon zu trennen sind Steuergesetze. Teilweise nehmen APAs auch Bezug auf gesetzliche Regelungen, die beispielsweise eine steuerliche Begünstigung von Forschungs- und Entwicklungsaktivitäten oder von Gewinnen aus Lizenzzahlungen vorsehen. Diese Vorschriften sind potentielle Beihilfen in Gesetzesform, deren Beihilferechtskonformität eigenständig zu überprüfen ist. Bei der Überprüfung von APAs geht es indes um eine andere rechtliche Ebene, die Ebene der Einzelfallentscheidung und nicht um Steuergesetze. Sie sind deshalb gesondert zu betrachten.

1. Staatliche oder aus staatlichen Mitteln stammende Zuwendung

a. *Abstrakte Voraussetzungen*

Das erste Tatbestandsmerkmal setzt voraus, dass es sich um eine staatliche oder aus staatlichen Mitteln stammende Beihilfe handelt. Sie muss zulasten des Staates bzw. seiner Finanzmittel erfolgen, d.h. es muss ein hinreichend enger Zusammenhang zwischen dem Vorteil des Begünstigten einerseits und der Verminderung des Staatshaushaltes andererseits bestehen.[398] Richtigerweise

---

397 Vgl. Abschnitt C, III, 2.

398 EuGH, Rs. C-399/10 P (*Bouygues und Bouygues Télécom/Kommission*), ECLI:EU:C:2013:175, Rn. 109; EuGH, Rs. C-279/08 P (*Kommission/Niederlande*),

handelt es sich um zwei Tatbestandsuntervoraussetzungen[399], nämlich die Frage der Budgetwirksamkeit und die der Zurechenbarkeit[400], zwischen welchen vor allem in der Rechtsprechung nicht immer genau unterschieden wird.

Die Budgetwirksamkeit setzt einen hinreichenden Zusammenhang zwischen einem gewährten Vorteil und der Minderung des Staatshaushalts voraus.[401] Zurechenbar sind die Beihilfen, wenn es sich bei dem Beihilfegeber um einen unmittelbaren Träger von Hoheitsgewalt handelt.[402] Es ist es unerheblich, wem die Mittel innerstaatlich zugewiesen sind, also ob zentralistische, föderalistische oder sonstige innerstaatliche Einrichtungen (in Deutschland Bund, Länder, Kommunen oder sonstige Anstalten/Stiftungen des öffentlichen Rechts) handeln. Ebenso ist nicht von Bedeutung, ob und inwieweit eine staatliche Stelle unabhängig ist und über die Maßnahme selbstständig entscheiden konnte. Es genügt sogar, wenn eine private Gesellschaft handelt, die vom Staat für die Beihilfegewährung errichtet oder ernannt worden ist und über die der Staat eine (weitgehende) Kontrolle ausübt.[403] Dann muss der Staat die konkrete Maßnahme jedoch vorgesehen oder explizit unterstützt haben.[404] Die bloße Möglichkeit einer Einflussnahme auf die Gesellschaft reicht nicht aus.[405]

ECLI:EU:C:2011:551, Rn. 11; *Beljin* in: Schulze/Zuleeg/Kadelbach, Europarecht, § 28, Rn. 69.

399 Ähnlich, wenn auch von „Voraussetzungen“ sprechend, EuG, Rs. T-351/02 (*Deutsche Bahn*/Kommission), ECLI:EU:T:2006:104, Rn. 103; *Soltész* in: MüKo Europäisches und Deutsches Wettbewerbsrecht, Band 5, Teil 2, Rn. 351; präziser EuGH, Rs. C-706/17 (*Achema*), ECLI:EU:C:2019:284, Rn. 50.

400 Die Frage der Zurechenbarkeit ist immer auch eine Wertungsfrage, vgl. EuGH, Rs. C-482/99 (*Frankreich/Kommission*), ECLI:EU:C:2002:294, Rn. 24; Europäische Kommission, Bekanntmachung zum Begriff der staatlichen Beihilfe im Sinne des Art. 107 Abs. 1 AEUV vom 19. Juli 2016, C/2016/2946, Rn. 38; *Beljin* in: Schulze/Zuleeg/Kadelbach, Europarecht, § 28, Rn. 54; *Soltész* in: MüKo Europäisches und Deutsches Wettbewerbsrecht, Band 5, Teil 2, Rn. 351 ff., 360 ff.

401 *Kokott*, Das Steuerrecht der EU, § 3, Rn. 148; vgl. für einen Fall, in dem der hinreichende Zusammenhang abgelehnt wurde, EuGH, Rs. C-379/98 (*PreussenElektra*), ECLI:EU:C:2001:160, Rn. 58 ff.

402 *Cremer* in: Callies/Ruffert, EUV/AEUV, Art. 107 AEUV, Rn. 29.

403 EuGH, Rs. C-305/89 (*Italien/Kommission*), ECLI:EU:C:1991:142, Rn. 14.

404 *Mestmäcker/Schweitzer*, Europäisches Wettbewerbsrecht, § 41, Rn. 69.

405 Vgl. zu einem seltenen Fall, indem sich die Unionsgerichtsbarkeit damit ausdrücklich auseinandergesetzt hat, EuG, Rs. T-442/03 (*SIC/Kommission*), ECLI:EU:T:2008:228; Rn. 95 ff.

b. Bedeutung für steuerliche Beihilfen

aa. Bedeutung für steuerliche Beihilfen in Gesetzesform

Bei der Erhebung von oder dem Verzicht auf Steuern handelt es sich um eine der staatlichen Kernkompetenzen, da der Staat seinen Finanzhaushalt vollständig oder überwiegend aus dem Steueraufkommen bestreitet. In Deutschland liegt die Kompetenz für die Gewährung von steuerlichen Vergünstigungen auf Gesetzesebene sowohl beim Bundestag als auch bei den Landesparlamenten, Art. 105 GG. Beide sind unmittelbare Träger von Hoheitsgewalt. Sofern sie gesetzliche Regelungen für eine verringerte Steuerlast erlassen, müssen diese auf eine Form legislativer Willensbildung zurückgehen und sind daher staatlich.[406]

In diesen gesetzlichen Regelungen liegt ein Verzicht auf Einnahme staatlicher Mittel. Sie werden nicht im klassischen Wortsinn übertragen, sondern verbleiben vielmehr direkt beim Steuerpflichtigen. Steuererleichterungen sind deshalb keine Subvention im klassischen Sinne.[407] Im Ergebnis hätten die Mittel jedoch den Staatshaushalt gemehrt, sodass ihr Verbleib beim Steuerpflichtigen in der Wertung einer Übertragung gleichkommt.[408] Das Tatbestandsmerkmal ist deshalb bei gesetzlichen Beihilfen erfüllt.[409]

bb. Bedeutung für steuerliche Beihilfen durch APAs

Die Ausführungen lassen sich auf Steuererleichterungen durch APAs übertragen. Für sie gilt nichts Anderes. Auch in diesem Fall werden unmittelbare Träger von Hoheitsgewalt – die nationalen Steuerbehörden – direkt tätig und berechnen die Steuerlast für das steuerpflichtige Unternehmen. Daher liegt eine Übertragung bzw. Gewährung staatlicher Mittel vor, wenn die Steuerlast der Unternehmen durch die APAs geringer ist, als dies ohne sie der Fall gewesen wäre.

---

406 *Jaeger* in: MüKo Europäisches und Deutsches Wettbewerbsrecht, Band 5, Teil 7, Rn. 20.

407 EuGH, Rs. C-518/13 (*Eventech*), ECLI:EU:C:2015:9, Rn. 33; EuGH, Rs. C-73/11 P (*Frucona Košice/Kommission*), ECLI:EU:C:2013:32, RN. 69; *Kokott*, Das Steuerrecht der EU, § 3, Rn. 141.

408 EuGH, Rs. C-518/13 (*Eventech*), ECLI:EU:C:2015:9, Rn. 13; EuGH, Rs. C-73/11 P (*Frucona Košice/Kommission*), ECLI:EU:C:2013:32, Rn. 69.

409 EuGH, verbundene Rs. C-106/09 P und C-107/09 P (*Kommission & Spanien/Regierung von Gibraltar und Vereinigtes Königreich*), ECLI:EU:C:2011:732, Rn. 72; EuGH, Rs. C-78/08 bis C-80/08 (*Paint Graphos*), ECLI:EU:C:2011:550, Rn. 46; *Kokott*, Das Steuerrecht der EU, § 3, Rn. 141, *Jaeger* in: MüKo Europäisches und Deutsches Wettbewerbsrecht, Band 5, Teil 7, Rn. 20.

(1) Entwurf eines Alternativszenarios

Auch die Kommission hat das Vorliegen des ersten Tatbestandsmerkmals unproblematisch angenommen und sich nicht mit langen Ausführungen aufgehalten. Sie führt aus:

> „Durch den Verzicht auf Steuereinnahmen, die Irland ansonsten von [...] [Apple] gemäß diesen Vorschriften hätte erheben dürfen, führen die beanstandeten Steuervorbescheide zu einem Verlust staatlicher Mittel."[410]

Die Kommission gelangt also zu dem Schluss, dass bereits deshalb staatliche Mittel übertragen wurden, weil *Apple* ohne die entsprechenden APAs aus den Jahren 1991 und 2007 mehr Steuern hätten zahlen müssen, als dies mit den APAs der Fall gewesen wäre. Grundlegend dafür ist die Annahme, dass auch ohne die APAs die Einnahmen in dem Mitgliedstaat gleichgeblieben wären. Diese Grundannahme stößt in der vereinzelt vorhandenen Literatur auf starke Kritik.

Es wird vorgebracht, dass sie Realitäten verkenne und vor dem Hintergrund des Steuerwettbewerbs zwischen den Staaten kaum haltbar sei. Dies liege daran, dass multinationale verbundene Unternehmen bei der Zuweisung ihrer Gewinne zwischen Unternehmen durch Verrechnungspreisgestaltung große Spielräume besäßen.[411] Diese Möglichkeit, Gewinnverlagerung zu betreiben, sofern ein für das Unternehmen vorteilhaftes APA der nationalen Steuerbehörden nicht erlassen wird, sei genau der Grund, warum sich die Staaten untereinander in einem Steuerwettbewerb befänden.

Daraus wird gefolgert, dass die Höhe der zu versteuernden Gewinne in einem Staat kausal mit der Gewährung von Steuererleichterungen in Form von APAs zusammenhänge. Folglich hätte *Apple* dieser Ansicht nach ohne die irischen APAs die Gewinne einem verbundenen Unternehmen in einem anderen Staat zugewiesen. Dadurch wären die Gewinne von AOI noch geringer ausgefallen, sodass Irland letztlich ein geringeres Steueraufkommen gehabt hätte, als dies ohne die APAs der Fall gewesen wäre. Folglich fehle es an einer Übertragung staatlicher Mittel.[412]

---

410 Europäische Kommission, Beschluss (EU) 2017/1283 vom 30. August 2016 über die staatliche Beihilfe SA.38373 (2014/C) (ex 2014/NN) (ex 2014/CP) Irlands zugunsten von Apple (Bekannt gegeben unter Aktenzeichen C(2016) 5605), Rn. 221.

411 Z.B. *Giraud/Petit,*?, EStAL 2017, S. 236; nicht eindeutig, aber i.E. wohl anders *Iliopoulos*, EStAL 2017, S. 263 ff.

412 *Giraud/Petit,* EStAL 2017, S. 237; zwar mit Zuordnung zum Prüfungspunkt „Vorteil" aber in der Sache gleich: *Nicolaides,* EStAL 2016, S. 424.

Dieser Ansicht ist eine gewisse Logik nicht abzusprechen. Richtig ist, dass multinational agierende Unternehmen mit Tochterunternehmen in vielen Staaten bei der Zuweisung ihrer Unternehmensgewinne durch die Verrechnungspreisgestaltung (noch, Stichwort: BEPS[413]) relativ frei sind und somit einen Großteil ihrer Gewinne in den Ländern versteuern, die ihnen eine niedrige Besteuerung zusichern.

Allerdings teilt der Verfasser die Ansicht nicht, dass ein Unternehmen ohne eine Steuererleichterung durch APAs automatisch seine Gewinne verlagern würde. Ob dies geschieht ist vielmehr einzelfallabhängig zu prüfen. Entscheidend ist beispielsweise die Frage, ob in einem anderen Land ein APA verfügbar ist, das eine effektiv geringere Steuerlast zusichert, als das Unternehmen regulär vor Ort trifft. Gerade im Fall von *Apple* ist dies jedoch zumindest sehr fraglich. Das liegt zu einem an der nach Section 23A Abs. 4 a.F. einzigartigen Möglichkeit, Unternehmen zu etablieren, die steuerlich staatenlos sind und deshalb überhaupt keiner Besteuerung unterfallen und zum anderen am generell sehr niedrigen irischen Steuersatz von 12,5 Prozent auf Einkommen aus Handel (Section 21 Abs. 1 lit. f i.V.m. Section 18 Abs. 2 lit. a TCA) bzw. 25 Prozent auf sonstiges Einkommen (Section 21A Abs. 3 lit. a TCA). Der für *Apple* als Unternehmen mit Handelstätigkeit relevante niedrigere Steuersatz ist nach Ungarn (9 Prozent), Bulgarien (10 Prozent bzw. 5 Prozent für Lizenzen etc.) gemeinsam mit Zypern der drittniedrigigste in Europa.[414]

Vor diesem Hintergrund wäre es zwar möglich gewesen, dass *Apple* in einem anderen Staat ein APA bekommen hätte; ggf. wäre die darin zugesicherte effektive Steuerlast jedoch höher gewesen als die Normalbesteuerung in Irland. Andererseits wäre es auch theoretisch möglich gewesen, in einem anderen Staat ein noch vorteilhafteres APA zu bekommen. Es kann jedoch nicht schlussgefolgert werden, dass *Apple* ohne die irischen APAs seine Gewinne in jedem Fall verlagert hätte. Entscheidend ist der Einzelfall.

Trotzdem ist der Ansatz nicht vollumfänglich abzulehnen. Als Ausgangspunkt bleibt es dabei, dass eine Übertragung bzw. Gewährung von staatlichen Mitteln bei APAs nur dann vorliegt, sofern das begünstigte Unternehmen ohne

413 Die Bemühungen rund um das BEPS-Projekt setzen unter anderem dort an und versuchen, ein willkürliches Verschieben von Gewinnen zu verhindern. Ziel ist es, zukünftig vermehrt eine Besteuerung am Ort der Gewinnschöpfung zu ermöglichen.

414 Eine aktuelle Übersicht der Körperschaftssteuersätze in der EU ist abrufbar unter: https://europa.eu/youreurope/business/taxation/business-tax/company-tax-eu/index_de.htm (zuletzt abgerufen am 11. Juli 2019).

das APA mehr Steuern hätte zahlen müssen als mit. Allerdings muss die Kommission das Vorliegen der Voraussetzungen dieses Tatbestandsmerkmals besser begründen. Sie kann nicht davon ausgehen, dass ein Unternehmen ohne APAs automatisch mehr Steuern gezahlt hätte. Die Möglichkeit einer Gewinnverlagerung ist dabei miteinzubeziehen. Ihr obliegt es mithin ein alternatives Szenario zu erstellen, welches plausibel diese Annahme begründet. Die Darlegungslast liegt auf Seiten der Kommission.

(2) Korrektur durch Ausführungen in Unicredito Italiano?

Manche Autoren berichten von Gesprächen mit Vertretern der Kommission, in denen diese vorgebracht hätten, der *EuGH* habe die Kommission durch das Urteil in der Rechtssache *Unicredito Italiano*[415] von genau dieser Pflicht freigestellt.[416] Sollte die Kommission dies in einem gerichtlichen Verfahren tatsächlich vorbringen, so darf dieser Argumentation nicht gefolgt werden. In der genannten Rechtssache ging es nicht um die Übertragung staatlicher Mittel, sondern um Einwendungen der Beihilfenempfänger gegen die Nachforderung der gewährten Beihilfen. Die begünstigten Unternehmen (allesamt italienische Banken[417]) haben vorgebracht, diese sei unverhältnismäßig und widerspreche dem Grundsatz des Vertrauensschutzes und der Rechtssicherheit.[418] Sie führten dazu aus, dass sie sich ohne die beanstandete steuerliche Maßnahme andere – und wohl rechtmäßige – Wege gesucht hätten, um ihre Steuerlast zu senken.[419]

Dieser Argumentationslinie ist der *EuGH* nicht gefolgt. Er hat festgestellt, dass die Rückzahlungspflicht nicht um den Betrag zu kürzen sei, den die Unternehmen durch die anderen steuerlichen Maßnahmen hätten ersparen können.[420] Die vom Beihilferecht angestrebte Wiederherstellung der Situation vor der Maßnahme entspreche nicht einer „Neuerschaffung der Vergangenheit anhand hypothetischer Umstände wie der oft vielfältigen Entscheidungen, die die betreffenden Wirtschaftsteilnehmer hätten treffen können."[421]

---

415 EuGH, Rs. C-148/04 (*Unicredito Italiano*), ECLI:EU:C:2005:774.

416 *Giraud/Petit,* EStAL 2017, S. 237.

417 Vgl. die Auflistung in EuGH, Rs. C-148/04 (*Unicredito Italiano*), ECLI:EU:C:2005:774, Rn. 31.

418 EuGH, Rs. C-148/04 (*Unicredito Italiano*), ECLI:EU:C:2005:774, Rn. 27.

419 EuGH, Rs. C-148/04 (*Unicredito Italiano*), ECLI:EU:C:2005:774, Rn. 95.

420 EuGH, Rs. C-148/04 (*Unicredito Italiano*), ECLI:EU:C:2005:774, Rn. 114 ff.

421 EuGH, Rs. C-148/04 (*Unicredito Italiano*), ECLI:EU:C:2005:774, Rn. 118.

Diese Argumentation passt auch auf die Übertragung von staatlichen Mitteln.[422] Bei der Rückversetzung in den *status quo ante* sollen alternative Szenarien außer Acht gelassen werden. Das bedeutet, sich die Beihilfe unter gleichbleibenden Begleitumständen wegzudenken. Würde man dies auf die Übertragung staatlicher Mittel anwenden, dann wäre im Fall von *Apple* davon auszugehen, dass es seine Gewinne nicht durch entsprechende Verrechnungspreisgestaltung verlagert hätte, weil diese ohne APA-Absicherung beanstandet worden wäre. Die Zuweisung der Gewinne zwischen AOE, ASI und AOI wäre ebenso anders ausgefallen wie die Höhe der Lizenzzahlungen von AOE an AOI. Der steuerbare irische Teil bei AOI wäre größer gewesen, mit der Folge, dass Irland Mehreinnahmen aus Besteuerung gehabt hätte. In der Konsequenz hätten die APAs staatliche Mittel somit übertragen, da sie dazu führten, dass Irland durch die APAs Steuereinnahmen entgingen.

Allerdings endet das Urteil des Gerichtshofs in der Rechtssache *Unicredito Italiano* nicht mit der obigen Aussage zur Neuerschaffung der Vergangenheit. Vielmehr revidiert er seine Aussage teilweise in Randnummer 119 des besagten Urteils indem er ausführt:

> „Die Wiederherstellung der früheren Lage erlaubt lediglich, dass im Stadium der Rückforderung der Beihilfe durch die nationalen Behörden gegebenenfalls eine steuerliche Vorzugsbehandlung berücksichtigt wird, die ohne rechtswidrige Beihilfe nach mit dem Gemeinschaftsrecht vereinbaren nationalen Vorschriften im Zusammenhang mit der tatsächlich durchgeführten Transaktionen gewährt worden wäre.“[423]

Der *EuGH* erlaubt damit auch bei der Rückforderung einer Beihilfe die Berücksichtigung von anderweitigen steuerlichen Vorzugsbehandlungen, welche die Rückforderungssumme verringern könnte. Eine teleologische Betrachtung dieser Passage ergibt, dass der *EuGH* seine zuvor getätigte Aussage deshalb einschränkt, um unrealistische Ergebnisse zu vermeiden. Folglich hatte er die zuständigen Behörden auch bei der Rückforderung nicht komplett davon entbunden, sich mit alternativen Szenarien zu beschäftigen.

Wendet man diese Erkenntnisse auf die Frage an, ob staatliche Mittel durch APAs übertragen worden sind, so muss auch hier gelten, dass die Überprüfung von alternativen Szenarien geboten ist. Vor dem Hintergrund des staatlichen Steuerwettbewerbs zwischen den Staaten und der realistischen Möglichkeiten von Gewinnverlagerung mittels Verrechnungspreisen, ist diese Pflicht nicht auf

---

422 A.A. *Giraud/Petit*, EStAL 2017, S. 237, welche die Auffassung vertreten, das Erschaffen einer kontrafaktischen Situation würde hierzu nicht passen.

423 EuGH, Rs. C-148/04 (Unicredito Italiano), ECLI:EU:C:2005:774, Rn. 119.

eine Plausibilitätsprüfung zu beschränken. Stattdessen umfasst sie die konkrete Darstellung eines realistischen Alternativszenarios.

(3) Zwischenergebnis

Es bleibt somit auch nach Betrachtung der Rechtssache *Unicredito Italiano* dabei, dass die Kommission nur dann von einer Übertragung staatlicher Mittel durch APAs ausgehen kann, wenn sie konkret darlegt, dass das Unternehmen ohne die APAs eine höhere Steuerlast hätte tragen müssen als mit ihnen.

2. Gewährung eines selektiven Vorteils

Zudem setzt der Tatbestand einer Beihilfe eine selektive Bevorteilung bestimmter Unternehmen oder Produktionszweige voraus. Dem Begriff der „Begünstigung" oder des „Vorteils" wohnt bereits eine gewisse Selektivität inne. Beide setzen einen Vergleichsmaßstab voraus, da eine Maßnahme nur dann begünstigend oder vorteilhaft ist, wenn sie sich gegenüber einem Dritten positiv auswirkt.[424] Eine allen und in jeder Situation offenstehende Maßnahme erfüllt dieses Kriterium nicht, sondern ist der Normalfall. Aufgrund dieses notwendigen Vergleichsmaßstabes wäre es möglich, beide Begriffe – die Selektivität und die Bevorteilung – zusammen zu prüfen.[425]

Nach der hier vertretenen Auffassung sind sie jedoch voneinander zu trennen, sofern dies möglich und sinnvoll ist. [426] Ein solches Vorgehen ermöglicht es, auf Vorteilsebene bereits solche Fälle auszuschließen, die evident nicht die Voraussetzungen erfüllen.[427] Die darüberhinausgehende Prüfung erfolgt sodann auf der Ebene der Selektivität.

---

424 Vgl. auch die Bedeutung des Begriffs „Begünstigung" im Duden. Auch hier ist von einer „positiven Lage gegenüber anderen" die Rede.

425 So wohl *Luja*, EC Tax Review 2016, S. 313 ff.; *Jennert/Ellenrieder*, EWS 2011, S. 305 ff.

426 *Kokott.*, Steuerrecht und unionsrechtlicher Beihilfebegriff in: Veröffentlichungen der 42. DJStG-Tagung 2017, S. 537; *Blumenberg*, IFSt-Schrift Nr. 516, S. 19f.; *ders.*,IFSt-Schrift Nr. 473, S. 11 ff.; *Arhold* in: MüKo Europäisches und Deutsches Wettbewerbsrecht, Band 5, Teil 2, Rn. 123 ff.; *Jaeger*, Tax Incentives Under State Aid Law: A Competition Law Perspective, in: State Aid Law and Business Taxation, S. 39 ff.; *Schön*, State Aid in the Area of Taxation, in: Hancher/Otterwanger/Slot, EU State Aids, S. 429.

427 *Kokott*, Das Steuerrecht der EU, § 3, Rn. 167; so wohl auch *Szudoczky*, The Sources of EU Law and Their Relationships: Lessons for the Field of Taxation, S. 572 ff., 582.

a. Vorteil

aa. Abstrakte Voraussetzungen

Die Grundvoraussetzung des Beihilfetatbestandes ist, dass die Maßnahme bei den Unternehmen oder den Produktionszweigen (bereits nach dem Wortlaut sind Privatpersonen ausgeschlossen) zu einem wirtschaftlichen Vorteil führt. Darunter sind einerseits mittelbare und unmittelbare Vorteile zu fassen, andererseits solche wirtschaftlichen Vorteile, die das Unternehmen ohne staatliches Eingreifen und unter normalen Marktbedingungen nicht erhalten hätte.[428] Das Verständnis des Vorteilsbegriffs ist sehr weit.[429]

Bei Einführung des Beihilferechts vor knapp 60 Jahren lag der Fokus auf einseitigen positiven Leistungen ohne Gegenleistung, die staatlich direkt an den Begünstigten erbracht werden.[430] Hierunter fällt typischerweise der verlorene Zuschuss. In diesem Fall bereitet das Feststellen eines Vorteils keine Probleme. Wie erwähnt hat der *EuGH* jedoch bereits früh festgestellt, dass nicht nur eine positive Leistung, sondern auch die Verminderung von Lasten das Merkmal des Vorteils erfüllen kann. Sprachlich handelt es sich dabei wohl weniger um einen „Vorteil" als vielmehr um einen staatlichen Verzicht auf den Nachteil einer wie auch immer gearteten Belastung. Inhaltlich ist die Feststellung des *EuGH* indes richtig. Sie deckt sich mit dem Wortlaut des Art. 107 Abs. 1 AEUV, der einen Vorteil „gleich welcher Art" erfasst.

Mit dieser Feststellung nimmt der *EuGH* den Staaten die Möglichkeit, das Verbot durch die Wahl einer bestimmten Form zu umgehen. Ihnen ist es über eine Vielzahl von Mechanismen wie beispielsweise der Schaffung von Ausnahmetatbeständen oder besonderen Vergünstigungen möglich, eine Situation für Unternehmen zu schaffen, die faktisch derjenigen entspricht, in welcher sich das Unternehmen im Falle der Gewährung einer positiven Leistung befinden würde.[431] Daher ist nur konsequent, nicht auf Art des Vorteils, sondern auf seine Wirkweise abzustellen. Entscheidend ist in diesen Fällen, welche Belastungen das Unternehmen im Normalfall zu tragen hätte.

---

428 EuGH, Rs. C-280/00 (*Altmark Trans*), ECLI:EU:C:2000:415, Rn. 84; EuGH, Rs. C-342/96 (*Spanien/Kommission*), ECLI:EU:C:1999:210, Rn. 41.

429 *Arhold* in: MüKo Europäisches und Deutsches Wettbewerbsrecht, Band 5, Teil 2, Rn. 126 f.

430 *Beljin* in: Schulze/Zuleeg/Kadelbach, Europarecht, § 28, Rn. 65.

431 Gutachten des Wissenschaftlichen Beirats des Bundesministeriums für Finanzen, Steuervergünstigungen und EU-Beihilfeaufsicht - Problematik und Ansätze zur Lösung des Kompetenzkonflikts mit der Steuerautonomie, 03/2017, S. 23.

bb. Bedeutung für steuerliche Beihilfen in Gesetzesform und durch APAs

Überträgt man diese Ausführungen auf steuerliche Beihilfen auf Gesetzesebene und durch APAs, so kommt man zu dem Ergebnis, dass keine Besonderheiten vorliegen. Sofern durch eine gesetzliche Regelung oder durch ein APA die normalerweise zu tragende Steuerlast verringert wird, so stellt dies einen Vorteil im oben erläuterten Sinne dar. Für die Wirkweise des Vorteils ist es unerheblich, ob das auf Gesetzes- oder Verwaltungsebene geschieht.[432] Somit kann ein APA einen Vorteil gewähren. Die Ausführungen der Kommission trennen nicht wie hier vorgeschlagen zwischen dem Vorteil und der Selektivität. Da der Schwerpunkt der Prüfung auf dem Merkmal der Selektivität liegt und die Vorteilsebene nur Evidenzfälle ausschließen soll, wird an dieser Stelle auf eine Darstellung der Kommissionsansicht verzichtet; stattdessen erfolgt sie im Rahmen der Selektivität.

b. Selektivität

Nach der Feststellung, dass ein Vorteil vorliegt, ist die Prüfung des Tatbestandsmerkmals nicht beendet. Nach dem Wortlaut von Art. 107 Abs. 1 AEUV muss der Vorteil „bestimmte(n) Unternehmen oder Produktionszweige(n)“ gewährt werden, mithin selektiv sein.

aa. Abstrakte Voraussetzungen

Das Tatbestandsmerkmal der Selektivität, teilweise auch Spezifität[433] oder Bestimmtheit[434] genannt,[435] ist *prima facie* nur ein Tatbestandsmerkmal unter

---

432 Europäische Kommission, Mitteilung über die Anwendung der Vorschriften über staatliche Beihilfen auf Maßnahmen im Bereich der direkten Unternehmenssteuern vom 10. Dezember 1998, 98/C/384/03, S. 3 ff.

433 *Gröpl* in: Dauses/Ludwigs, Handbuch zum EU-Wirtschaftsrecht, Abschnitt J: Steuerrecht, Rn. 193.

434 *Von Wallenberg/Schütte* in: Grabitz/Hilf/Nettesheim, EUV/AEUV, Art. 107 AEUV, Rn. 41.

435 Die Terminologie ist insoweit nicht eindeutig, vgl. dazu *Frenz*, Handbuch Europarecht, Band 3: Beihilfe- und Vergaberecht, Rn. 624 m.w.N. Ganz überwiegend wird jedoch der Begriff Selektivität verwendet, vgl. nur jüngst EuGH, Rs. C-374/17 (*A-Brauerei*), ECLI:EU:C:2018:1024, Rn. 18, 20, 33, 53; EuGH, Rs. C-114/17 P (*Spanien/Kommission*), ECLI:EU:C:2018:753, Rn. 35, 39; GA *Saugmansgaard ØE*, Schlussantrag zur Rs. C-374/17 (*A-Brauerei*), ECLI:EU:C:2018:741, Rn. 3 f., 43, 46 ff.; aus der Literatur zudem *Kokott*, Das Steuerrecht der EU, § 3, Rn. 161 ff.; *Bartosch*, EU-Beihilferecht, Art. 107 Abs. 1 AEUV, Rn. 105; *Pache/Pieper* in: NK Europäisches Beihilferecht, Kapitel 1, Rn. 205 ff.; der Verfasser schließt sich deshalb der Verwendung des Begriffs an.

vielen. Tatsächlich entscheidet sich jedoch die Beihilfeprüfung regelmäßig an dieser Stelle.[436]

Die Notwendigkeit eines selektiven Vorteils soll allgemeine wirtschaftspolitische Maßnahmen, die die gesamte Volkswirtschaft eines Staates betreffen, von solchen unterscheiden, die nur auf bestimmte Unternehmen oder Produktionszweige Auswirkungen haben.[437] Erstere sollen nicht unter das Beihilfeverbot fallen, da es nicht den Sinn hat, den Staaten wirtschaftspolitische Gestaltungsmaßnahmen zu untersagen.[438]

Dabei ist die Abgrenzung zwischen einer erlaubten allgemeinen wirtschaftspolitischen Maßnahme und einer verbotenen selektiven Beihilfe mitunter nicht leicht. Eine Maßnahme kann weder aufgrund der großen Anzahl von begünstigten Unternehmen (im Extremfall sogar alle Unternehmen eines bestimmten Produktionszweiges), noch aufgrund der Verschiedenartigkeit und Bedeutung der Produktionszweige, zu denen die Unternehmen gehören, als allgemein angesehen werden.[439] Entscheidend für eine allgemeine Maßnahme ist, dass sie allen Produktionszweigen gleichermaßen zugutekommt; in diesem Fall würde das Merkmal der Selektivität verneint werden.[440]

Bei der Selektivität wird unterschieden zwischen Maßnahmen mit regionaler[441],

---

436 So auch *Kokott*, Entwicklungsrichtlinien der Rechtsprechung des EuGH zu den direkten Steuern, FS 100 Jahre BFH, S. 755; *dies*, Schlussantrag zur Rs. C-66/14 (*Finanzamt Linz*), ECLI:EU:C:2015:242, Rn. 114; *Koenig/Paul* in: Streinz, EUV/AEUV, Art. 107 AEUV, 74; *Bartosch*, EuZW 2017, S. 756.

437 EuGH, Rs. C-374/17 (*A-Brauerei*), ECLI:EU:C:2018:1024, Rn. 23; *Pache/Pieper* in: NK Europäisches Beihilferecht, Kapitel 1, Rn. 209; *Bartosch*, EU-Beihilferecht, Art. 107 Abs. 1 AEUV, Rn. 105.

438 *Kliemann* in: NK zum EU-Wettbewerbsrecht, Art. 107 AEUV, Rn. 44; kritisch dazu *Müller-Graff*, Die Erscheinungsformen der Leistungssubventionstatbestände aus wirtschaftsrechtlicher Sicht, ZHR 1988, S. 428, der auch allgemeinere Maßnahmen für potentiell selektiv hält.

439 *Bartosch*, EU-Beihilferecht, Art. 107 Abs. 1 AEUV, Rn. 105.

440 EuGH, Rs. C-143/99 (*Adria-Wien Pipeline und Wietersdorfer & Peggauer Zementwerke*), ECLI:EU:C:2001:598, Rn. 48; Europäische Kommission, Bekanntmachung zum Begriff der staatlichen Beihilfe im Sinne des Art. 107 Abs. 1 AEUV vom 19. Juli 2016, C/2016/2946, Rn. 118.

441 Erstmals hat sich der EuGH in seinem „Azorenurteil" mit der Selektivität von Maßnahmen auseinandergesetzt, die nicht von einer Zentralregierung erlassen wurden; vgl. EuGH, Rs. C-88/03 (*Portugal/Kommission*), ECLI:EU:C:2006:511; aufgegriffen unter anderem von EuGH, verbundene Rs. C- 428/07 bis C-434/06 (*Comunidad Autónoma de Castilla y León*), ECLI:EU:C:2006:757, Rn. 50; EuG, Rs. T-108/16 (*Naviera*

materieller[442] und teilweise[443] auch temporaler Selektivität. [444] Materielle Selektivität ist dabei der Normalfall, die regionale und temporale Selektivität sind Sonderformen. Die Kommissionsentscheidungen beschäftigen sich nur mit der materiellen Selektivität der überprüften APAs. In der Folge beschränken sich auch die folgenden Ausführungen darauf.

(1) Materielle Selektivität

Materielle Selektivität liegt dann vor, wenn die Maßnahme zur Besserstellung einer bestimmten Gruppe von Unternehmen oder Produktionszweigen im Vergleich zu solchen Wirtschaftsteilnehmern führt, die sich in einer rechtlich oder tatsächlich vergleichbaren Situation befinden.[445] Maßnahmen, die unterschiedslos allen Unternehmen oder Produktionszweigen gewährt werden, sind nicht selektiv.[446] Die Prüfung, ob das Tatbestandsmerkmal der materiellen Selektivität vorliegt, vollzieht sich nach ständiger Rechtsprechung der Unionsgerichte[447] in drei Schritten:

Armas/Kommission), ECLI:EU:T:2018:145, Rn. 161; vgl. auch *Luja*, EC Tax Review 2016, S. 317 f.; *Blumenberg/Kring*, IFSt-Schrift Nr. 473, S. 12; *Kliemann* in: NK zum EU-Wettbewerbsrecht, Art. 107 AEUV, Rn. 45.

442 Der EuGH verwendet diesen Begriff äußerst selten und beschränkt sich stattdessen meist darauf, einfach nur von Selektivität zu sprechen; nur die o.g. Sonderformen benennt er ausdrücklich. Vgl. zu einer der wenigen Ausnahmen mit einer Abgrenzung der unterschiedlichen Arten, EuGH, verbundene Rs. C-106/09 P und C-107/09 P (*Kommission & Spanien/Regierung von Gibraltar und Vereinigtes Königreich*), ECLI:EU:C.2011:732, Rn. 34 f., 55, 64, 114 ff.; vgl. auch GA *Saugmansgaard ØE*, Schlussantrag zur Rs. C-374/17 (*A-Brauerei*), ECLI:EU:C:2018:741, Rn. 121. Abgesehen davon ist Begriff hingegen anerkannt, vgl. *Bartosch*, EU-Beihilferecht, Art. 107 Abs. 1 AEUV, Rn. 105, *Pache/Pieper* in: NK Europäisches Beihilferecht, Kapitel 1, Rn. 217 ff.; Europäische Kommission, Bekanntmachung zum Begriff der staatlichen Beihilfe im Sinne des Art. 107 Abs. 1 AEUV vom 19. Juli 2016, C/2016/2946, Rn. 120.

443 *Koenig/Förtsch* in: Streinz, EUV/AEUV, Art. 107 AEUV, Rn. 41 ff.

444 So auch *Von Wallenberg/Schütte* in: Grabitz/Hilf/Nettesheim, EUV/AEUV, Art. 107 AEUV, Rn. 45, *Kliemann* in: NK zum EU-Wettbewerbsrecht, Art. 107 AEUV, Rn. 45.

445 *Bartosch*, EuZW 2017, S. 758; *ders.*, EU-Beihilferecht, Art. 107 Abs. 1 AEUV, Rn. 105.

446 *Blumenberg*, IFSt-Schrift Nr. 516, S. 22.

447 Etabliert wurde dieser Dreischritt maßgeblich von der Entscheidung, EuGH, Rs. C-143/99 (*Adria-Wien Pipeline und Wietersdorfer & Peggauer Zementwerke*), ECLI:EU:C:2001:598; EuGH, Rs. C-308/01 (*GIL Insurance*), ECLI:EU:C:2004:252; vgl. auch EuGH, Rs. C-409/00 (*Spanien/Kommission*), ECLI:EU:C:2003:92.

1. Zunächst wird ein Referenzrahmen gebildet, um so den „Normalfall" zu ermitteln. Der Referenzrahmen setzt sich aus kohärenten Vorschriften zusammen, die auf Basis objektiver Kriterien auf alle Unternehmen Anwendung finden, die definitionsgemäß in seinen Anwendungsbereich fallen.[448]
2. Sodann ist zu untersuchen, ob eine Abweichung von diesem Referenzrahmen vorliegt, was der Fall ist, wenn die Maßnahme zwischen Wirtschaftsteilnehmern unterscheidet, die sich in einer vergleichbaren rechtlichen oder tatsächlichen Situation befinden.
3. Zuletzt stellt sich die Frage, ob die festgestellte Abweichung durch das Wesen und die allgemeine Struktur des Systems, zu dem sie gehört, gerechtfertigt ist.

(2) De iure *und* de facto *Selektivität*

Die *de iure* und die *de facto* Selektivität sind keine eigenen Formen der Selektivität, sondern nur Unterfälle der materiellen Selektivität. Für das Vorliegen der materiellen Selektivität ist es nicht zwingend erforderlich, dass eine Maßnahme aufgrund von rein rechtlichen Kriterien (*de iure*) nur gewissen Unternehmen vorbehalten bleibt, die diese Kriterien erfüllen, wie beispielweise Unternehmen ab einer gewissen Größe, einem gewissen Umsatz oder solche mit einer bestimmten Rechtsform.[449] Ebenso kann sich materielle Selektivität daraus ergeben, dass die von Mitgliedstaaten vorgesehenen Bedingungen oder Umstände solche Hindernisse bereiten, die bestimmte Unternehmen *de facto* davon abhalten, eine Maßnahme in Anspruch zu nehmen.[450]

bb. Bedeutung für steuerliche Beihilfen

Seine besondere Bedeutung besitzt das Tatbestandsmerkmal der Selektivität auch bei steuerlichen Beihilfen. Dabei beginnen die Schwierigkeiten bereits bei der Festsetzung eines passenden Referenzrahmens.

---

448 Vgl. Europäische Kommission, Bekanntmachung zum Begriff der staatlichen Beihilfe im Sinne des Art. 107 Abs. 1 AEUV vom 19. Juli 2016, C/2016/2946, Rn. 133.

449 EuGH, Rs. C-78/08 bis C-80/08 (*Paint Graphos*), ECLI:EU:C:2011:550, Rn. 52; *Bartosch*, EU-Beihilferecht, Art. 107 Abs. 1 AEUV, Rn. 105.

450 Europäische Kommission, Bekanntmachung zum Begriff der staatlichen Beihilfe im Sinne des Art. 107 Abs. 1 AEUV vom 19. Juli 2016, C/2016/2946, Rn. 121.

(1) Steuerliche Beihilfen auf Gesetzesebene

(a) Festlegung eines Referenzrahmens

Die Festsetzung des Referenzrahmens entscheidet regelmäßig über das Ergebnis der Selektivitätsprüfung. Trotzdem fehlt es an dieser so wichtigen Stelle im steuerlichen Bereich an Anhaltspunkten durch die Rechtsprechung. Generalanwalt *Wahl* bringt das auf den Punkt:

> „Gleichwohl schweigt die Rechtsprechung des Gerichtshofs dazu, [Hervorhebung des Verfassers] **wie** das relevante Referenzsystem bestimmt werden soll. Der Gerichtshof hat dazu lediglich erklärt, dass als das Referenzsystem die im betreffenden Mitgliedsstaat geltende allgemeine oder „normale" Steuerregelung anzusehen ist. Als Prüfungskriterium ist diese Aussage bemerkenswert wenig hilfreich."[451]

Aufgrund der Steuersouveränität der Staaten ist es jedenfalls nicht möglich, den Referenzrahmen aus dem Europarecht selbst abzuleiten. Ebenso wenig ist es wegen der Steuersouveränität möglich, den Rahmen anhand der Steuersysteme anderer Staaten zu bestimmen. Entscheidend ist allein der jeweilige Staat und sein nationales Steuersystem.[452] Bei der Bestimmung des Rahmens müssen sich Kommission und im Falle der gerichtlichen Klärung die Unionsgerichte daher in das nationale Steuersystem hineinversetzen, um dessen Logik und innere Systematik zu verstehen. Aufgrund der weitestgehend fehlenden europäischen Harmonisierung des Bereichs der Unternehmensbesteuerung[453] und der deshalb weiterhin bestehenden unterschiedlichen Steuersysteme, ist das Hineinversetzen für die Beteiligten ein schwieriges Unterfangen.

Da der Referenzrahmen der Überprüfung von gesetzlichen Rechtsnormen dient, wird er primär aus gesetzlichen Regelungen bestimmt[454]; allerdings hat

---

451 GA *Wahl*, Schlussantrag zur Rs. C-203/16 P (*Heitkamp/Kommission*), ECLI:EU:C:2017:2017, Rn. 100.

452 *Schön*, MPI Working Paper 2015 – 14, S. 8; *Verhagen*, European Taxation 2017, S. 281; teilweise a.A. *Ismer/Piotrowski*, Intertax 2015, S. 561, 569, die zusätzlich dafür plädieren, dass auch allgemein anwendbare Normen an von der Kommission ermittelten internationalen Standards gemessen werden sollen; vgl. dazu auch Gutachten des Wissenschaftlichen Beirats des Bundesministeriums für Finanzen, Steuervergünstigungen und EU-Beihilfeaufsicht - Problematik und Ansätze zur Lösung des Kompetenzkonflikts mit der Steuerautonomie, 03/2017, S. 12.

453 Vgl. dazu Abschnitt C, II, 1 und 2.

454 Vgl. jüngst EuGH, Rs. C-374/17 (*A-Brauerei*), ECLI:EU:C:2018:1024, Rn. 37: „*Im vorliegenden Fall ist zunächst festzustellen, dass, wie sich aus der Darstellung des nationalen Rechts in der Vorlageentscheidung ergibt, der Bezugsrahmen, anhand dessen die Vergleichbarkeit zu prüfen ist, durch die deutschen Rechtsvorschriften über die*

der *EuGH* in der Rechtssache *P Oy*[455] ausdrücklich darauf hingewiesen, dass die Bestimmung des Referenzrahmens auch die Betrachtung Administrativ- und Gerichtspraxis erfordert.[456] Somit ist der Referenzrahmen aus einer Kombination aus gesetzlichen Regelungen sowie Administrativ- und Gerichtspraxis zu bilden.

Inhaltlich setzt er sich aus unterschiedlichen Elementen wie der Steuerbemessungsgrundlage, dem Steuertatbestand und den einzelnen Steuersätzen zusammen.[457] Es handelt sich um diejenigen Regelungen, die auf die in Frage stehenden Unternehmen Anwendung finden. Nach Ansicht des *EuGH* kann sich der Referenzrahmen beispielsweise aus dem den Normen des Körperschaftssteuersystems[458] oder denen des Versicherungsbesteuerungssystems[459] ergeben. Einer zu engen Festsetzung ist er jüngst in seiner Entscheidung zur Sanierungsklausel des § 8c Abs. 1a KStG entgegengetreten.[460]

Ausgangspunkt ist die Feststellung, was in dem jeweiligen nationalen System die Regel und was die Ausnahme ist.[461] Das Regel-Ausnahme Verständnis ist jedoch nicht präzise und hat große Auswirkungen auf das Ergebnis.[462] Dies zeigt sich eindrücklich im erwähnten Fall zu § 8c Abs. 1a KStG. Ist der Verlustabzug – die Möglichkeit, eine negative Jahresbilanz mit dem Vorjahr oder dem Folgejahr zu verrechnen – die allgemeine Regel, welche lediglich unter einen Missbrauchsvorbehalt gestellt wird? In diesem Fall würde im Falle einer Genehmigung des Verlustabzugs keine Abweichung vom Regelfall und damit auch keine Beihilfe vorliegen. Ist jedoch die fehlende Möglichkeit eines Verlustvortrags die Regel, so

---

Grunderwerbsteuer gebildet wird, die in ihrer Gesamtheit den Steuergegenstand und den Steuerentstehungstatbestand festlegen.“

455 EuGH, Rs. C-6/12 (*P Oy*), ECLI:EU:C:2013:525.

456 EuGH, Rs. C-6/12 (*P Oy*), ECLI:EU:C:2013:525, Rn. 20.

457 Vgl. Europäische Kommission, Bekanntmachung zum Begriff der staatlichen Beihilfe im Sinne des Art. 107 Abs. 1 AEUV vom 19. Juli 2016, C/2016/2946, Rn. 134.

458 EuGH, Rs. C-78/08 bis C-80/08 (*Paint Graphos*), ECLI:EU:C:2011:550, Rn. 50; der EuGH ist insoweit in seiner Terminologie nicht einheitlich. Teilweise werden auch andere Begriff verwendet wie z.B. in der Rs. C- 66/02 (*Italien/Kommission*), Rn. 100, wo er von einem „allgemeinen Steuerrecht“ spricht, welches für Unternehmen gelte.

459 EuGH, Rs. C-308/01 (*GIL Insurance*), ECLI:EU:C:2004:252, Rn. 76.

460 EuGH, Rs. C-203/16 P (*Heitkamp/Kommission*); ECLI:EU:C:2018:505, Rn. 106.

461 *Schön*, Steuerliche Beihilfen, in: Aktuelle Fragen des EG-Beihilferechts, ZHR-Beiheft 69, S. 106.

462 GA *Kokott*, Schlussantrag zu Rs. C-66/14 (*Finanzamt Linz*), ECLI:EU:C:2015:242, Rn. 88; *Linn* in: NK Europäisches Beihilferecht, Kapitel 1, Rn. 578.

ist eine (Ausnahme-)Genehmigung des Verlustvortrags eine Abweichung und damit selektiv.

Für die Problematik bei diesem Prüfungspunkt gibt es viele weitere Beispiele; teilweise wird auch auf die Beliebigkeit des Regel-Ausnahme-Tests verwiesen.[463] Der Einwand ist nicht unbegründet. Dennoch sollte die Vorgehensweise beibehalten werden und eine Lösung stattdessen über unterschiedliche Kontrollmaßstäbe der Gerichte und der Kommission gelöst werden. Durch einen geringen Kontrollmaßstab können sie den Ermessensspielraum der Mitgliedstaaten bei der Festlegung ihrer Steuersysteme berücksichtigen und sich so gegebenenfalls für eine zurückhaltende, souveränitätsfreundlichere Festlegung von Regel und Ausnahme entscheiden. Ansonsten droht die Gefahr, dass sich die Kompetenzen im Bereich der Besteuerung zulasten der Mitgliedstaaten zur EU verschieben.[464]

(b) Abweichung vom Referenzrahmen

Ist der Referenzrahmen gesetzt, so ist in einem zweiten Schritt zu untersuchen, ob die Maßnahme aufgrund ihres Wesens, ihres Anwendungsbereichs, der Modalität ihrer Durchführung oder ihrer Auswirkungen bestimmte Vorteile gewährt, die nur ausgewählten Unternehmen oder Produktionszweigen zugutekommen.[465] Bei Beihilfen auf Gesetzesebene bereitet die Feststellung einer Abweichung (Ausnahme von der Regel) regelmäßig wenig Probleme, sobald die Entscheidung mithilfe des Regel-Ausnahme-Tests getroffen wurde. Vielmehr ist die Feststellung problematisch, dass die Gruppe der begünstigten Unternehmen klar abgrenzbar ist und dass sich andere Unternehmen zu dieser abgrenzbaren Gruppe in einer vergleichbaren Sach- oder Rechtslage befinden.

(aa) Abgrenzbarkeit einer Gruppe von Unternehmen

Die Frage, wann eine Gruppe abgegrenzt werden kann, ist bei Gerichtsentscheidungen zu gesetzlichen Beihilfen häufig ein Schwerpunkt. Erforderlich für die Abgrenzbarkeit ist eine der Gruppe gemeinsame Eigenschaft, die eine andere Gruppe nicht aufweist. Tendenziell lässt sich beobachten, dass das Kriterium der Abgrenzbarkeit einer Gruppe im Laufe der Rechtsprechungsentwicklung erweitert wurde. Lange galt, dass die Abgrenzbarkeit einer Gruppe dann abzulehnen ist, sofern die eine Maßnahme potentiell allen Unternehmen offen stand, da in

---

463 Z.B. *Soltész*, EuZW 2017, S. 54.

464 So auch GA *Kokott*, Schlussantrag zur Rs. C-66/14 (*Finanzamt Linz*), ECLI:EU:C:2015:661, Rn. 113.

465 *Blumenberg*, IFSt-Schrift Nr. 473, S. 14.

diesem Fall keine besondere Eigenschaft vorlag. [466] Dieses Verständnis änderte sich mit dem Urteil in der Rechtssache *World Duty Free Group* aus 2016[467]. Der *EuGH* entschied in diesem Fall, es sei nicht länger entscheidend, dass die Maßnahme theoretisch von allen Unternehmen in vergleichbarer Situation genutzt werden könne. Stattdessen sei fortan entscheidend, ob die Möglichkeit bei gegebener wirtschaftlicher Aktivität auch *de facto* genutzt werden kann.[468] Es genügt nunmehr, dass eine Regelung zwischen Unternehmen, die ähnliche Transaktionen durchführen, differenziert.

(bb) Vergleichbarkeit mit einer anderen Gruppe von Unternehmen

Das Kriterium der Vergleichbarkeit spielt auch bei der Prüfung von Grundfreiheiten eine erhebliche Rolle. Im Vergleich dazu sind jedoch höhere Anforderungen an die Vergleichbarkeit im Rahmen des Art. 107 Abs. 1 AEUV zu stellen. Während bei den Grundfreiheiten die Vergleichbarkeit der Situationen regelmäßig zu bejahen ist[469], kann gleiches nicht zwangsweise für die Prüfung selektiver steuerlicher Vorteile gelten.[470] Das liegt daran, dass anders als im Anwendungsbereich der Grundfreiheiten eine Ungleichbehandlung von Unternehmen aus demselben Staat und nicht zwischen Unternehmen mit Sitz im Inland und Ausland vorliegt. Letzteres ist ein per se verdächtiger Sachverhalt, der einen strengeren Kontrollmaßstab erforderlich macht; beim Beihilferecht ist ein solcher Maßstab nicht erforderlich.

---

466 Vgl. z.B. EuGH, Rs. C-156/98 (*Deutschland/Kommission*), ECLI:EU:C:2000:467, Rn. 22. In dem Verfahren entschied der EuGH über eine Investitionsbegünstigung (eine Steuervergünstigung für Investitionen z.B. in Form von Steuerfreibeträgen) in § 6b EStG zugunsten von Beteiligungen an in Ostdeutschland ansässigen Unternehmen. Die Selektivität der Maßnahme wurde verneint, weil derartige Investitionsmöglichen allen Unternehmen offenstehen würden.

467 EuGH, verbundene Rs. C-20/15 P und C-21/15 P (*World Duty Free Group*), ECLI:EU:C:2016:981. In der Rechtssache *World Duty Free Group* ging es um steuerliche Abschreibungsmöglichkeiten auf Auslandsbeteiligungen spanischer Unternehmen in Höhe von mindestens 5 Prozent an außerhalb von Spanien ansässigen Unternehmen. In diesem Fall bestand die Differenzierung in der Frage, ob die Unternehmen eine ausländische Kapitalbeteiligung hatten oder nicht.

468 EuGH, verbundene Rs. C-20/15 P und C-21/15 P (*World Duty Free Group*), ECLI:EU:C:2016:981, Rn. 70, 82.

469 GA *Kokott*, Schlussantrag zur Rs. C-48/13 (*Nordea Bank Danmark*), ECLI:EU:C:2014:153, Rn. 25 m.w.N.

470 GA *Kokott*, Schlussantrag zur Rs. C-66/14 (*Finanzamt Linz)*, ECLI:EU:C:2015:242, Rn. 91.

Um eine Abweichung vom Referenzrahmen annehmen zu können, muss es neben der begünstigten abgrenzbaren Gruppe noch eine weitere Gruppe geben, die von der vorteilhaften gesetzlichen Steuerregelung nicht profitiert, sich aber rechtlich oder tatsächlich in einer vergleichbaren Situation befindet.[471] Eine Vergleichbarkeit muss nicht unbedingt in sämtlichen Merkmalen vorliegen; entscheidend sind die wesentlichen Aspekte.[472]

Das Vergleichbarkeit von unterschiedlichen Gruppen ist sehr von den Umständen des Einzelfalles abhängig, sodass sich verallgemeinerungsfähige Rückschlüsse nicht ziehen lassen. Unterschiedlich wird auch seitens des *EuGH* beurteilt, ob eher das Ziel der entsprechenden Maßnahme für die Beurteilung der Vergleichbarkeit entscheidend ist[473], oder ob die Beurteilung stattdessen auf Grundlage der Wirkung der Maßnahme zu erfolgen hat.[474]

In der Vergangenheit wurde bereits die Vergleichbarkeit für natürliche und juristische Personen abgelehnt, weil für natürliche und juristische Personen unterschiedliche Steuergesetze gelten, die vielfältige unterschiedliche Bestimmungen hinsichtlich der Festsetzung der Bemessungsgrundlage enthalten und nur juristische Personen Anteilseigner haben, die an den Einkünften der Gesellschaft partizipieren und ihrerseits wiederum der Ertragsbesteuerung unterliegen. [475] Auch Unternehmen, von denen einige der Gruppenbesteuerung unterliegen und andere nicht, wurden als nicht vergleichbar eingestuft.[476]

Unternehmen mit inländischen Beteiligungen und solche mit ausländischen Beteiligungen können demgegenüber genauso vergleichbar sein[477] wie Unternehmen, die zu mindestens 95 Prozent miteinander verbundenen sind und solche, die voneinander unabhängig sind, sofern es um steuerliche Vorteile für Umwandlungsvorgänge von Grundstücken im Sinne des § 6a GrEStG geht.[478]

---

471 EuGH, Rs. C-374/17 (*A-Brauerei*), ECLI:EU:C:2018:1024, Rn. 35.

472 *Linn* in: NK Europäisches Beihilferecht, Kapitel 1, Rn. 585.

473 So eher die jüngere Rechtsprechung, z.B. EuGH, Rs. C-374/17 (*A-Brauerei*), ECLI:EU:C:2018:1024, Rn. 36, 39 ff.; EuGH, verbundene Rs. C-20/15 P und C-21/15 P (*World Duty Free Group*), ECLI:EU:C:2016:981, Rn. 57.

474 EuGH, verbundene Rs. C-106/09 P und C-107/09 P (*Kommission & Spanien/Regierung von Gibraltar und Vereinigtes Königreich*), ECLI:EU:C:2011:732, Rn. 87; wohl auch EuGH, Rs. C-279/08 P (*Kommission/Niederlande*), ECLI:EU:C:2011:551, Rn. 51.

475 GA *Kokott*, Schlussantrag zur Rs. C-66/14 (*Finanzamt Linz)*, ECLI:EU:C:2015:242, Rn. 92.

476 GA *Kokott*, Schlussantrag zur Rs. C-66/14 (*Finanzamt Linz)*, ECLI:EU:C:2015:242, Rn. 98.

477 EuGH, Rs. C-337/08 (*X Holding BV*), ECLI:EU:C:2010:89, Rn. 24.

478 EuGH, Rs. C-374/17 (*A-Brauerei*), ECLI:EU:C:2018:1024, Rn. 37 ff., 42.

(c) Rechtfertigung

Liegt eine Abweichung vom Referenzrahmen vor, so kommt es schließlich im dritten Schritt zur Frage nach der Rechtfertigung. Eine abweichende Maßnahme (und damit *prima facie* selektiv) ist dann nicht selektiv, wenn sie durch die Natur oder den allgemeinen Aufbau des nationalen Systems gerechtfertigt ist.[479] Zu unterscheiden ist zwischen den mit einer bestimmten Maßnahme verfolgten Zielen, die außerhalb dieser Regelung liegen und den dem jeweiligen Steuersystem selbst innewohnenden Mechanismen, die zur Erreichung dieser Ziele erforderlich sind.[480] Externe politische Ziele wie Regionalförderung, die Schaffung von Arbeitsplätzen oder Umweltschutz führen nicht zu einer Rechtfertigung der Maßnahmen[481], dies ist nur durch systemimmanente Ziele möglich. Legitime systemimmanente Ziele können beispielsweise die effektive Bekämpfung von Betrug, aggressiver Steuerplanung oder die Vermeidung von Doppelbesteuerung[482] sein. Die sich an diesem Ziel ausgerichtete Maßnahme muss zudem verhältnismäßig sein.[483]

Im Übrigen kommt es zu einer Beweislastumkehr. Während die Kommission die Beweislast dafür trägt, dass eine nationale Maßnahme vom

479 Ständige Rechtsprechung seit EuGH, Rs. C-173/73 (*Italien/Kommission*), ECLI:EU:C:1974:71, Rn. 33, z.B. EuGH, Rs. C-308/01 (*GIL Insurance*), ECLI:EU:C:2004:252, Rn. 72, jüngst EuGH, Rs. C-374/17 (*A-Brauerei*), ECLI:EU:C:2018:1024, Rn. 48; dabei ist die Rechtfertigungsterminologie nicht immer einheitlich. Teilweise wird gesprochen von der „*Erforderlichkeit für die Leistungsfähigkeit des Systems aufgrund wirtschaftlicher Überlegungen*" oder einer Rechtfertigung mit Blick auf „*die Art oder den Sinn und Zweck des Steuersystems*". Hier wird die Formulierung „*durch die Natur oder den inneren Aufbau des Bezugssystems*" gewählt, da diese seitens der Rechtsprechung wohl überwiegend und unter anderem auch in der Bekanntmachung zum Begriff der staatlichen Beihilfe im Sinne des Art. 107 Abs. 1 AEUV vom 19. Juli 2016, C/2016/2946, gewählt wird, vgl. dort Nr. 5.2.3.3, Rn. 138 ff., verwendet wird.

480 EuGH, Rs. C-78/08 bis C-80/08 (*Paint Graphos*), ECLI:EU:C:2011:550, Rn. 69; EuGH, Rs. C-88/03 (*Portugal/Kommission*), ECLI:EU:C:2006:511, Rn. 81; *Bartosch*, EU-Beihilferecht, Art. 107 Abs. 1 AEUV, Rn. 130; *Nykiel-Mateo/Wiemann*, The Concept of State Aid, Selectivity, in: EU Competition Law, Band 4 State Aid, Buch 1, Rn. 2287 f.

481 EuGH, Rs. C-78/08 bis C-80/08 (*Paint Graphos*), ECLI:EU:C:2011:550, Rn. 69 f.; EuGH, Rs. C-88/03 (*Portugal/Kommission*), ECLI:EU:C:2006:511, Rn. 81; *Blumenberg*, IFSt-Schrift Nr. 516, S. 24.

482 EuGH, Rs. C-374/17 (*A-Brauerei*), ECLI:EU:C:2018:1024, Rn. 50.

483 Europäische Kommission, Bekanntmachung zum Begriff der staatlichen Beihilfe im Sinne des Art. 107 Abs. 1 AEUV vom 19. Juli 2016, C/2016/2946, Rn. 140.

Referenzrahmen abweicht, ist der betroffene Mitgliedstaat auf der Rechtfertigungsebene beweispflichtig.[484]

(2) Steuerliche Beihilfen durch APAs

In ihrer Bekanntmachung zum Beihilfebegriff macht die Kommission deutlich, dass auch APAs selektiv sein können, sofern sie eine von der „normalen" Anwendung des Steuersystems abweichende Festsetzung begründen, die dem Empfänger eine geringere Steuerlast bescheinigt als vergleichbaren Unternehmen.[485]

Fraglich ist dabei jedoch, ob und wie sich die Vorgehensweise bei gesetzlichen Beihilfen zur Feststellung der Selektivität auf APAs übertragen lässt. Jedenfalls ist es sinnvoll, am durch die ständige Rechtsprechung entwickelten dreigliedrigen Aufbau festzuhalten, sodass die einzelnen Ebenen voneinander gesondert betrachtet und ggf. modifiziert werden können.

(a) Festsetzung des Referenzrahmens

Dabei bietet gleich der erste Schritt, die Festsetzung eines geeigneten Referenzrahmens, unterschiedliche Möglichkeiten. Einerseits könnte die Prüfung von gesetzlichen Beihilfen so auf APAs übertragen werden, dass der Referenzrahmen allein aus gesetzlichen Regelungen gebildet wird. Andererseits wäre es denkbar, dass bei der Referenzrahmenfestsetzung nicht nur gesetzliche Regelungen, sondern auch die Verwaltungs- und Gerichtspraxis einbezogen werden. Das hätte einerseits den Vorteil, dass der Rahmen präziser gesetzt werden könnte, andererseits den Nachteil eines Mehraufwands, da der Regelfall der Besteuerung sodann auch auf Basis einer repräsentativen Anzahl von APAs und der Betrachtung einer ggf. vorhandenen Rechtsprechung ermittelt werden müsste.

Zuletzt ist noch an eine dritte Möglichkeit zu denken, nach der die Festsetzung des Referenzrahmens allein auf Basis der Verwaltungspraxis erfolgt. Das kommt deshalb in Betracht, da letztlich APAs und damit Verwaltungshandeln am Maßstab des Rahmens gemessen werden. Indes macht diese Möglichkeit allenfalls auf den ersten Blick Sinn. Um das Normalnullniveau der Besteuerung eines Staates abzubilden, mag die Praxis ein guter Indikator sein, allerdings kann

---

484 EuGH, Rs. C-452/10 P (*BNP Paribas und BNL/Kommission*), ECLI:EU:C:2012:366, Rn. 121; *Arhold* in: MüKo Europäisches und Deutsches Wettbewerbsrecht, Band 5, Teil 2, Rn. 571.

485 Europäische Kommission, Bekanntmachung zum Begriff der staatlichen Beihilfe im Sinne des Art. 107 Abs. 1 AEUV vom 19. Juli 2016, C/2016/2946, Rn. 170.

sie letztlich nicht die Komplexität eines gesamten Steuersystems abbilden. Diese Möglichkeit ist daher abzulehnen.

(aa) Die Kommissionsentscheidung(en)

Die Kommissionsentscheidungen in den Fällen *Apple*[486], *Amazon*[487] und *Starbucks*[488] unterscheiden sich dieser Stelle leicht, sodass kurz alle drei Entscheidungen aufgegriffen werden sollen. Die Argumentation in den Fällen *Fiat*[489] und *ENGIE*[490] ähnelt stark derjenigen im Fall *Amazon* (alles luxemburgische APAs) und wird daher nicht gesondert erwähnt. Im Ergebnis ist die Kommission in allen Entscheidungen dem zuerst dargestellten Vorgehen gefolgt und hat zur Referenzrahmenfestsetzung allein gesetzliche Vorschriften verwendet. Dabei hat sie sich mit der Frage auseinandergesetzt, ob mehrere Vorschriften zu verwenden sind, oder ob eine einzelne Vorschrift den Rahmen bilden kann.

---

486 Europäische Kommission, Beschluss (EU) 2017/1283 vom 30. August 2016 über die staatliche Beihilfe SA.38373 (2014/C) (ex 2014/NN) (ex 2014/CP) Irlands zugunsten von Apple (Bekannt gegeben unter Aktenzeichen C(2016) 5605), Rn. 228. Anmerkung: Das Vorgehen von Kommission, die Literatur und auch der Unionsgerichte in der Durchführung des 3-Stufen-Tests für das Feststellen der Selektivität ist regelmäßig nicht stringent. In der genannten Entscheidung sind beispielweise die erste Stufe (Festsetzen eines Referenzrahmens) sowie ein Teil der zweiten Stufe (Vergleichbarkeit mit anderen Unternehmen) vermischt worden. Eindrucksvoll beschreibt Generalanwalt *Wahl* in seinem Schlussantrag zur Rs. C-203/16 P (*Heitkamp/Kommission*), ECLI:EU:C:2017:2017, Rn. 88 ff., wie der Test auszusehen hat. Er weist insbesondere in Rn. 109 daraufhin hin, dass der Prüfung der Vergleichbarkeit der Unternehmen stets die Bestimmung des Referenzrahmens vorauszugehen hat. Er bemängelt, dass das Festsetzen des Referenzrahmens mit großen Unwägbarkeiten verbunden ist, Rn. 101.

487 Europäische Kommission, Beschluss (EU) 2018/859 vom 4. Oktober 2017 über die staatliche Beihilfe Luxemburgs SA.38944 (2014/C) (ex 2014/NN) zugunsten von Amazon (Bekannt gegeben unter Aktenzeichen C(2017) 6740), Rn. 587 ff.

488 Europäische Kommission, Beschluss (EU) 2017/502 vom 21. Oktober 2015 über die staatliche Beihilfe der Niederlande SA.38374 (2014/C) (ex 2014/NN) zugunsten von Starbucks (Bekannt gegeben unter Aktenzeichen C(2015) 7143), Rn. 251.

489 Europäische Kommission, Beschluss (EU) 2016/2326 vom 21. Oktober 2015 über die staatliche Beihilfe SA.38375 (2014/C ex 2014/NN) Luxemburgs zugunsten von Fiat, (Bekannt gegeben unter Aktenzeichen C(2015) 7152).

490 Europäische Kommission, Beschluss (EU) 2019/421 vom 20. Juni 2018 über die von Luxemburg durchgeführte staatliche Beihilfe SA.44888 (2016/C) (ex 2016/NN) zugunsten von Engie (Bekannt gegeben unter Aktenzeichen C(2018) 3839).

In der Entscheidung zum Fall *Starbucks* ist die Kommission dem Vorbringen der Niederlande nicht gefolgt, den Referenzrahmen allein auf Basis von Art. 8b CIT 1969 (niederländische Vorschrift, die den Fremdvergleichsgrundsatz in nationales Recht umsetzt) zu bestimmen, da sie den Referenzrahmen als zu eng erachtete. Stattdessen wählte sie alle Vorschriften, die das niederländische Körperschaftssteuerrecht abbilden.[491] Vergleichbare Passagen gibt es im Fall *Amazon* bzgl. der ähnlichen nationalen Vorschrift Art. 164 Abs. 3 des luxemburgischen Einkommenssteuergesetzes (ITL)[492] sowie im Fall *Apple* für Section 25 TCA[493], wobei die irische Vorschrift nicht mit dem Fremdvergleichsgrundsatz im Zusammenhang steht.

In allen Fällen wählte sie das gesamte Körperschaftssteuersystem des jeweiligen Staates als Referenzrahmen. Ihrer Ansicht nach ist ein System, dass nur aus einzelnen Vorschriften wie dem Fremdvergleichsgrundsatz besteht, schon für sich genommen selektiv.[494]

---

491 Europäische Kommission, Beschluss (EU) 2017/502 vom 21. Oktober 2015 über die staatliche Beihilfe der Niederlande SA.38374 (2014/C) (ex 2014/NN) zugunsten von Starbucks (Bekannt gegeben unter Aktenzeichen C(2015) 7143), Rn. 231 ff., 245.

492 Europäische Kommission, Entscheidung zum Fall Amazon vom 04. Oktober 2017, Rn. 590 ff., 599; Art. 164 Abs. 3 ITL ist keine luxemburgische Umsetzungsnorm des Fremdvergleichsgrundsatzes. Vielmehr erlaubt er die Beurteilung einer verborgenen Dividendenausschüttung bei unnormalen Vorteilen aufseiten der Aktionäre, Mitglieder oder anderer Interessenten, vgl. dazu „Luxembourg introduces legal framework for APAs and updates transfer pricing rules", Beitrag vom 29. Dezember 2014 auf www.ey.com, abrufbar unter: http://www.ey.com/gl/en/services/tax/international-tax/alert--luxembourg-introduces-legal-framework-for-tax-rulings-and-updates-transfer-pricing-rules (zuletzt abgerufen am 11. Juli 2019). Allerdings steht er im engen Kontext zu Art. 56 ITL, welche eine nationale Umsetzungsnorm des Fremdvergleichsgrundsatzes ist.

493 Europäische Kommission, Beschluss (EU) 2017/1283 vom 30. August 2016 über die staatliche Beihilfe SA.38373 (2014/C) (ex 2014/NN) (ex 2014/CP) Irlands zugunsten von Apple (Bekannt gegeben unter Aktenzeichen C(2016) 5605), Rn. 236 ff., 242; Section 25 TCA 1997 führt nicht den Fremdvergleichsgrundsatz in das nationale irische Recht ein, sondern bestimmt, dass Unternehmen nur dann der irischen Unternehmensbesteuerung unterfallen, sofern sie Handelsaktivitäten im Staatsgebiet ausführen. In diesem Falle sind jedoch alle Unternehmensgewinne, egal wo sie anfallen, zu versteuern. Die Kommission führte hierzu aus, dass Section 25 TCA zwar integraler Bestandteil des irischen Unternehmenssteuerrechts wäre, jedoch kein eigenständiger Teil, der allein als Referenzrahmen dienen könnte.

494 Europäische Kommission, Beschluss (EU) 2017/502 vom 21. Oktober 2015 über die staatliche Beihilfe der Niederlande SA.38374 (2014/C) (ex 2014/NN) zugunsten von Starbucks (Bekannt gegeben unter Aktenzeichen C(2015) 7143), Rn. 250.

(bb) Das Körperschaftssteuerrecht oder das Recht, das nur auf multinationale Unternehmen Anwendung findet

In den – häufig kritischen – Rezensionen der *Apple*-Entscheidung wird das Merkmal der Selektivität zwar meist gründlich untersucht, ohne jedoch sauber zwischen Referenzrahmenfestsetzung und Abweichung zu unterscheiden. Regelmäßig wird direkt die Vergleichbarkeit von multinationalen verbundenen Unternehmen und irischen Einzelunternehmen beleuchtet und dies bei der Referenzrahmenfestsetzung verortet[495]; die Grundlage der Referenzrahmenfestsetzung wird indes nur sehr vereinzelt[496] genauer untersucht. Im Ergebnis wird jedoch die Bestimmung eines Referenzrahmens aus den Regeln des Körperschaftssteuersystems kritisiert.[497] Diese Kritik soll folgend dargestellt und bewertet werden.

Es wird ausgeführt, dass als Grundannahme die Wahl des Körperschaftssteuerrechts nicht falsch sei, da hierin Regeln abgebildet seien, die auf alle Unternehmen unabhängig von ihrer Größe Anwendung fänden; Körperschaftssteuersysteme würden nicht zwischen alleinstehenden Unternehmen und multinationalen Unternehmen unterscheiden. [498] Allerdings habe die Kommission einen zu weiten Referenzrahmen gewählt und hätte stattdessen einen Rahmen allein aus den Vorschriften bilden sollen, die auf multinationale Unternehmen Anwendung finden.[499] Begründet wird dies mit der Intention der Kommission, die nach Vertretern dieser Auffassung hinter den Entscheidungen, vor allem jedoch der *Apple*-Entscheidung stehen soll.

Das Problem sei nach Ansicht der Kommission nicht die Ungleichbehandlung von Einzelunternehmen und verbundenen Unternehmen durch APAs. Es entspreche nicht dem Ansinnen der Kommission, jedes einzelne APA der Mitgliedstaaten zu überprüfen. Vielmehr sehe sie das Problem darin, dass es APAs für eine Hand voll Unternehmen wie *Apple* gebe, die durch sehr wohlwollende

---

495 *Bartosch*, EuZW 2017, S. 760; *Jochimsen/Kleve*, IStR 2017, S. 269 f.; *Giraud/Petit*, EStAL 2017, S. 238; *Nicolaides*, EStAL 2016, S. 421 ff; *Mason*, Tax Notes 2017, S. 747 ff.

496 *Richard*, HBTJ 2018, S. 19 ff.; *Verhagen*, European Taxation 2017, S. 281, nur um dann jedoch auf S. 283 f. die Prüfungsschritte wieder zu vermischen.

497 *Richard*HBTJ 2018, S. 19.

498 *Verhagen*, European Taxation 2017, S. 283.

499 *Richard*, , HBTJ 2018, S. 19; nicht eindeutig, aber wohl i.E. ähnlich: *Lovdahl Gormsen*, Journal of European Competition Law & Practice 2016, S. 377 „*Therefore, when it comes to the application of cross-border transfer pricing rules, multinationals should be segregated as a separate category and the assessment as to whether there is selectivity must be done within the context of that category*".

Verrechnungspreisgestaltung eine derart geringe Steuerlast zugesichert bekämen, wie sie selbst dem Großteil der übrigen multinational agierenden Unternehmen nicht offenstehe. Um dies klarzustellen sei aber geboten, den Referenzrahmen auf die Vorschriften zu begrenzen, die den Fremdvergleichsgrundsatz ins nationale Recht einführen und nicht auf das gesamte irische Körperschaftssteuerrecht.[500]

Diese Ansicht vermag nicht umfassend zu überzeugen. Allerdings deckt sie sich mit dem Verständnis des Verfassers dahingehend, dass die Intention der Kommission bei der Beihilfenkontrolle nicht darauf gerichtet ist, alle APAs zu verbieten. Die Kommission sieht das Problem nicht darin, dass APAs, die Einzelunternehmen naturgemäß nicht beantragen können, überhaupt verfügbar sind und damit verbundene Unternehmen per se besserstellen. Vielmehr beanstandet sie, dass es APAs gibt, die sogar aus der Masse der übrigen herausstechen und nur bestimmten Unternehmen ausgestellt werden (sog. Ausreißer).[501] Kommissarin *Vestager* hat dies sinngemäß bestätigt. Bei einer Rede am 21. November 2017 in Paris führte sie aus:

> „We've looked at more than 1000 APAs as part of that work. We've found that Fiat, Starbucks and a whole series of multinationals got illegal state aid from Luxembourg, the Netherlands and Belgium."[502]

Mit dieser Aussage stellt sie zugleich fest, dass der weit überwiegende Teil der APAs keine Bedenken seitens der Kommission erweckt hat. Bis zum heutigen Tag hat die Kommission fünf APAs als verbotene Beihilfe eingestuft, drei förmliche Prüfverfahren von APAs der Niederlande zugunsten von *IKEA*[503] und *Nike*[504]

500 *Giraud/Petit*, EStAL 2017, S. 238.

501 Vgl. auch *Kokott*, Entwicklungsrichtlinien der Rechtsprechung des EuGH zu den direkten Steuern, FS 100 Jahre BFH, S. 755; *dies.*, Das Steuerrecht der EU, § 3, Rn. 165.

502 Die Rede trug den Titel „Helping people cope with technological change". Ihr Text ist abrufbar unter: https://ec.europa.eu/commission/commissioners/2014-2019/vestager/announcements/helping-people-cope-technological-change_en (zuletzt abgerufen am 11. Juli 2019).

503 Europäische Kommission, Pressemitteilung vom 18. Dezember 2017, Staatliche Beihilfen: Kommission leitet eingehende Prüfung der steuerlichen Behandlung von Inter IKEA in den Niederlanden ein, IP/17/5343.

504 Europäische Kommission, Pressemitteilung vom 10. Januar 2019, Staatliche Beihilfen: Kommission leitet eingehende Prüfung der steuerlichen Behandlung von Nike in den Niederlanden ein, IP/19/322.

und *Huhtamäki* [505] laufen derzeit noch. Ausgehend von 1000 überprüften APAs sind das jedoch nur 0,8 Prozent aller Fälle. Im Umkehrschluss sind 99,2 Prozent aller APAs nach Ansicht der Kommission nicht geeignet, den Wettbewerb auf dem europäischen Binnenmarkt zu schädigen. Ihr Vorgehen ist daher kein Versuch, APAs grundsätzlich zu verbieten; vielmehr entspricht es ihrem Selbstverständnis unter Beachtung der nationalen Steuersouveränität manche Ausreißer, die einzelne Unternehmen sehr stark privilegieren, aus der Masse der übrigen APAs herauszugreifen und zu beanstanden. Dazu passt auch, dass die Kommission erst kürzlich potentielle APA-Beihilfen zugunsten von *McDonald´s* durch Luxemburg für mit dem Beihilferecht vereinbar erklärt hat.[506]

Diese übereinstimmende Erkenntnis führt jedoch nicht dazu, dass der Referenzrahmen in der beschriebenen Art und Weise auf die nationalen Vorschriften des Fremdvergleichsgrundsatzes zu beschränken ist, wie auch der *EuGH* erst jüngst in seiner Entscheidung zur Sanierungsklausel des § 8c Abs. 1a KStG betont hat. Das *EuG* hatte in der Vorinstanz festgestellt, dass der Referenzrahmen allein aus den Regelungen über den Verlustvortrag zu bilden sei.[507] Der *EuGH* hat dem jedoch widersprochen. Er führte aus:

> „[Aus dem Schlussantrag geht hervor], dass die Selektivität einer steuerlichen Maßnahme anhand eines Referenzsystems, das aus einigen Bestimmungen besteht, die aus einem breiteren rechtlichen Rahmen künstlich herausgelöst wurden, nicht zutreffend beurteilt werden kann. Durch den Ausschluss der allgemeinen Regel des Verlustvortrags von dem im vorliegenden Fall maßgebenden Referenzsystem hat das Gericht somit dieses System offensichtlich zu eng definiert."[508]

Diese Argumentation lässt sich auf die vorliegende Situation übertragen. Auch dabei geht es um das Anliegen, eine einzelne Regelung wie den Fremdvergleichsgrundsatz aus einem größeren Kontext – dem Körperschaftsteuersystem – herauszulösen. Diesem Vorgehen hat der *EuGH* eine Absage erteilt; folglich ist konsequenterweise auch diese Literaturmeinung abzulehnen.

505 Europäische Kommission, Pressemitteilung vom 07. März 2019, Staatliche Beihilfen: Kommission nimmt steuerliche Behandlung von Huhtamäki in Luxemburg genauer unter die Lupe, IP/19/1591.

506 Europäische Kommission, Pressemitteilung vom 19. September 2018, Staatliche Beihilfen: Kommissionsuntersuchung ergibt keine selektive steuerliche Begünstigung von McDonald's durch Luxemburg, IP/18/5831.

507 EuG, Rs. T-287/11 (*Heitkamp Bauholding/Kommission*), ECLI:EU:T:2016:60, Rn. 106.

508 EuGH, Rs. C-203/16 P (*Heitkamp/Kommission*); ECLI:EU:C:2018:505, Rn. 103.

Ausgehend von der zutreffenden Beobachtung, dass Körperschaftssteuersysteme grundsätzlich nicht zwischen Einzelunternehmen und multinationalen verbundenen Unternehmen unterscheiden, muss stattdessen das gesamte Körperschaftssteuersystem den Referenzrahmen bilden. Dem Fremdvergleichsgrundsatz muss jedoch sodann innerhalb dieses Systems – auch mangels Alternativen – die entscheidende Rolle bei der Überprüfung der Verrechnungspreise zukommen; er sollte jedoch nicht isoliert betrachtet werden. Das wäre auch paradox, immerhin soll der Fremdvergleichsgrundsatz in einem zweiten Schritt[509] auch zur Begründung einer Abweichung herangezogen werden.

(cc) *Festsetzung allein durch gesetzliche Regelungen oder zusätzliche Einbeziehung der Gerichts- und Verwaltungspraxis*

Die Kommission hat in ihrer Entscheidung zum Fall *Apple* die Frage, ob auch Verwaltungs- und Gerichtspraxis bei der Rahmenfestsetzung einzubeziehen sind, nicht gesondert gewürdigt. Zum Referenzrahmen insgesamt führt sie aus:

> „Die Festlegung des Bezugssystems ist daher von bestimmten Elementen abhängig, wie den Steuerpflichtigen, der Steuerbemessungsgrundlage, den Steuertatbeständen und den geltenden Steuersätzen."[510]

Mit Blick auf die im Raum stehenden Frage ist die Aussage nicht eindeutig, sondern eröffnet Interpretationsspielräume dafür, welche Elemente die Kommission konkret bei der Festsetzung berücksichtigen möchte. Ausgehend vom Wortlaut „geltende Steuersätze" wäre es möglich, dass die Kommission für die Ermittlung dieser anwendbaren Steuersätze eine Einzelfallbetrachtung auf Basis anderer APAs vornimmt und somit die Verwaltungspraxis einbezieht.

Die Ausführungen erschöpfen sich in der obigen Passage, Konkretisierungen unterbleiben. Liest man jedoch zwischen den Zeilen, so wird deutlich, dass die Kommission in den folgenden Randnummern der Einbeziehung der Verwaltungspraxis eine Absage erteilt.[511] Abgesehen davon, dass sie – ebenso wie in der Literatur – fälschlicherweise häufig auf die Vergleichbarkeit alleinstehender

---

509 Vgl. dazu Abschnitt D, III, 2, b, bb, (2), (b), (aa).

510 Europäische Kommission, Beschluss (EU) 2017/1283 vom 30. August 2016 über die staatliche Beihilfe SA.38373 (2014/C) (ex 2014/NN) (ex 2014/CP) Irlands zugunsten von Apple (Bekannt gegeben unter Aktenzeichen C(2016) 5605), Rn. 227.

511 Europäische Kommission, Beschluss (EU) 2017/1283 vom 30. August 2016 über die staatliche Beihilfe SA.38373 (2014/C) (ex 2014/NN) (ex 2014/CP) Irlands zugunsten von Apple (Bekannt gegeben unter Aktenzeichen C(2016) 5605), Rn. 228, 236.

und multinationaler Unternehmen bei der Referenzrahmenfestsetzung abstellt, bestimmt sie letztlich den Rahmen allein aus gesetzlichen Vorschriften.[512]

Das ist jedoch abzulehnen. Vielmehr ist an dieser Stelle die zu gesetzlichen steuerlichen Beihilfen entwickelte Vorgehensweise konsequent anzuwenden, sodass eine Referenzrahmenfestsetzung nicht allein auf gesetzlicher Ebene erfolgt, sondern Verwaltungs- und Gerichtspraxis einbezogen werden müssen. Dafür sprechen vier Überlegungen:

α) Gleichwertigkeit der drei Gewalten

Sinn und Zweck der Referenzrahmenfestsetzung ist es, das jeweilige anwendbare Rechtssystem zu erfassen und den Normalfall der Besteuerung abzubilden. Diesen Rahmen ausschließlich aus gesetzlichen Regelungen zu bestimmen würde bedeuten, dass die Legislative allein ein Rechtssystem festsetzen kann. Nach der klassischen Theorie der Gewaltenteilung besteht ein Staat jedoch aus drei Gewalten: Legislative, Exekutive und Judikative. Sie alle leisten einen Beitrag zu einem Rechtssystem.

Rechtsakte der Legislative allein können kein System abbilden. Ein formelles Gesetz ist zunächst nur ein abstrakt-genereller Rechtsakt. Dieser wird auf Verwaltungsebene konkretisiert und umgesetzt. Die Überprüfung der Umsetzung, die Auslegung der Gesetze und nicht zuletzt die Überprüfung des Gesetzes selbst erfolgt durch die Gerichte. Wer also ein Rechtssystem abbilden möchte, der muss zwingend die Verwaltungs- und abrundend dazu die Gerichtspraxis berücksichtigen. Alles andere greift zu kurz und gibt der Legislative eine Stellung, die sie im Staatsaufbau nicht innehat.

β) Gegenstand der Kontrolle

Dies gilt erst recht, wenn man sich vor Augen führt, dass die Kommission in einem zweiten Schritt nicht gesetzliche Regelungen am Referenzrahmen messen möchte, sondern Verwaltungshandeln in Form von APAs. Verwaltungshandeln an einem Rahmen zu prüfen, der nur aus Gesetzen besteht und Verwaltungspraxis außen vor lässt, vermag nicht zu überzeugen.

---

512 Die Kommission stellt dies nicht ausdrücklich fest, aber z.B. in Rn. 243 der Entscheidung wird deutlich, dass allein gesetzliche Regelungen die Grundlage des Referenzrahmens bilden, vgl. auch Rn. 227, 236 ff. der Entscheidung.

γ) Ausreißerkontrolle

Wie dargelegt besteht die Intention der Kommission nicht darin, alle APAs als verbotene Beihilfe einzustufen, sondern eine Ausreißerkontrolle vorzunehmen. Um allerdings wissen zu können, welche APAs den Regelfall abbilden und welche Ausreißer sind und damit eine Abweichung vom Regelfall darstellen, ist es notwendig, eine repräsentative Anzahl APAs zu untersuchen.

δ) Konsequente Anwendung von P Oy

Auch wenn in der Praxis – ebenso wie in der Kommissionsentscheidung – der Referenzrahmen regelmäßig allein aus gesetzlichen Vorschriften gebildet wird, hat der *EuGH* in der Rechtssache *P Oy* ausdrücklich festgestellt:

> „Hierzu ist festzustellen, dass diese Qualifizierung [des Referenzrahmens] nicht nur die Kenntnis des relevanten Inhalts der Rechtsvorschriften voraussetzt, sondern auch die Prüfung von deren Tragweite erfordert, gestützt auf [Hervorhebung des Verfassers] **die Verwaltungs- und Rechtsprechungspraxis** und auf Informationen über den Umfang des persönlichen Anwendungsbereichs dieser Vorschriften.“ [513]

Somit hat der EuGH bereits die Bedeutung von Administrativ- und Gerichtspraxis erkannt und die entsprechende Einbeziehung angeordnet, die Kommission ist dieser Aufforderung indes nicht nachgekommen.

ε) Zwischenergebnis

Die Kommission ist bei der Bestimmung des Referenzrahmens dem auch bei gesetzlichen Beihilfen gängigen Vorgehen gefolgt, indem sie den Referenzrahmen allein aus Gesetzen bildete. Dieses Vorgehen ist jedoch nicht rechtmäßig, da sie so einen elementaren Teil des abzubildenden Rechtssystems und eine klare Anordnung des *EuGH* ignoriert.[514] Ein Referenzrahmen, an dem Verwaltungshandeln gemessen werden soll, muss auch die Verwaltungspraxis abbilden; die Gerichtspraxis kann insoweit das Bild abrunden.

(b) Abweichung vom Referenzrahmen

Auch beim zweiten Schritt stellt sich die Frage, wie die Vorgehensweise auf die Überprüfung von APAs zu übertragen ist. Dabei ergeben sich hier gegenüber der Vorgehensweise bei gesetzlichen Beihilfen große Unterschiede.

---

513 EuGH, Rs. C-6/12 (*P Oy*), ECLI:EU:C:2013:525, Rn. 20.

514 I.E. auch *Verhagen*, European Taxation 2017, S. 284.

(aa) Abweichung

Bei der Darstellung der Vorgehensweise zu steuerlichen Beihilfen in Gesetzesform wurde diese Voraussetzung nicht gesondert aufgegriffen und dargestellt, sondern beschränkte sich insoweit auf die bei steuerlichen Beihilfen in Gesetzesform problematischen Tatbestandsmerkmale der Abgrenzbarkeit und Vergleichbarkeit. Dies liegt daran, dass die Feststellung der Abweichung im engeren Sinne bei steuerlichen Beihilfen in Gesetzesform regelmäßig keine Probleme bereitet, sobald das Verhältnis von Regel und Ausnahme bestimmt wurde. Bei der Überprüfung von APAs gilt diese Aussage jedoch nicht, Regel und Ausnahme sind nicht so eng verknüpft. Stattdessen stellt hier der Prüfungspunkt der Abweichung einen Schwerpunkt der Prüfung dar.

Auch die Ausführungen der Kommission lassen darauf schließen, dass sie diesen Prüfungspunkt eingehend untersucht hat. Im Fall *Apple* führt sie dazu aus:

> „Der Gerichtshof hat bereits entschieden, dass eine Herabsetzung der Steuerbemessungsgrundlage aufgrund einer steuerlichen Maßnahme, welche einem Steuerzahler die Möglichkeit bietet, Verrechnungspreise bei internen Transaktionen anzuwenden, die nicht mit Preisen des freien Wettbewerbs vergleichbar sind, die durch freien Wettbewerb zwischen unabhängigen Unternehmen zustande kommen würden, die unter vergleichbaren Bedingungen fremdvergleichskonform verhandeln, diesem Steuerzahler im Sinne von Artikel 107 Absatz 1 AEUV einen selektiven Vorteil verschafft."[515]

Die Kommission nutzt somit zur Überprüfung, ob eine Abweichung vom Normal-Null-Niveau der Besteuerung vorliegt, den Fremdvergleichsgrundsatz. Das war zu erwarten, da sie bereits in ihrer Mitteilung zum Beihilfebegriff aus 2016 ausgeführt hat, bei APAs eine Überprüfung der Abweichung mithilfe des Fremdvergleichsgrundsatzes vorzunehmen.[516] Es sei unerheblich, ob und wie der Staat den Grundsatz in nationales Recht umgesetzt hat, da er integraler Teil des Art. 107 Abs. 1 AEUV sei.[517] Zur Begründung wird in der Mitteilung auf das Urteil des *EuGH* zu belgischen Koordinationszentren[518] verwiesen.

---

515 Europäische Kommission, Beschluss (EU) 2017/1283 vom 30. August 2016 über die staatliche Beihilfe SA.38373 (2014/C) (ex 2014/NN) (ex 2014/CP) Irlands zugunsten von Apple (Bekannt gegeben unter Aktenzeichen C(2016) 5605), Rn. 249.

516 Europäische Kommission, Bekanntmachung zum Begriff der staatlichen Beihilfe im Sinne des Art. 107 Abs. 1 AEUV vom 19. Juli 2016, C/2016/2946, Rn. 169, 171.

517 Europäische Kommission, Bekanntmachung zum Begriff der staatlichen Beihilfe im Sinne des Art. 107 Abs. 1 AEUV vom 19. Juli 2016, C/2016/2946, Rn. 172.

518 EuGH, verbundene Rs. C-182/03 und C-217/03 (*Belgien und Forum 187 ASBL/Kommission*), ECLI:EU:C:2006:416.

Auch in der Entscheidung zu *Apple* findet dieses Urteil mehrfach Eingang in die Ausführungen. Im obigen Zitat nimmt die Kommission mit dem Teil „(d)er Gerichtshof hat bereits entschieden" darauf Bezug und stellt später ausdrücklich fest:

> „In seinem Urteil zur belgischen Steuerregelung für Koordinationszentren billigte der Gerichtshof den Fremdvergleichsgrundsatz als Maßstab zur Feststellung, ob einem Konzernunternehmen ein Vorteil im Sinne von Artikel 107 Absatz 1 AEUV verschafft wird [...]."[519]

Die von ihr gewählte Formulierung „Maßstab" ist unpräzise und missverständlich. Es handelt sich dabei genau genommen um eine Formulierung, die für die Festsetzung des Referenzrahmens relevant ist. Allerdings ist damit an dieser Stelle gerade nicht der Referenzrahmen selbst gemeint; der Fremdvergleichsgrundsatz allein soll nicht den Maßstab bilden, sondern vielmehr das gesamte Körperschaftssteuerrecht. [520] Gemeint ist stattdessen, dass der Fremdvergleichsgrundsatz den Maßstab bildet, anhand dessen eine Abweichung von jenem Referenzrahmen gemessen wird.

α) Einführung des Fremdvergleichsgrundsatzes in das Europarecht als integraler Bestandteil von Art. 107 Abs. 1 AEUV

Der Ansicht der Kommission, der Fremdvergleichsgrundsatz sei integraler Bestandteil des Art. 107 Abs. 1 AEUV, sodass er zu einer Überprüfung der Abweichung unabhängig von nationalen Umsetzungen heranzogen werden kann, tritt der Verfasser jedoch entgegen.[521] Im Folgenden werden die Möglichkeiten, die eine Einbeziehung des Grundsatzes in das Unionsrecht rechtfertigen könnten, analysiert und bewertet.

αα) Einführung durch Urteil zu belgischen Koordinationszentren

Ausdrücklich beruft sich die Kommission auf die Entscheidung des *EuGH* zu belgischen Koordinationszentren. Nach hier vertretener Auffassung lässt die Entscheidung diese Schlussfolgerung jedoch nicht zu.[522] Inhaltlich ging es in dem Verfahren um eine für die Koordinationszentren günstige Steuerregelegung.

---

519 Europäische Kommission, Beschluss (EU) 2017/1283 vom 30. August 2016 über die staatliche Beihilfe SA.38373 (2014/C) (ex 2014/NN) (ex 2014/CP) Irlands zugunsten von Apple (Bekannt gegeben unter Aktenzeichen C(2016) 5605), Rn. 251.

520 Vgl. zu dazu in diesem Abschnitt, III, 2, a, aa und bb.

521 Kritisch auch *Schnitger*, IStR 2017, S. 429.

522 Wohl i.E. genauso *Bartosch*, EuZW 2017, S. 459 f.

Die Regelung sah vor, dass der zu versteuernde Gewinn pauschal auf einen Prozentsatz der Gesamtsumme der Ausgaben und Kosten für die Geschäftsführung festlegt wurde und dass dabei Personal- und Finanzierungskosten nicht berücksichtigt werden sollten. Zusätzlich bestand eine Befreiung von der Grundsteuer, der Quellensteuer und Registrierungsgebühren. Die Kommission hatte dies als verbotene Beihilfe eingestuft.[523] Der *EuGH* folgte ihr in der Sache zwar überwiegend, was jedoch für die vorliegend bestehende Frage ohne Belang ist.

Hinsichtlich der Einführung des Fremdvergleichsgrundsatzes in das Unionsrecht streitet bereits der Wortlaut für die hier vertretene Ansicht. Die Lektüre des Entscheidungstextes offenbart, dass der *EuGH* kein einziges Mal den Begriff „Fremdvergleichsgrundsatz" bzw. sein englisches Pendant „arm's length principle" nutzte. Die Kommission geht indes davon unbeirrt von seiner Einführung aus und verweist auf folgende Passagen der Entscheidung:

> „Für die Prüfung, ob die Ermittlung des steuerpflichtigen Einkommens nach der Regelung für Koordinationszentren diesen einen Vorteil verschafft, ist [...] diese Regelung mit der sonst anwendbaren Regelung zu vergleichen, die auf der Differenz zwischen Erträgen und Kosten eines Unternehmens, das sich in einem freien Wettbewerb betätigt [, Anwendung findet]."[524]

Zusätzlich gilt der Verweis den folgenden Ausführungen:

> „[D]er Ausschluss [der Personal- und Finanzierungskosten] von den der Ermittlung des steuerpflichtigen Einkommens der Zentren dienenden Kosten [ermöglicht es] nicht, zu ähnlichen Verrechnungspreisen wie unter freien Wettbewerbsbedingungen zu gelangen."[525]

Wie erwähnt, offenbart der Wortlaut keine Verwendung der genannten Begriffe. Stattdessen findet sich der Begriff „freier Wettbewerb" in beiden Passagen. Aufgrund des Kommissionsverweises auf die obigen Passagen liegt der Schluss nahe, dass sie aus den Begriffen die Einführung des Grundsatzes hergeleitet hat. Richtig an ihrer Annahme ist, dass bei isolierter Lektüre der beiden Passagen eine gewisse Nähe zum Inhalt des Fremdvergleichsgrundsatzes besteht. Dieser beschäftigt sich wie in Abschnitt B erläutert mit der Frage, wie

---

523 2003/755/EG: Entscheidung der Kommission vom 17. Februar 2003 über die Beihilferegelung, die Belgien zugunsten von Koordinierungsstellen mit Sitz in Belgien durchgeführt hat (Bekannt gegeben unter Aktenzeichen K(2003) 564).

524 EuGH, verbundene Rs. C-182/03 und C-217/03 (*Belgien und Forum 187 ASBL/Kommission*), ECLI:EU:C:2006:416, Rn. 95.

525 EuGH, verbundene Rs. C-182/03 und C-217/03 (*Belgien und Forum 187 ASBL/Kommission*), ECLI:EU:C:2006:416, Rn. 96.

Verrechnungspreise zwischen verbundenen Unternehmen zu bestimmen sind, also Preise, die nicht unter Bedingungen des „freien Wettbewerbs" zustande kommen. Richtig ist aber auch, dass Urteile stets in ihrer Gesamtheit zu lesen und Aussagen systematisch in den Gesamtkontext einzuordnen sind. Bei der Lektüre der gesamten Entscheidung hat der Verfasser jedoch große Bedenken, ob die von der Kommission vertretene Interpretation der Passagen wirklich der Intention des *EuGH* entspricht.

In seiner Entscheidung wendet sich der *EuGH* gegen die von den Koordinationszentren angewandte Kostenaufschlagsmethode sowie gegen die Befreiung von der Grundsteuer, der Quellensteuer und den Registrierungsgebühren.[526] Bei Anwendung der Kostenaufschlagsmethode werden zunächst die Herstellungskosten ermittelt.[527] Bei deren Berechnung nach betriebswirtschaftlichen Grundsätzen sind indirekte und direkte Kosten einzubeziehen, also unter anderem auch Personal- und Finanzierungskosten. Im konkreten Fall wurden bei der Berechnung der Herstellungskosten jedoch sämtliche Personal- und Finanzierungskosten unberücksichtigt gelassen. So konnte die Steuerlast gesenkt werden. Der Normalfall der Besteuerung bestand indes darin, dass das Außerachtlassen von Personal- und Finanzierungskosten in Belgien nicht möglich war.

Die Berücksichtigung aller Kosten für die Berechnung der Herstellungskosten ist somit die Situation, in der sich ein Unternehmen in Belgien ohne die fälschliche Anwendung der Kostenaufschlagsmethode befinden würde. In diesem Fall würde sich das Unternehmen in einem „freien Wettbewerb" mit anderen Unternehmen befinden, da diese die Vergünstigungen nicht nutzen können. „Freier Wettbewerb" im Sinne der obigen Passagen ist damit die Situation, in der sich die Unternehmen befinden, sofern die Kostenaufschlagsmethode richtig- und sonstige Vergünstigungen nicht angewandt werden, mit anderen Worten, die durch das belgische Rechtssystem als normal vorgesehene Besteuerung.[528]

Somit ist der Entscheidung des *EuGH* zu belgischen Koordinationszentren allein zu entnehmen, dass eine steuerliche Regelung, welche die fälschliche Anwendung der Kostenaufschlagsmethode und die Befreiung von weiteren Abgaben beinhaltet, einen selektiven Vorteil darstellen kann. Auf APAs übertragen kann man folgern, dass ein inhaltsgleiches APA ebenfalls selektiv sein kann. Diese Erkenntnis ist nicht überraschend. Der *EuGH* ist in dieser Entscheidung

---

526 EuGH, verbundene Rs. C-182/03 und C-217/03 (*Belgien und Forum 187 ASBL/Kommission*), ECLI:EU:C:2006:416, Rn. 9 ff.

527 Siehe dazu Abschnitt B, III, 2, c, bb, (1), (c).

528 So auch *Mason*, Tax Notes 2018, S. 788 f.

indes keineswegs so zu verstehen, als habe er den Fremdvergleichsgrundsatz in das Unionsrecht einführen wollen.[529]

ββ) Einführung durch die Entscheidung Hornbach-Baumarkt?

Während die Kommission in ihrer Entscheidung das Urteil zu belgischen Koordinationszentren ausdrücklich erwähnt, fehlt ein Verweis auf die vom *EuGH* entschiedene Rechtssache *Hornbach-Baumarkt*[530], aus der sich *prima facie* ebenfalls die Einführung des Grundsatzes herleiten lassen könnte. Die Nichterwähnung hat jedoch ganz praktische Gründe: die *Hornbach-Baumarkt*-Entscheidung datiert vom 18. Mai 2018, die Kommissionsentscheidung im Fall *Apple* hingegen vom 30. August 2016. Folglich ist auch dieses Urteil daraufhin zu überprüfen, ob sie eine Einführung des Fremdvergleichsgrundsatzes in das Unionsrecht begründet. Letztlich folgt daraus jedoch auch kein anderes Ergebnis.

In der genannten Rechtssache überprüfte der Gerichtshof auf (Vorabentscheidungs-)Ersuchen des FG Rheinland-Pfalz die Vorschrift des § 1 Abs. 1 AStG auf seine Vereinbarkeit mit der Niederlassungsfreiheit. Zugrunde lag folgender Sachverhalt: Die deutsche *Hornbach-Baumarkt AG* war mittelbar zu 100% am Kapital von zwei Tochterunternehmen mit Sitz in der Niederlange beteiligt, welche Bankkredite benötigten. Deren Bereitstellung hing davon ab, ob die *Hornbach-Baumarkt AG* sich dazu bereit erklärte, Garantien und Patronatserklärungen abzugeben. Um die Insolvenz zu verhindern, verpflichtete sich die *Hornbach-Baumarkt AG* gegenüber der Bank in den geforderten Erklärungen dazu, ihre Beteiligung an den ausländischen Unternehmen nicht ohne Unterrichtung der Bank zu veräußern und diese außerdem finanziell so auszustatten, dass die Kredite zurückgezahlt werden konnten. Die Bereitstellung der Erklärungen erfolgte unentgeltlich.

Diese Unentgeltlichkeit nahm die zuständige Steuerbehörde zum Anlass, eine Einkünftekorrektur nach § 1 Abs. 1 und 4 AStG durchzuführen, da sie davon ausging, dass zwei voneinander unabhängige Unternehmen entsprechende Haftungsvergütungen für die Bereitstellung der Erklärungen vereinbart hätten. Das FG Rheinland-Pfalz stellte sich die Frage, ob der unentgeltliche Abschluss ggf. durch das Eigeninteresse der *Hornbach-Baumarkt AG* gerechtfertigt sein könnte. Im Kern ging es somit um die Verhältnismäßigkeitsprüfung im Rahmen der Rechtfertigung eines möglichen Verstoßes gegen die Niederlassungsfreiheit.

---

529 Im Ergebnis genauso: *Bartosch*, EuZW 2017, S. 760; *Verhagen*, European Taxation 2017, S. 285.

530 EuGH, Rs. C-382/16 (*Hornbach-Baumarkt*), ECLI:EU:C:2018:366.

In seinem Schlussantrag[531] führte Generalanwalt *Bobek* mit Blick auf den Überprüfungsmaßstab für das Geschäft zwischen den verbundenen Unternehmen aus:

> „[Ich] sehe [...] keinen Grund, die Anwendung des Fremdvergleichsgrundsatzes auf diese konkreten Fälle als in irgendeiner Weise übertrieben anzusehen[...].“[532]

Die Passage rechtfertigt die Schlussfolgerung, dass der Generalanwalt die Nutzung des Fremdvergleichsgrundsatzes als Überprüfungsmaßstab befürwortet. Allerdings befürwortet er nicht die unionsrechtliche Anwendung des Grundsatzes bei Verrechnungspreiskonflikten, sondern die nationale Anwendung zur Einkünftekorrektur auf Grundlage der nationalen Umsetzungsnorm des § 1 Abs. 1 AStG. Diese Befürwortung bedeutet, dass er die nationale Anwendung für verhältnismäßig hält und somit einen Verstoß gegen die Niederlassungsfreiheit ablehnt. Selbst wenn man dies anders sehen würde und dieser Passage eine Befürwortung des unionsrechtlichen Anwendung durch die Kommission entnimmt, befürwortet *Bobek* dennoch nur eine Anwendung „auf diese konkreten Fälle“, mithin für die Überprüfung von Garantien und Patronatserklärungen mit Blick auf mögliche Haftungsvergütungen, nicht jedoch für die Überprüfung von Verrechnungspreisen für Geschäftsvorfälle über Waren, Dienstleistungen oder die Nutzung von Immaterialrechtsgütern. Somit wäre selbst dann eine Anwendung mangels Vergleichbarkeit nicht möglich.

Im Ergebnis wird die Richtigkeit der hier vertretenen Interpretation der obigen Passage in der darauf folgenden Randnummer des Schlussantrags deutlich, in der *Bobek* eine grundsätzlichere Aussage zur Geltung des Fremdvergleichsgrundsatzes trifft:

> „Ganz grundlegend sind dies meines Erachtens überhaupt keine Fragen der Verhältnismäßigkeit. Entweder wird der Fremdvergleichsgrundsatz (in all seinen Facetten) anerkannt oder nicht. Es gibt nur zwei Möglichkeiten.“[533]

Der Gehalt dieser Aussage ist allerdings auf den ersten Blick nicht vollumfänglich erkennbar und bedarf deshalb der genaueren Analyse. Zunächst einmal koppelt der Generalanwalt die Anwendung des Fremdvergleichsgrundsatzes vom konkreten Fall und dem Prüfungspunkt der Verhältnismäßigkeit ab. Eine eindeutige

531 GA *Bobek*, Schlussantrag zur Rs. C-382/16 (*Hornbach-Baumarkt*), ECLI:EUC:2017:974.
532 GA *Bobek*, Schlussantrag zur Rs. C-382/16 (*Hornbach-Baumarkt*), ECLI:EUC:2017:974, Rn. 109.
533 GA *Bobek*, Schlussantrag zur Rs. C-382/16 (*Hornbach-Baumarkt*), ECLI:EUC:2017:974, Rn. 110.

Aussage darüber, ob eine Anwendung des Grundsatzes generell befürwortet oder eher abgelehnt wird, unterbleibt indes. Setzt man diese Aussage jedoch in den Kontext zur erstgenannten Passage des Schlussantrags, in der er „keinen Grund“ sah, die Anwendung des Fremdvergleichsgrundsatzes in Frage zu stellen, so wird man davon ausgehen können, dass ersteres der Fall sein wird. Mithin liegt der Schluss nahe, *Bobek* befürwortet die allgemeine Anwendung des Fremdvergleichsgrundsatzes über die konkrete Fallkonstellation hinaus.

Damit ist jedoch die Aussagekraft der Passage noch nicht erschöpft. Weitere Erkenntnisse ergeben sich bei einer teleologischen Betrachtung. Der Generalanwalt nennt beide Möglichkeiten, die Anerkennung und die Ablehnung des Grundsatzes gleichberechtigt. Das zeigt, dass auch er von einer Möglichkeit, die grundlegende Anerkennung des Fremdvergleichsgrundsatzes als integralen Teil des Unionsrechts abzulehnen, ausgeht. Obgleich er selbst die Anerkennung befürwortet, zeigt auch die Formulierung „meines Erachtens“, dass er dies keineswegs als geltende Rechtslage anerkennt. Vielmehr sieht er aufgrund der beiden Möglichkeiten überhaupt erst die Notwendigkeit, ein Plädoyer für die Anwendung des Grundsatzes über die Grenzen des konkreten Falles hinaus zu halten.

Mithin erlaubt die Analyse der zitierten Passagen den Rückschluss, dass auch Generalanwalt *Bobek* nicht von einer universalen Anerkennung des Fremdvergleichsgrundsatzes ausgeht. Konsequenterweise ist daher davon auszugehen, dass auch er die Entscheidung zu den belgischen Koordinationszentren in der vorab beschriebenen Weise interpretiert hat.

Eine eigenständige Anerkennung des Grundsatzes durch den Schlussantrag ist nicht möglich. Entscheidend wird daher sein, ob und wie sich der Gerichtshof in dem Urteil zu der Aussage positioniert hat. Folgendes wurde ausgeführt:

> „Unter diesen Umständen könnten mit der von der Hornbach-Baumarkt AG eingenommenen Stellung als Gesellschafterin der ausländischen Konzerngesellschaften zusammenhängende wirtschaftliche Gründe den Abschluss des im Ausgangsverfahren in Rede stehenden Geschäfts unter nicht fremdüblichen Bedingungen rechtfertigen.“[534]

Der *EuGH* nimmt mit dieser Aussage Bezug auf die zuerst erwähnte Passage des Schlussantrags. Im Ergebnis folgt er der Einschätzung des Generalanwalts, indem auch er davon ausgeht, dass die nationale Anwendung des Grundsatzes verhältnismäßig war und somit ein möglicher Verstoß gerechtfertigt werden kann. Darüber hinausgehende Aussagen – also ein Pendant zur allgemeineren

---

534 EuGH, Rs. C-382/16 (*Hornbach-Baumarkt*), ECLI:EU:C:2018:366, Rn. 56.

zweiten Aussage – fehlen jedoch; auf die grundsätzliche Anerkennung des Fremdvergleichsgrundsatzes wird mit keiner Silbe eingegangen.

Somit erschöpft sich die Aussagekraft des Urteils darin, dass die nationale Anwendung des Grundsatzes bei der Einkünftekorrektur durch die Steuerbehörden nicht gegen die Niederlassungsfreiheit verstößt und somit mit dem Unionsrecht im Einklang steht. Allgemeinere Aussagen über die Geltung des Fremdvergleichsgrundsatzes lassen sich nicht ziehen. Auch aus der Entscheidung in der Rechtssache *Hornbach-Baumarkt* ist daher nicht zu entnehmen, dass der Fremdvergleichsgrundsatz universaler Teil des Unionsrechts wäre.[535]

γγ) Einführung durch Art. 4 Schiedskonvention?

Zurecht wird teilweise[536] darauf hingewiesen, in Art. 4 der Schiedskonvention sei der Fremdvergleichsgrundsatz niedergelegt. Dies ist unbestreitbar. Wie jedoch aus diesem Umstand der Schluss gezogen werden kann, dass der Grundsatz integraler Teil des Unionsrechts ist und somit auch im Rahmen von Art. 107 Abs. 1 AEUV herangezogen werden kann, erschließt sich dem Verfasser nicht.[537]

Die Schiedskonvention ist schon von ihrer Rechtsnatur her kein Unionsrecht. Bereits ihrer offiziellen Bezeichnung nach ist sie lediglich ein Übereinkommen und keine Verordnung oder Richtlinie. Ein Kommissionsvorschlag aus dem Jahr 1976 zum Erlass einer verbindlichen Richtlinie[538] wurde nicht angenommen; stattdessen konnte man sich 1990 lediglich auf die Konvention einigen.

Ihr wichtigster Inhalt und Beitrag zu Vermeidung von Doppelbesteuerung liegt in den Art. 6 ff. Nach Art. 6 Schiedskonvention ist bei Streitigkeiten zunächst ein Verständigungsverfahren vorgesehen, bei dessen Scheitern ein Schiedsverfahren nach Art. 7 ff. Schiedskonvention vorgesehen ist. Der Regelungsinhalt ist jedoch nicht exklusiv: Parallel dazu steht den Staaten bei Streitigkeiten auch das Verständigungs- und Schiedsverfahren im Sinne des Art. 25 OECD-MA offen.[539] Vor diesem Hintergrund ist nicht einmal sicher, ob die Staaten überhaupt verpflichtet sind, das Verfahren nach Art. 6 ff. Schiedskonvention einzuleiten.[540]

535 A.A. wohl *Kahlenberg*, IStR 2019, S. 338.

536 *Krüger*, DStR 2019, S. 651.

537 So aber *Krüger*, DStR 2019, S. 651

538 Europäische Kommission, Vorschlag einer Richtlinie über Bestimmungen zur Vermeidung der Doppelbesteuerung für den Fall der Gewinnberichtigung zwischen verbundenen Unternehmen (Schiedsverfahren), Abl. 1976 Nr. C 301/04.

539 *Bödefeld/Krüsmann*, IStR 2018, S. 48.

540 *Kokott*, Das Steuerrecht der EU, § 7, Rn. 139.

Dazu passt auch, dass der vom Rat erlassene Verhaltenskodex[541] zur sinnvollen Durchführung der Schiedskonvention „eine politische Verpflichtung“[542], mit anderen Worten nicht rechtsverbindlich ist.

Es handelt sich daher nicht um verbindliches Unionsrecht, welches eine Einführung des Fremdvergleichsgrundsatzes ggf. rechtfertigen könnte. Dies zeigt sich darüber hinaus auch daran, dass die Schiedskonvention keine Zuständigkeit des *EuGH* begründet.[543] Die Mitgliedstaaten müssen sie nach auf Grundlage von Art. 273 AEUV ausdrücklich begründen.[544] Das gelingt zwar, weil der von Art. 273 AEUV vorausgesetzte Zusammenhang zum Gegenstand der Verträge bei Streitigkeiten besteht.[545] Gleichzeitig zeigt die Notwendigkeit, den *EuGH* für zuständig zu erklären, doch eindeutig auf, dass es sich bei dem Klagegegenstand eben nicht um Unionsrecht handelt, für das der Gerichtshof eine Allzuständigkeit nach Art. 344 AEUV besitzt. Vielemehr handelt es sich um Völkervertragsrecht im Sinne von Art. 38 Abs. 1 lit. a IGH-Statut.

Das sieht auch Generalanwalt *Mengozzi* so. In seinem Schlussantrag zur Rechtssache *Österreich/Deutschland*[546] beschäftigt er sich ausdrücklich mit der Frage der Zuständigkeit des *EuGH* und führt dazu aus:

> „Daraus folgt, dass nach Art. 273 AEUV die Zuständigkeit des Gerichtshofs aufgrund eines Schiedsvertrags auf Streitigkeiten ausgeweitet werden kann, die nicht das Unionsrecht betreffen – und damit nicht von seiner ausschließlichen Zuständigkeit nach Art. 344 AEUV erfasst sind –, sondern internationales Recht, sofern das betreffende Gebiet des internationalen Rechts mit dem Gegenstand der Verträge in Zusammenhang steht.“[547]

---

541 Überarbeiteter Verhaltenskodex zur wirksamen Durchführung des Übereinkommens über die Beseitigung der Doppelbesteuerung im Falle von Gewinnberichtigungen zwischen verbundenen Unternehmen vom 31. Dezember 2009, 2009/C 322/01.

542 Überarbeiteter Verhaltenskodex zur wirksamen Durchführung des Übereinkommens über die Beseitigung der Doppelbesteuerung im Falle von Gewinnberichtigungen zwischen verbundenen Unternehmen vom 31. Dezember 2009, 2009/C 322/01, S. 1 – Präambel.

543 *Strotkemper*, IStR 2019, S. 240.

544 *Kokott*, Das Steuerrecht der EU, § 7, Rn. 140.

545 GA *Mengozzi*, Schlussantrag zur Rs. C-648/15 (*Österreich/Deutschland*), ECLI:EU:C:2017:311, Rn. 47; EuGH, Rs. C-648/15 (*Österreich/Deutschland*), ECLI:EU:C:2017:664, Rn. 26.

546 EuGH, Rs. C-648/15 (*Österreich/Deutschland*), ECLI:EU:C:2017:664.

547 GA *Mengozzi*, Schlussantrag zur Rs. C-648/15 (*Österreich/Deutschland*), ECLI:EU:C:2017:311, Rn. 42.

Er stellt somit ausdrücklich klar, dass Gegenstand der von Art. 273 AEUV erfassten Fälle kein Unionsrecht ist – sonst wäre denklogisch auch kein Zusammenhang zum Gegenstand der Verträge notwendig – sondern internationales (Völker)-Recht.

Es bleibt somit festzuhalten, dass die Schiedskonvention kein Unionsrecht, sondern Völkervertragsrecht ist, schließlich kann in ihrem Bereich eine gerichtliche Klärung nur auf Grundlage von Art. 273 AEUV angestrengt werden. Die Annahme, dass – im Übrigen strenggenommen ausgelaufenes[548] – Völkervertragsrecht eine unionsrechtliche Verankerung des Fremdvergleichsgrundsatzes begründet könnte, ist abwegig und daher abzulehnen.

δδ) Zwischenergebnis

Der Fremdvergleichsgrundsatz ist nicht wie von der Kommission und Teilen der Literatur angenommen[549] ein integraler Teil des Unionsrechts[550], über dessen Einhaltung sie qua Einsetzung in den EU-Verträgen wacht.

β) Der Fremdvergleichsgrundsatz als Teil des nationalen Rechts

Entscheidend muss daher für seine Anwendung sein, ob das nationale Recht des jeweiligen Mitgliedstaates den Fremdvergleichsgrundsatz enthält.

αα) Der Fremdvergleichsgrundsatz als Völkergewohnheitsrecht und allgemeiner völkerrechtlicher Rechtsgrundsatz

In Betracht käme zunächst eine innerstaatliche Geltung des Fremdvergleichsgrundsatzes durch seine Stellung als Völkergewohnheitsrecht oder allgemeiner völkerrechtlicher Rechtsgrundsatz. Viele nationale Rechtsordnungen beinhalten eigene Vorschriften, welche diese Völkerrechtsnormen in nationales Recht

548 Vgl. Art. 20 Schiedskonvention, nach welchem die Konvention nur eine Gültigkeit für 5 Jahre besitzt. Die Möglichkeit einer offiziellen Verlängerung wurde bis heute nicht wahrgenommen. Gleichwohl deutet z.B. der 2009 vom Rat beschlossene Verhaltenskodex darauf hin, dass von einer Fortgeltung ausgegangen werden kann. *Kokott*, Das Steuerrecht der EU, § 7, Rn. 137 führt dazu aus: *„Ihre Geltungsdauer war ursprünglich auf fünf Jahre begrenzt (Art. 20 Konvention), sie gilt aber mittlerweile implizit weiter"*.

549 So *Kahlenberg*, IStR 2019, S. 338; *Krüger*, DStR 2019, S. 651; in die Richtung wohl auch *Greil/Wargowske*, IStR 2018, S. 534 ff.; nicht eindeutig *Strotkemper*, IStR 2019, S. 235 ff.

550 Wie hier wohl *Mason*, Tax Notes 2017, S. 748; *Lovdahl Gormsen*, Journal of European Competition Law & Practice 2016, S. 381; *Richard*, HBTJ 2018, S. 27; kritisch auch *Schnitger*, IStR 2017, S. 429; *Bartosch*, EuZW 2017, S. 459 f.

inkorporieren. In Deutschland beispielsweise bestimmt Art. 25 GG, dass „die allgemeinen Regeln“ Bestandteil des Bundesrechts sind, den Gesetzen vorgehen und unmittelbare Rechte und Pflichten in der Bundesrepublik erzeugen. Der Begriff „allgemeine Regeln“ im Sinne des Art. 25 GG ist keine völkerrechtliche, sondern eine deutsche, staatsrechtliche Wortschöpfung.[551] Sollte der Grundsatz eine allgemeine Regel darstellen, so hätte dies (für die Kommission) den Vorteil, dass von einem einheitlichen Verständnis des Grundsatzes ausgegangen werden könnte. Mithin würde der Aufwand entfallen, das jeweilige nationale Verständnis des Grundsatzes zu untersuchen.

Es ist anerkannt, dass unter den Begriff der allgemeinen Regel universell geltendes Völkergewohnheitsrecht im Sinne des Art. 38 Abs. 1 lit. b IGH-Statut und die allgemeinen Rechtsgrundsätze des Völkerrechts im Sinne des Art. 38 Abs. 1 lit. c IGH-Statut fallen.[552]

Fraglich ist daher, ob der Fremdvergleichsgrundsatz Völkergewohnheitsrecht oder ein allgemeiner völkerrechtlicher Rechtsgrundsatz ist. Er ist das Produkt einer Entwicklung der OECD und ihrer Mitgliedstaaten. Seine rechtliche Grundlage findet sich in Art. 9 Abs. 1 OECD–MA; weitere Erläuterungen enthalten die OECD-Verrechnungspreisrichtlinien. Die nationalen Steuerrechtsordnungen der OECD- und EU-Mitgliedstaaten sowie einige weitere Drittstaaten haben den Grundsatz adaptiert, beispielsweise Deutschland in § 1 Abs. 1 Satz 1 AStG oder die USA in Title 26 CFR § 1.482. Zusätzlich wird auch in offiziellen *EuGH*-Dokumenten auf den Grundsatz Bezug genommen. So führte Generalanwalt *Geelhoed* in seinem Schlussantrag zur Rechtssache *Test Claimants in the Thin Cap Group Litigation*[553] aus:

> „Meines Erachtens ist der Fremdvergleichsgrundsatz (arms length principle), [Hervorhebung des Verfassers] **der vom internationalen Steuerrecht als angemessenes Mittel anerkannt wird** um die Manipulationen grenzüberschreitender Geschäftsvorgänge zu verhindern, grundsätzlich der richtige Ausgangspunkt für die Prüfung, ob ein Geschäftsvorgang missbräuchlich ist.“[554]

---

551 *Herdegen* in: Maunz/Dürig GG, Art. 25 GG, Rn. 35.

552 BVerfGE 23, 288 (317); *Herdegen* in: Maunz/Dürig GG, Art. 25 GG, Rn. 35; sehr ausführlich zur Bindungswirkung des Völkerrechts für den nationalen Gesetzgeber, *Payandeh*, Grenzen der Völkerrechtsfreundlichkeit, NJW 2016, S. 1279 ff.

553 EuGH, Rs. C-524/04 (*Test Claimants in the Thin Cap Group Litigation*), ECLI:EU:C:2007:161.

554 GA *Geelhoed*, Schlussantrag zur Rs. C-524/04 (*Test Claimants in the Thin Cap Group Litigation*), ECLI:EU:C:2006:436, Rn. 66.

Auch Generalanwältin *Kokott* nutzte in ihrem Schlussantrag zur Rechtssache *SGI*[555] den Fremdvergleichsgrundsatz:

> „Am Maßstab des Fremdvergleichsgrundsatzes ist zu entscheiden, ob normale oder unter wirtschaftlichen Gesichtspunkten nicht nachvollziehbare Bedingungen vereinbart worden sind."[556]

Ferner wird er von der UN genutzt[557] und auch in der steuerrechtlichen Literatur[558] wird ihm eine große Bedeutung zugemessen. In Anbetracht dessen ist es angemessen, den Fremdvergleichsgrundsatz als einen anerkannten internationalen Standard des Steuerrechts zu bezeichnen.[559] Daraus folgt allerdings nicht automatisch, dass es sich um Völkergewohnheitsrecht oder einen allgemeinen Rechtsgrundsatz des Völkerrechts handelt.

Völkergewohnheitsrecht setzt eine gefestigte und universal verbreitete Praxis voraus, getragen von einer entsprechenden *opinio iuris*.[560] Der Fremdvergleichsgrundsatz scheitert schon an der ersten Voraussetzung. Ab welcher Zeitspanne von einer gefestigten Praxis ausgegangen werden kann, ist nicht pauschal zu beantworten, sondern abhängig von den Umständen des Einzelfalls; notwendig ist eine Praxis über einen längeren Zeitraum.[561] Es gilt, eine gefestigte Praxis nicht vorschnell zu bejahen.[562] Daher wird ein Zeitraum von wenigen Jahren wohl in der Regel nicht ausreichen; stattdessen ist eine Entstehung über Jahrzehnte oder sogar Jahrhunderte erforderlich.[563]

---

555 EuGH, Rs. C-311/08 (*SGI*), ECLI:EU:C:2010:26.

556 GA *Kokott*, Schlussantrag zur Rs. C-311/08 (*SGI*), ECLI:EU:C:2009:545, Rn. 62.

557 Vgl. dazu *Borstell* in: Vögele/Borstell/Engler, Verrechnungspreise, 2. Teil, Kapital C, I, 1a.

558 Vgl. nur *G. Kirchhof*, Die Allgemeinheit des Gesetzes, S. 564; *Iliopoulos*, EStAL 2017, S. 264; *Mason*, Tax Notes 2018, S. 772 ff.; *dies.*, Tax Notes 2017, S. 948; *Kahlenberg*, IStR 2019, S. 338; *Krüger*, DStR 2019, S. 651; *Greil/Wargowske*, IStR 2018, S. 534 ff.

559 I.E. auch der Rückschluss bei *Greil/Fehling*, IStR 2017, S. 762: *„Im Ergebnis käme es zu einer Aufgabe des Fremdvergleichsgrundsatzes als alleinigem Maßstab für die Gewinnzuordnung zwischen verbundenen Einheiten – und dafür gab und gibt es derzeit international keinen Konsens."*

560 ICJ, Continental Shelf Case, ICJ-Reports 1985, S. 29 f.

561 *Heintschel von Heinegg* in: BeckOK GG, Art. 25 GG, Rn. 6.

562 *Ipsen*, Völkerrecht, § 17, Rn. 9.

563 *Scharf*, Accelerated Formation of Customary International Law, ILSA Journal of International & Comparative Law 2014, S. 305.

Der Fremdvergleichsgrundsatz findet jedoch erst seit kurzer Zeit Anwendung. In Italien beispielweise gilt er erst seit 2010[564], gleiches gilt für Irland[565]. Im Ergebnis wird man damit nicht davon ausgehen können, dass eine gefestigte Praxis hinsichtlich der Anwendung des Grundsatzes durch die Staaten besteht. Vielmehr ist seine Einführung und Anwendung eine neuere Entwicklung des Steuerrechts. Die Annahme einer spontanen Entstehung von Völkergewohnheitsrecht unabhängig von einer zeitlich gefestigten Praxis (engl. *instant customary law*) ist nach hier vertretener Ansicht abzulehnen.[566]

Neben dem Fehlen einer gefestigten Praxis scheitert die Einordnung als Völkergewohnheitsrecht zudem an einer universalen Verbreitung des Fremdvergleichsgrundsatzes. Eine vollständige Liste aller Staaten, die den Grundsatz anwenden, ist nicht öffentlich verfügbar. Die OECD hat auf ihrer Homepage jedoch eine Liste mit Selbstauskünften der Staaten veröffentlicht, ob und wie sie den Grundsatz in nationalem Recht verankert haben. Ausgehend von den Selbstauskünften und der Umsetzung durch alle EU-Mitgliedstaaten[567] ergeben

---

564 Homepage von PWC, Verrechnungspreisbericht Italiens, abrufbar unter: https://www.pwc.com/gx/en/international-transfer-pricing/assets/italy.pdf (zuletzt abgerufen am 11. Juli 2019).

565 Homepage von PWC, Verrechnungspreisbericht Irlands abrufbar unter: https://www.pwc.com/gx/en/international-transfer-pricing/assets/ireland.pdf (zuletzt abgerufen am 11. Juli 2019).

566 Teilweise wird in der völkerrechtlichen Literatur die Auffassung vertreten, Völkergewohnheitsrecht könnte auch unabhängig von gefestigter Praxis und damit „spontan" entstehen. Vgl. in diesem Sinne z.B. für das Weltraumrecht *Cheng*, Studies in International Space Law, S. 125.
Überzeugend ist diese Annahme aber nicht. Sie beruht im Grundsatz auf einem eingliedrigen Verständnis von Völkergewohnheitsrecht. Statt das Entstehen von Gewohnheitsrecht an eine entsprechende Staatenpraxis und *opinio iuris* zu knüpfen, wird vertreten, das Gewohnheitsrecht könne auch allein bei einer entsprechenden *opinio iuris* angenommen werden. Dieses Verständnis wiederspricht jedoch dem Gedanken von Gewohnheitsrecht. Eine „Gewohnheit" setzt bereits dem Wortsinn nach eine regelmäßige Anwendung voraus. Zudem ist die Staatenpraxis das einzige „reale" Element von Gewohnheitsrecht, wohingegen die *opinio iuris* eine geistige Haltung ausdrückt, die erheblich schwieriger festzustellen ist. Das Konzept von spontanem Völkergewohnheitsrecht ist i.E. mithin abzulehnen. Vgl. auch *Mejia-Lemos*, IJIL 2015, S. 85 ff.

567 Informationen über die nationalen Umsetzungen des Fremdvergleichsgrundsatzes in der EU sind verfügbar unter: https://ec.europa.eu/taxation_customs/business/company-tax/transfer-pricing-eu-context/joint-transfer-pricing-forum_de (zuletzt abgerufen am 11. Juli 2019).

sich so weltweit 54 Staaten, die den Fremdvergleichsgrundsatz in nationales Recht umgesetzt haben.[568] Gemessen an der Gesamtheit aller Staaten (die UN erkennt 194 Staaten an), rechtfertigt diese Zahl nicht die Annahme einer universalen Verbreitung.[569] Hierfür ist erforderlich, dass die weit überwiegende Zahl aller Staaten entsprechend handelt.

Es fehlt somit an einer gefestigten Praxis und zudem an einer universalen Verbreitung. Aufgrund des Fehlens beider Voraussetzungen erübrigen sich Ausführungen zum Status als regionales Völkergewohnheitsrecht[570], da sich bei diesem lediglich die Anforderungen an die universale Verbreitung zugunsten einer regionalen Verbreitung ändern, nicht jedoch diejenigen hinsichtlich der gefestigten Praxis. Folglich ist der Fremdvergleichsgrundsatz kein Völkergewohnheitsrecht im Sinne des Art. 38 Abs. 1 lit. b IGH-Statut.

In Betracht käme daher noch eine Einordnung als allgemeiner völkerrechtlicher Rechtsgrundsatz. Das sind die im Wege der Rechtsvergleichung in einer Gesamtschau identifizierten Normen, die sich auf die Rechtsbeziehungen in der Völkerrechtsgemeinschaft übertragen lassen.[571] Es handelt es sich dabei um die grundlegenden Prinzipien des Rechts, die in dem weit überwiegenden Teil der Rechtsordnungen der Welt verankert sind.

Wie dargelegt, scheitert die Einordnung des Fremdvergleichsgrundsatzes als allgemeiner Rechtsgrundsatz bereits an der fehlenden Verbreitung. Zusätzlich kann er trotz aller Bedeutung im Steuerrecht nicht verglichen werden mit elementaren Rechtsprinzipien wie dem Prinzip von Treu und Glauben[572], dem Vertrauensschutz[573], der *lex specialis*-Regel[574] oder der Verwirkung[575]. Somit ist der

568 Die Selbstauskünfte mit Stand 18. Juni 2019 sind abrufbar unter: http://www.oecd.org/ctp/transfer-pricing/transfer-pricing-country-profiles.htm (zuletzt abgerufen am 11. Juli 2019).

569 Wie die übrigen 140 Staaten verfahren, ist unklar. Schaut man jedoch auf die 52 Staaten, die den Grundsatz im nationalen Recht verankert haben, so wird deutlich, dass dies die wirtschaftlich führenden Nationen der Welt sind, zwischen denen ein Großteil des weltweiten Handels abgewickelt wird. Eine Ausnahme dabei ist Brasilien, welches den Grundsatz nicht anerkennt.

570 Vgl. dazu z.B. *Buss*, Chinese Journal of International Law 2010, S. 111 ff.

571 *Herdegen* in: Maunz/Dürig GG, Art. 25 GG, Rn. 42.

572 ICJ, Case concerning the land and maritime boundary between Cameroon and Nigeria, ICJ-Reports 1985, S. 296.

573 *Herdegen* in: Maunz/Dürig GG, Art. 25 GG, Rn. 42.

574 *Boas*, Public International Law, S. 107.

575 *Stein/von Buttlar/Kotzur*, Völkerrecht, S. 52.

Fremdvergleichsgrundsatz auch kein allgemeiner Rechtsgrundsatz des Völkerrechts im Sinne des Art. 38 Abs. 1 lit. c IGH-Statut.

Folglich wird der Fremdvergleichsgrundsatz nicht durch seine völkerrechtliche Stellung als Gewohnheitsrecht oder allgemeiner Rechtsgrundsatz Teil des innerstaatlichen Rechts.

ββ) Der Fremdvergleichsgrundsatz als Teil eines völkerrechtlichen Vertrags

Zuletzt könnte der Fremdvergleichsgrundsatz Teil eines völkerrechtlichen Vertrags sein, dessen innerstaatliche Gültigkeit davon abhängt, oder das jeweilige Rechtssystem eher monistisch oder dualistisch ausgestaltet ist. Nähere Ausführungen dazu sind entbehrlich, schließlich findet sich seine völkerrechtliche Grundlage in Art. 9 Abs. 1 OECD–MA, welches mangels Ratifizierung durch die Staaten kein Vertrag, sondern allein Orientierungsgrundlage für DBA ist.[576]

γ) Zwischenergebnis

Die Vorgehensweise bei gesetzlichen Beihilfen erfordert bei APAs für das Kriterium der Abweichung eine deutliche Modifikation. Sofern es um die Überprüfung von APAs geht, ist deren Überprüfung anhand des Fremdvergleichsgrundsatzes eine sinnvolle Vorgehensweise.[577] Allerdings ist der Annahme der Kommission, Art. 107 Abs. 1 AEUV enthalte einen Fremdvergleichsgrundsatz *sui generis*, der universal angewendet werden könne, entgegenzutreten. Der Rechtsprechung des *EuGH* und der Verankerung in Art. 4 Schiedskonvention ist diese Schlussfolgerung nicht zu entnehmen. Stattdessen muss entscheidend sein, dass der APAs ausstellende Staat den Grundsatz eigenständig in nationales Recht transformiert hat und wie das jeweilige nationale Verständnis des Staates aussieht.

Dass es nationale Unterschiede in der Umsetzung gibt, zeigt sich am Beispiel von Irland. In Irland wurde der Fremdvergleichsgrundsatz in Part 35A TCA umgesetzt. Dessen 4. Teil Section 835D mit dem Titel „Principles for construing rules in accordance with OECD Guidelines" verdeutlicht dies indem er ausführt:

> „The transfer-pricing rule in Section 835C is to be construed in such a way as to ensure, [Hervorhebung des Verfassers] **as far as possible,** consistency with the OECD Guidelines."[578]

576 Vgl. zur Einordnung des OECD–MA auch Abschnitt B, III, 2, a.

577 A.A. wohl *Richard,* HBTJ 2018, S. 41 ff.

578 Part 35A TCA, 835D (2).

Am Beispiel der Niederlande wird dies sogar noch deutlicher. Am 11. Mai 2018 hat der niederländische Finanzminister als Oberaufseher über alle nationalen Steuerbehörden ein neues „Transfer Pricing Decree“ erlassen, in dem er die niederländische Interpretation des Fremdvergleichsgrundsatzes darlegt.[579] Unter Punkt 1.4 führt er darin aus:

> „In vielen Punkten lassen die OECD-Leitlinien Raum für eine eigene Interpretation. In einer Reihe weiterer Punkte fordert die Praxis eine Klärung der OECD-Leitlinien. Dieses Papier gibt Aufschluss über die [Hervorhebung des Verfassers] **niederländischen Positionen zu diesen Punkten** […].“[580]

Die Kommission muss dieses nationale Verständnis untersuchen, um auf dieser Basis eine Abweichung zu begründen. Es besteht zwar ein internationaler Konsens zur Nutzung der oben erwähnten[581] fünf Verrechnungspreismethoden sowie der Definition der Methoden. Das schließt jedoch nicht aus, dass es nationale Verrechnungspreisrichtlinien gibt, die besondere Anwendungsvoraussetzungen vorsehen, den Methoden eigene Anwendungsfelder zuweisen und andere ausschließen oder sogar weitere Verrechnungspreismethoden verwenden, die von der OECD nicht anerkannt sind.[582]

Sollte ein Staat der EU beitreten, der den Grundsatz noch nicht in nationales Recht überführt hat oder der unwahrscheinliche Fall eintreten, dass ein heutiger Mitgliedstaat die nationale Umsetzungsnorm außer Kraft setzt, hat eine Anwendung vollständig zu unterbleiben. Indem die Kommission jedoch darauf verzichtet hat und allen Mitgliedstaaten ein einheitliches Verständnis des Fremdvergleichsgrundsatzes aufzwingen will, verletzt sie die nationale Steuersouveränität und überschreitet die ihr nach dem Prinzip der begrenzten Einzelermächtigung zustehenden Kompetenzen.

(bb) Abgrenzbarkeit

Auch an dieser Stelle ist die zu gesetzlichen Beihilfen entwickelte Vorgehensweise zu modifizieren. Wie dargestellt, bestehen bei der Überprüfung der gesetzlichen

---

579 Decree of the Netherland's Secretary of Finance vom 11. Mai 2018, Nr. 2018-6865, in Landessprache abrufbar unter: https://zoek.officielebekendmakingen.nl/stcrt-2018-26874.html (zuletzt abgerufen am 11. Juli 2019).

580 Freie Übersetzung des Verfassers.

581 Vgl. Abschnitt B, III, 2, c, bb.

582 *Vögele/Raab* in: Vögele/Borstell/Engler, Verrechnungspreise, 2. Teil, Kapitel D, Rn. 8, unter anderem mit Verweis auf die Verrechnungspreisrichtlinien von Brasilien und den USA.

Beihilfen regelmäßig Probleme, weil eine Gruppe von begünstigten Unternehmen *de iure* oder *de facto* von einer anderen vergleichbaren Gruppe abgrenzbar sein muss.

Bei APAs besteht dieses Problem nicht. Anders als bei gesetzlichen Beihilfen besteht kein abstrakter Steuertatbestand, sondern ein konkret-individueller Administrativakt. Die APAs richten sich nicht an eine Gruppe, sondern an ein einziges Unternehmen. Daher stellt sich die Frage der Abgrenzbarkeit einer Gruppe nicht. Es sind keine Fälle denkbar, in denen diesem Prüfungsschritt eine eigenständige Bedeutung bei der Überprüfung von APAs zukommt. Folglich ist für die Überprüfung von APAs das Tatbestandsmerkmal der Selektivität um diesen Punkt teleologisch zu reduzieren, sodass bei der Feststellung einer Abweichung vom Referenzrahmen eine Prüfung der Abgrenzbarkeit entfällt.

(cc) Vergleichbarkeit

Zuletzt stellt sich die Frage, wie die Vorgehensweise bei der Vergleichbarkeit auf APAs zu übertragen ist. Anders als bei den vorangegangenen Prüfungspunkten ergeben sich hier keine Besonderheiten. Für die Frage, ob sich andere Unternehmen, die nicht von der Beihilfe profitiert haben, in einer rechtlich oder tatsächlich vergleichbaren Situation befinden, ist es irrelevant, ob die Vergleichbarkeit mit einer Gruppe von Unternehmen (gesetzliche Beihilfe) oder mit einem einzelnen Unternehmen (APAs) zu überprüfen ist.

Im Fall *Apple* ist dieser Punkt umstritten. *Apple*[583] und Irland[584] wehren sich beide gegen eine Vergleichbarkeit *Apples* mit nationalen Einzelunternehmen (engl: „*stand-alone companies*“). Die Kommission führt zur Vergleichbarkeit aus:

---

583 Apples Anmerkungen hinsichtlich der der Eröffnung eines förmlichen Prüfverfahrens vom 17. November 2014, Rn. 130, 210.
Anmerkung: Die einzelnen Dokumente des Briefwechsels zwischen Kommission einerseits und Apple bzw. Irland andererseits sind bisher (Stand September 2019) nicht veröffentlich worden. Letzteren wurde nach Bekanntgabe der Eröffnung des Prüfverfahrens noch die Möglichkeit gegeben, Kommentare dazu abzugeben und sich dabei auch auf die Mitteilung der jeweils anderen Partei zu beziehen. Das wurde ausführlich in der Entscheidung vom 30. August 2016 zusammengefasst, vgl. Rn. 7 ff. In einem Telefongespräch mit der zuständigen Generaldirektion wurde dem Verfasser die Korrektheit der gemachten Angaben bestätigt, sodass er sich bei der Fußnotensetzung auf die Korrektheit der Kommissionsentscheidung verlässt.

584 Irischer Antwortbrief an die Kommission vom 04. Mai 2015, S. 3.
Auf dieses Dokument trifft das oben Ausgeführte ebenfalls zu.

> „Aus Sicht der vorstehend genannten Bestimmungen [diejenigen, die das irische Körperschaftssystem abbilden[585]] wird davon ausgegangen, dass alle Unternehmen, die Einnahmen haben, sich in einer ähnlichen tatsächlichen und rechtlichen Situation befinden, da das Ziel dieses Steuersystems die Besteuerung von Gewinnen ist, die in Irland zu versteuern sind. Folglich sind alle in Irland steuerpflichtigen Unternehmen, ob gebietsansässig oder gebietsfremd, in einer vergleichbaren tatsächlichen und rechtlichen Situation im Hinblick auf das allgemeine Körperschaftsteuersystem in Irland."[586]

Nach Ansicht der Kommission sind multinationale verbundene Unternehmen wie *Apple* mit nationalen Einzelunternehmen vergleichbar, da Sinn und Zweck der Unternehmensbesteuerung sei, Gewinne in Irland zu besteuern.

α) Vergleichbarkeit von multinationalen verbundenen Unternehmen und nationalen Einzelunternehmen

Die von der Kommission angenommene Vergleichbarkeit soll einer Überprüfung unterzogen werden. Dafür muss jedoch zunächst geklärt werden, im Hinblick worauf eine Vergleichbarkeit zu untersuchen ist.

Wie voranstehend erwähnt, sind die Entscheidungen des Gerichtshofs dahingehend nicht eindeutig, ob eher das Ziel oder Wirkung für die Vergleichbarkeit entscheidend sein sollen. Die jüngere Rechtsprechung[587] deutet überzeugenderweise eher auf das Ziel hin. Fraglich ist allerdings welches Ziel. In Betracht kommen das Ziel des Referenzrahmens selbst[588] – in diesem Fall das irische Körperschaftssteuersystem – und das Ziel der konkreten Maßnahme, also der APAs.

---

585 Genannt werden Section 21 Abs. 1 TCA dafür, dass irische Unternehmen der irischen Körperschaftssteuer unterfallen und die Höhe der Steuersätze, Section 26 TCA dafür, dass in Irland ansässige Unternehmen mit ihren weltweiten Gewinnen und Kapitalerträgen der Körperschaftssteuer unterfallen; Section 25 TCA für den Umfang der Besteuerung bei gebietsfremden Unternehmen.

586 Europäische Kommission, Beschluss (EU) 2017/1283 vom 30. August 2016 über die staatliche Beihilfe SA.38373 (2014/C) (ex 2014/NN) (ex 2014/CP) Irlands zugunsten von Apple (Bekannt gegeben unter Aktenzeichen C(2016) 5605), Rn. 228.

587 EuGH, Rs. C-374/17 (*A-Brauerei*), ECLI:EU:C:2018:1024, Rn. 36, 39 ff.; EuGH, verbundene Rs. C-20/15 P und C-21/15 P (*World Duty Free Group*), ECLI:EU:C:2016:981, Rn. 57.

588 In diese Richtung wohl EuGH, Rs. C-78/08 bis C-80/08 (*Paint Graphos*), ECLI:EU:C:2011:550, Rn. 49; mit gleich Interpretation des genannten Urteil *Ismer/Piotrowski*, 2015, S. 263.

Der erste Ansatz ist deutlich weiter[589] und wird von der Kommission in ihrer Entscheidung verwendet. Der Referenzrahmen wird gebildet aus den Regelungen des Körperschaftssteuerrechts, folglich wäre dessen Ziel maßgeblich. Das Körperschaftsteuerrecht zielt - wie von der Kommission richtig festgestellt - darauf ab, Unternehmen auf Basis ihrer Gewinne zu besteuern, die diese durch Handelsaktivitäten im nationalen Markt erwirtschaftet haben. Es unterscheidet nicht zwischen unterschiedlichen Unternehmensgrößen oder ihrer Zugehörigkeit zu einem Unternehmensverband. Dies sei am Beispiel von Irland verdeutlicht: Section 21 Abs. 1 lit. f i.V.m. Section 18 Abs. 2 lit. a TCA legt einen Körperschaftssteuersatz von 12,5 % fest, welcher unabhängig davon gilt, ob es sich um kleine, mittlere, große oder multinationale verbundene Unternehmen handelt. In Anbetracht des genannten und von der Kommission auch richtig identifizierten Ziels wäre ihr zuzustimmen; es könnte von einer vergleichbaren Lage ausgegangen werden.

Überzeugend ist das jedoch nicht. Würde man das Ziel des Referenzrahmens als das entscheidende sehen, so wäre eine Vergleichbarkeit und damit regelmäßig auch eine Selektivität in einem Großteil der Fälle anzunehmen.[590] Da es sich hierbei jedoch um das Tatbestandsmerkmal handelt, an dem sich die Beihilfenprüfung häufig entscheidet, sollte es gerade auch mit Blick auf die mitgliedstaatliche Steuersouveränität restriktiver verstanden werden. Sinnvoller ist es daher auf das Ziel der konkreten Maßnahme abzustellen[591]; in diesem Sinne sind wohl auch die jüngeren Entscheidungen[592] des *EuGH* zu verstehen. Folglich kommt es vorliegend auf den Sinn des Rechtsinstruments eines APAs an.

Der liegt darin, den Unternehmen Rechtssicherheit im Hinblick auf ihre zukünftige Steuerlast zu geben, indem vorab eine verbindliche steuerliche Beurteilung von in Aussicht genommenen Geschäftsvorfällen gegeben wird. Verbundene Unternehmen haben bei Geschäftsvorfällen wie aufgezeigt erhebliche Unsicherheiten mit Blick auf die korrekte Bestimmung der zwischen ihnen vereinbarten Verrechnungspreise. Einzelunternehmen hingegen haben diese Unsicherheit nicht; sie müssen keine Verrechnungspreise bestimmen, da ihre

589 *Micheau*, European Law Review 2015, S. 335 f.; *Evers*, Intellectual Property (IP) Box Regimes : Tax Planning, Effective Tax Burdens, and Tax Policy Options, S. 173.

590 *Thiede*, IStR 2016, S. 287.

591 *Evers*, Intellectual Property (IP) Box Regimes : Tax Planning, Effective Tax Burdens, and Tax Policy Options, S. 174; *Valta*, StuW 2015, S. 264; *Thiede*, IStR 2016, S. 287.

592 EuGH, Rs. C-374/17 (*A-Brauerei*), ECLI:EU:C:2018:1024, Rn. 39 ff.; EuGH, Rs. C-5/14 (*Kernkraftwerke Lippe-Ems*), ECLI:EU:C:2015:354, Rn. 74 ff.

Geschäfte den normalen Marktbedingungen unterworfen sind. Insofern müssen sie auch keine spätere Beanstandung durch die nationalen Steuerbehörden befürchten.

Für Einzelunternehmen besteht daher keine Notwendigkeit (tatsächliche Vergleichbarkeit) und naturgemäß auch keine Möglichkeit (rechtliche Vergleichbarkeit) der Beantragung eines APAs. Mithin besteht zwischen multinationalen verbundenen Unternehmen und nationalen Einzelunternehmen, anders als von der Kommission angenommen, keine Vergleichbarkeit.

β) Zwischenergebnis

Beim Prüfungspunkt der Vergleichbarkeit ergeben sich gegenüber der Vorgehensweise bei gesetzlichen Beihilfen keine Besonderheiten. Das Vorgehen der Kommission in ihren Entscheidungen zu APAs ist jedoch rechtswidrig, da sie fälschlicherweise von einer Vergleichbarkeit von verbundenen Unternehmen und Einzelunternehmen ausgeht. Rechtmäßig wäre es, eine Vergleichbarkeit mit anderen verbundenen Unternehmen zu untersuchen.

(c) Rechtfertigung

Bei der Rechtfertigung ergeben sich keine Besonderheiten gegenüber steuerlichen Beihilfen auf Gesetzesebene. Die Vorgehensweise lässt sich auf APAs übertragen. Bisher hat die Frage der Rechtfertigung bei der Überprüfung von APAs jedoch keine Rolle gespielt. Weder Irland noch *Apple* haben Vorträge zu einer möglichen Rechtfertigung gemacht.[593]

d. Ergebnis zum Tatbestandsmerkmal der Selektivität bei steuerlichen Beihilfen durch APAs

Beim Tatbestandsmerkmal der Selektivität ergeben sich gegenüber steuerlichen Beihilfen auf Gesetzesebene einige Besonderheiten. Bei der Referenzrahmenfestsetzung ist die Verwaltungs- und Gerichtspraxis einzubeziehen. Dabei handelt es sich – auch wenn bei gesetzlichen Beihilfen regelmäßig der Referenzrahmen allein aus gesetzlichen Regeln gebildet wird – um keine Modifikation, sondern um eine konsequente Anwendung bereits bestehender Regeln. Bei der Prüfung, ob eine Abweichung vom Referenzrahmen vorliegt, bekommt

593 Europäische Kommission, Beschluss (EU) 2017/1283 vom 30. August 2016 über die staatliche Beihilfe SA.38373 (2014/C) (ex 2014/NN) (ex 2014/CP) Irlands zugunsten von Apple (Bekannt gegeben unter Aktenzeichen C(2016) 5605), Rn. 405.

der Prüfungspunkt der Abweichung außerhalb des Regel-Ausnahme-Tests eine eigenständige, wichtige Bedeutung. An dieser Stelle ist zunächst das nationale Verständnis des Fremdvergleichsgrundsatzes zu untersuchen und anhand dessen die Abweichung zu begründen. Der Prüfungspunkt der Abgrenzbarkeit ist teleologisch zu reduzieren, er hat keinen eigenständigen Anwendungsbereich. Bei der Vergleichbarkeit und bei der Rechtfertigung ergeben sich gegenüber gesetzlichen Beihilfen keine Besonderheiten, diesbezüglich ist die Vorgehensweise mithin Eins zu eins übertragbar.

3. Auswirkungen der Maßnahmen auf Handel und Wettbewerb

Aus staatlichen Mitteln resultierende selektive Vorteile sind nach dem Wortlaut des Art. 107 Abs. 1 AEUV nur dann als staatliche Beihilfe einzustufen, sofern sie „durch die Begünstigung bestimmter Unternehmen oder Produktionszweige den Wettbewerb verfälschen oder zu verfälschen drohen" und „soweit sie den Handel zwischen Mitgliedstaaten beeinträchtigen". Dabei handelt es sich um zwei voneinander getrennte Tatbestandsmerkmale, die kumulativ erfüllt sein müssen.[594] In der Praxis hingegen werden beide Tatbestandsmerkmal häufig nicht getrennt geprüft.[595] Teilweise werden sie als untrennbar miteinander verbunden angesehen (und dann unter dem Begriff „Zwischenstaatlichkeitsklausel" zusammengefasst).[596]

Das Kriterium der Wettbewerbsverfälschung hat jedoch einen eigenen Anwendungsbereich. Dies wird beispielsweise bei natürlich bestehenden Monopolen deutlich, da in diesen Fällen überhaupt kein Wettbewerb besteht, der verfälscht werden könnte.[597] Eine verbotene Beihilfe kann in diesen Fällen nicht vorliegen. Auch der *EuGH* hat bereits eine Beihilfe allein an einer fehlenden Wettbewerbsverfälschung scheitern lassen[598] und damit zum Ausdruck gebracht, dass er sie

594 *Erling* in: NK Europäisches Beihilferecht, Kapitel 1, Rn. 890.

595 EuG, Rs. T-288/97 (*Regione autonoma Friuli-Venzia Giulia/Kommission*), ECLI:EU:T:2001:115, Rn. 41; EuG, Rs. T-298/97 (*Alzetta/Kommission*), ECLI:EU:T:2000:151, Rn. 81.

596 *Segura* in: NK zum EU-Wettbewerbsrecht, Art. 107 AEUV, Rn. 64; *Götz* in: Dauses/Ludwigs, Handbuch zum EU-Wirtschaftsrecht, Abschnitt H, Rn. 83; *Mestmäcker/Schweitzer* in: Immenga/Mestmäcker, Wettbewerbsrecht, Band 3, Art. 107 AEUV, Rn. 294; *Erling* in: NK Europäisches Beihilferecht, Kapitel 1, Rn. 890; Europäische Kommission, Bekanntmachung zum Begriff der staatlichen Beihilfe im Sinne des Art. 107 Abs. 1 AEUV vom 19. Juli 2016, C/2016/2946, Rn. 186.

597 So auch *Kliemann/Mederer*, NK zum EU-Wettbewerbsrecht, Art. 107 AEUV, Rn. 57.

598 EuGH, verbundene Rs. C-341/06 P und C-342/06 P (*Chronopost und La Poste/Ufex*), ECLI:EU:C:2008:375, Rn. 131.

als eigenständiges Tatbestandsmerkmal betrachtet. Deshalb – und aus Gründen der Übersichtlichkeit – erfolgt hier eine getrennte Darstellung.

a. *Verfälschung des Wettbewerbs*

aa. *Abstrakte Bedeutung*

Die fragliche Maßnahme muss den Wettbewerb verfälschen oder zumindest zu verfälschen drohen. Das ist der Fall, wenn sie die Stellung des Begünstigten auf dem sachlich und personell relevanten Markt zulasten ihrer Konkurrenten verändert.[599] Für dessen Beurteilung wird die Konkurrenzsituation vor und nach der (geplanten) Einführung der Maßnahme verglichen.[600]

Die Hürde für eine wettbewerbsverfälschende Maßnahme ist niedrig, das Kriterium wird weit verstanden. Erfasst wird auch das potenzielle Wettbewerbsverhältnis.[601] Die Logik hinter dem weiten Verständnis ist folgende: Jede Begünstigung eines Unternehmens stärkt seine Marktstellung gegenüber den Konkurrenten, welche die Begünstigung nicht erhalten haben. Somit verursacht jede Maßnahme eine (drohende) Wettbewerbsverfälschung. Eine besondere Spürbarkeit und Erheblichkeit der Maßnahme ist dabei nicht erforderlich.[602] Auch scheidet eine Wettbewerbsverfälschung weder bei geringen Beihilfen noch bei kleinen Unternehmen aus.[603]

Obwohl somit jeder Maßnahme eine potentielle Wettbewerbsverfälschung innewohnt (man spricht auch von einer Indizwirkung der Selektivität), kann

---

599 EuGH, Rs. C-387/17 (*Fallimento Traghetti del Mediterraneo*), ECLI:EU:C:2019:51, Rn. 39 f., 43; leicht missverständlich formuliert, aber richtig EuGH, Rs. C-126/01 (*GEMO SA*), ECLI:EU:C:2003:622, Rn. 41; *Cremer* in: Callies/Ruffert, EUV/AEUV, Art. 107 AEUV, Rn. 32; *Kokott*, Das Steuerrecht der EU, § 3, Rn. 210.

600 EuGH, Rs. C-730/79 (*Philip Morris/Kommission*), ECLI:EU:C:1980:209, Rn. 11.

601 EuGH, Rs. C-387/17 (*Fallimento Traghetti del Mediterraneo*), ECLI:EU:C:2019:51, Rn. 43; EuGH, Rs. C-518/13 (*Eventech*), ECLI:EU:C:2015:9, Rn. 65 ff.; EuGH, Rs. C-197/11 (*Libert u.a.*), ECLI:EU:C:2013:288, Rn. 76; EuGH, Rs. C-148/04 (*Unicredito Italiano*), ECLI:EU:C:2005:774, Rn. 53 f.; *Kliemann/Mederer*, NK zum EU-Wettbewerbsrecht, Art. 107 AEUV, Rn. 58.

602 EuGH, Rs. C-142/87 (*Belgien/Kommission*), ECLI:EU:C:1990:125, Rn. 42 f.; EuG, verbundere Rs. T-92/00 und T-103/00 (*Disputación Foral de Álava/Kommission*), ECLI:EU:T:2002:61, Rn. 78.

603 EuGH, Rs. C-142/87 (*Belgien/Kommission*), ECLI:EU:C:1990:125, Rn. 43; damit tritt das Merkmal „Wettbewerbsverfälschung" trotz offensichtlicher Parallelen in Widerspruch zu Art. 101 AEUV. Bei diesem wird nach Ansicht der Rechtsprechung eine deutlich spürbare Wettbewerbsbeschränkung gefordert.

nicht automatisch von einem Vorliegen der Voraussetzungen ausgegangen werden. Eine unrealistische oder hypothetische Wettbewerbsverfälschung reicht nicht aus."[604]

bb. Bedeutung für steuerliche Beihilfen in Gesetzesform

Wie erwähnt sind Entscheidungen des *EuGH*, in denen er sich bei gesetzlichen Beihilfen mit dem Tatbestandsmerkmal der Wettbewerbsverfälschung isoliert auseinandersetzt, sehr selten, da er zumeist die Voraussetzungen mit der Handelsbeeinträchtigung gemeinsam untersucht bzw. nur deren Vorliegen feststellt. Insofern lassen sich kaum Rückschlüsse für den Inhalt des Tatbestandsmerkmals bei steuerlichen Beihilfen in Gesetzesform ziehen. Eine Ausnahme bildet die Rechtssache *Heiser*[605].

Hier führte der Gerichtshof zum Tatbestandsmerkmal der Wettbewerbsverfälschung aus, eine solche liege dann vor, sofern ein Unternehmen anders als seine Konkurrenten von Belastungen befreit werde, welche es normalerweise im Rahmen seiner Geschäftsausübung zu tragen habe.[606] Die Grundlage dieser Annahme ist, dass sich die Marktstellung des begünstigten Unternehmens im Vergleich zu Konkurrenten deshalb verbessert, weil durch die gesetzliche Befreiung von (Teilen) der Steuerlast Unternehmensmittel nicht gebunden werden, sodass sie anderweitig verwendet werden könnten.

In der gleichen Randnummer der Entscheidung führt der *EuGH* zur Indizwirkung der Selektivität aus:

> „[Was die Verfälschung des Wettbewerbs angeht], so ist darauf hinzuweisen, dass Beihilfen, die ein Unternehmen von den Kosten befreien soll, die es normalerweise [...] zu tragen gehabt hätte, [Hervorhebung des Verfassers] **grundsätzlich** die Wettbewerbsbedingungen verfälschen."[607]

Somit stellt der Gerichtshof zwar fest, dass eine Indizwirkung besteht. Daraus folgt jedoch im Umkehrschluss, dass sich nicht sämtliche Ausführungen erübrigen, sondern lediglich eine Vermutung für das Vorliegen der Voraussetzungen besteht und die Beweisführung erleichtert wird. Die Notwendigkeit, dass Wettbewerbsverfälschungen auf Grundlage einer validen Annahme festgestellt

---

604 *Müller-Graff*, ZHR 1988, S. 432.
605 EuGH, Rs. C-172/03 (*Heiser*), ECLI:EU:C:2005:130.
606 EuGH, Rs. C-172/03 (*Heiser*), ECLI:EU:C:2005:130, Rn. 55.
607 EuGH, Rs. C-172/03 (*Heiser*), ECLI:EU:C:2005:130, Rn. 55.

werden müssen, erkennt auch die Kommission in ihrer Mitteilung zum Beihilfebegriff an.[608] Dies gilt erst recht, wenn gegenläufige Anhaltspunkte bestehen.

cc. Bedeutung für steuerliche Beihilfen durch APAs

Die obigen Ausführungen zu gesetzlichen Beihilfen sind auf APAs übertragbar. Es macht insoweit keinen Unterschied, ob die Verringerung der Steuerlast auf gesetzlicher Ebene oder durch APAs erfolgt. Beides kann zu einer Veränderung der Marktstellung und damit zu einer Wettbewerbsverfälschung führen.

Fraglich ist indes, ob dies auch für die Indizwirkung der Selektivität gilt. Die Kommission beruft sich in ihrer Entscheidung zum Fall *Apple* auf die von der Rechtsprechung unter anderem in den Rechtssachen *Heiser* und *Philip Morris*[609] festgestellte Indizwirkung und führt im Anschluss zur Begründung der Wettbewerbsverfälschung aus:

> „Indem diese Unternehmen von einer Steuerpflicht befreit werden, der sie anderenfalls hätten nachkommen müssen und der konkurrierende Unternehmen nachkommen müssen, werden nämlich durch die beanstandeten Steuervorbescheide Ressourcen frei, die diese Unternehmen in ihre Geschäftstätigkeit investieren können. Dadurch wird der Wettbewerb auf dem Markt verfälscht, sodass die vierte Voraussetzung für das Vorliegen einer Beihilfe in diesem Fall ebenfalls erfüllt ist.“[610]

Sie beschränkt sich mithin darauf, mit genau der Argumentation eine Wettbewerbsverfälschung anzunehmen, die schon den Ausführungen des *EuGH* bei *Heiser* zugrunde lag, nämlich dass durch die steuerliche Entlastung Unternehmensmittel anderweitig verwendet werden können. Vorliegend wäre jedoch eine nähere Auseinandersetzung notwendig gewesen. Überträgt man die zur abstrakten Bedeutung und zu steuerlichen Beihilfen auf Gesetzesebene von der Rechtsprechung und Kommission entwickelten Aussagen auf APAs, so muss es dabei bleiben, dass allenfalls hypothetische, faktisch aber nicht mögliche Wettbewerbsverfälschungen das Merkmal nicht erfüllen können.

---

608 Europäische Kommission, Bekanntmachung zum Begriff der staatlichen Beihilfe im Sinne des Art. 107 Abs. 1 AEUV vom 19. Juli 2016, C/2016/2946, Rn. 195.

609 EuGH, Rs. C-730/79 (*Philip Morris/Kommission*), ECLI:EU:C:1980:209.

610 Europäische Kommission, Beschluss (EU) 2017/1283 vom 30. August 2016 über die staatliche Beihilfe SA.38373 (2014/C) (ex 2014/NN) (ex 2014/CP) Irlands zugunsten von Apple (Bekannt gegeben unter Aktenzeichen C(2016) 5605), Rn. 222.

(1) Konkurrenzverhältnis von Apple zu nationalen Einzelunternehmen?

Apple müsste durch die APAs gegenüber seinen Konkurrenten eine verbesserte Marktstellung erlangt haben, damit eine Wettbewerbsverfälschung angenommen werden kann. Entscheidend ist der sachlich und personell relevante Markt. In der oben zitierten Passage spricht die Kommission nur von „konkurriende(n) Unternehmen", ohne jedoch ausdrücklich klarzustellen, wen sie dazu zählt. Gemeint sind damit die – ihrer Meinung nach vergleichbaren – irischen Einzelunternehmen, also Klein(st)unternehmen und mittelständische Unternehmen. Die Annahme eines Konkurrenzverhältnisses ist indes nicht überzeugend, da diese Unternehmen überhaupt nicht auf dem gleichen Markt wie *Apple* tätig sind und insofern auch nicht um Marktanteile konkurrieren können.

2018 war *Apple* das wertvollste Unternehmen der Welt. Es hatte einem Marktwert von 929,6 Mrd. US-Dollar[611] und beschäftigte 132.000 Mitarbeiter weltweit[612]. Zur Einordnung: das wertvollste irische Unternehmen *Medtronic* (Medizintechnik) beschäftigte 86.000 Mitarbeiter[613] und hatte einen Marktwert von 116 Mrd. US-Dollar[614]. Die Annahme, dass ein Unternehmen wie *Medtronic* mit in Irland ansässigen Einzelunternehmen ernsthaft um Anteile auf dem gleichen Markt konkurrieren würde, entspricht bereits nicht der Realität. Dafür ist die Marktmacht der Einzelunternehmen zu gering.

Die Annahme jedoch, dass das wertvollste Unternehmen der Welt mit diesen Unternehmen konkurriert, ist fernliegend. Dies gilt erst recht, wenn man sich vergegenwärtigt, dass *Apple* ein Technik- und Multimediaunternehmen ist, das eigene elektronische Produkte wie Smartphones und Notebooks vertreibt. Der Markt für diese Produkte ist in der Hand weniger „Global-Player", die über die notwendigen Fähigkeiten im Software- und Hardwarebereich verfügen. Einzelunternehmen können diese Fähigkeiten nicht bereitstellen, sondern agieren allenfalls als Zulieferer. Konkurrenten beim Absatz sind sie damit nicht.

---

611 „Statista"-Portal: Größte Unternehmen der Welt nach ihrem Marktwert im Jahr 2018 (in Milliarden US-Dollar; Stand 11. Mai).

612 „Statista"-Portal: Anzahl der Mitarbeiter von Apple Inc. in den Geschäftsjahren 2005 – 2018 (in 1000). Die Anzahl ist nach Auskunft von Statista gemessen in sog. Vollzeitäquivalenzen, d.h. dass mehrere Teilzeitstellen ggf. zu einer Vollzeitstelle zusammengerechnet wurden.

613 „Statista"-Portal: Ranking der Top Medizintechnikunternehmen und Gesundheitsdienstleister weltweit nach Anzahl der Mitarbeiter aus dem Jahr 2018 (in 1000).

614 „Statista"-Portal: Größte Unternehmen der Welt nach ihrem Marktwert im Jahr 2018 (in Milliarden US-Dollar; Stand 11. Mai).

Die wirklichen Konkurrenten um Marktanteile im für *Apple* relevanten irischen Smartphone-Markt sind beispielsweise *Huawei, Xiaomi, Oppo, Vivi, LG* und vor allem *Samsung*.[615] Im zweiten für *Apple* relevanten Markt, beim Absatz von Notebooks in Irland, sind die Konkurrenten *HP, Acer, Dell, Lenovo* und *Asus*.[616] Bei all diesen Unternehmen handelt es sich nicht um Einzelunternehmen mit Sitz in Irland, sondern um multinationale verbundene Unternehmen.

Paradoxerweise erkennt die Kommission die Stellung von *Apple*:

> „[Es] ist festzustellen, dass ASI und AOE zur Apple-Gruppe gehören, einem weltweit agierenden multinationalen Konzern, der in allen EU-Mitgliedstaaten tätig ist [...]. Apple entwickelt, fertigt und vermarktet mobile Kommunikations- und Mediengeräte, Personal Computer und tragbare digitale Musikabspielgeräte. Ferner bietet Apple weltweit zahlreiche zugehörige Softwareanwendungen, Dienstleistungen, Peripheriegeräte und Netzwerklösungen sowie digitale Inhalte und Anwendungen von Drittanbietern an."[617]

Einerseits die Stellung von *Apple* in der (Unternehmens-)Welt zutreffend zu beschreiben, andererseits jedoch anzunehmen, ein Unternehmen dieser Größenordnung stünde in Konkurrenz zu Einzelunternehmen mit Sitz in Irland ist paradox und nicht überzeugend. Das Vorgehen der Kommission ist rechtswidrig.

(2) Schlussfolgerungen

In der Situation, von der die Kommission ausgeht, ist eine Wettbewerbsverfälschung nicht möglich. Die Stellung von *Apple* hat sich im Vergleich zu den Einzelunternehmen nicht verbessert, weil beide nicht auf einem gemeinsamen Markt um Anteile konkurrieren. Entscheidend ist nicht der gesamte irische Binnenmarkt mit allen Branchen, sondern jeweils nur der sachlich relevante Markt.

Hätte die Kommission nicht auf die vom *EuGH* zu gesetzlichen Beihilfen festgestellte Indizwirkung der Selektivität vertraut, so wäre ihr aufgefallen, dass eine

---

615 Im 1. Quartal 2018 war der Verkauf von Smartphones in Millionen weltweit wie folgt: Samsung (78,2); Apple (52,2); Huawei (39,3), Xiaomi (28), Oppo (23,9), Quelle: „Statista"-Portal: Absatz von Smartphones weltweit nach Hersteller vom 4. Quartal 2009 bis zum 1. Quartal 2018 (in Millionen Stück).

616 Im 3. Quartal 2018 waren die Anteile am Absatz von Notebooks in Prozent weltweit wie folgt: HP (25,3), Lenovo (19,8), Dell (16,8), Asus (8,4), Apple (7,9), Acer (7,8). Quelle: „Statista"-Portal: Marktanteile der führenden Hersteller am Absatz von Notebooks weltweit im 3. Quartal 2018.

617 Europäische Kommission, Beschluss (EU) 2017/1283 vom 30. August 2016 über die staatliche Beihilfe SA.38373 (2014/C) (ex 2014/NN) (ex 2014/CP) Irlands zugunsten von Apple (Bekannt gegeben unter Aktenzeichen C(2016) 5605), Rn. 222.

Wettbewerbsverfälschung nicht vorliegen kann. Ihre Ausführungen erfüllen das Tatbestandsmerkmal weder inhaltlich noch mit Blick auf die Beweislastverteilung. Rechtmäßig wäre stattdessen gewesen, zunächst festzustellen, dass *Apple* mit anderen multinationalen verbundenen Unternehmen um Marktanteile konkurriert und diese konkret zu benennen. Danach wäre darzustellen gewesen, dass die Konkurrenten keine äquivalenten Steuerbefreiungen durch APAs bekommen haben.[618] Das hätte eine auch nach *Heiser* ausreichende Begründung dargestellt und die Annahme einer Wettbewerbsverfälschung gerechtfertigt.

Aus all dem ist zu folgern, dass das Vorgehen bei APAs so ausgestaltet werden sollte, dass die Indizwirkung beim Tatbestandsmerkmal der Wettbewerbsverfälschung eingeschränkt wird. Notwendig ist eine plausible Darlegung, inwiefern auf einem konkret zu bezeichnenden Markt gegenüber welcher Unternehmensgruppe die Marktstellung auf welche Weise verbessert wurde. Die Tendenzen zur „Wiederbelebung" der Tatbestandsmerkmale der Wettbewerbsverfälschung und der Handelsbeschränkung[619] sind an dieser Stelle besonders begrüßenswert. Dabei handelt es sich wohl um kein neues Verständnis des Tatbestandsmerkmals im Rahmen von Art. 107 Abs. 1 AEUV, sondern erneut nur um eine konsequentere Anwendung der bereits geltenden Regeln.

b. Beeinträchtigung des Handels zwischen den Mitgliedstaaten

aa. Abstrakte Bedeutung

Eine Handelsbeeinträchtigung liegt vor, wenn die Maßnahme dazu geeignet ist, das grenzüberschreitende Angebot von Waren- und Dienstleistungen zu

618 Nicht im Bezug auf APAs, aber generell a.A. *Bartosch*, EU-Beihilferecht, Art. 107 Abs. 1 AEUV, Rn. 156: *„Festgehalten werden kann, dass die Kommission also keineswegs verpflichtet ist, eine ihrer Analyse im Bereich der Fusionskontrolle vergleichbar detaillierte Darstellung der sachlich und geografisch relevanten Märkte sowie der Auswirkungen der (beihilferechtlich) zu prüfenden Maßnahmen auf diese zu liefern. Sie ist lediglich gehalten, die zumindest drohenden Auswirkungen der Beihilfe auf den Wettbewerb hinreichend plausibel zu machen."*

619 Vgl. z.B. Europäische Kommission, Bekanntmachung zum Begriff der staatlichen Beihilfe im Sinne des Art. 107 Abs. 1 AEUV vom 19. Juli 2016, C/2016/2946, Rn. 196 f.; oder *Soltész*, EuZW 2017, S. 51 ff., welcher der Zwischenstaatlichkeitsklausel eine höhere Bedeutung beimessen will, um die absolute Fokussierung auf das Merkmal der Selektivität zu beenden.

beeinflussen[620], indem die Einfuhr oder die Ausfuhr erleichtert bzw. kehrseitig erschwert werden.[621] Anknüpfungspunkt ist anders als bei der Wettbewerbsverfälschung nicht die Stellung der Unternehmen zueinander, sondern der freie Fluss von Waren und Dienstleistungen. An dieser Stelle zeigt sich die Nähe des Beihilferechts zu den Grundfreiheiten in Form von Warenverkehrs- und Dienstleistungsfreiheit.

Bereits dem Wortlaut des „Handels zwischen den Mitgliedstaaten“ im Sinne des Art. 107 Abs. 1 AEUV nach sind Auswirkungen auf den rein innerstaatlichen Handel ausgenommen. Darüber hinausgehende Auswirkungen liegen dann vor, wenn das begünstigte Unternehmen grenzüberschreitend tätig ist.[622] Auch dieses Merkmal wird weit verstanden. Fehlt es an einer grenzüberschreitenden Tätigkeit, ist das Tatbestandsmerkmal daher dennoch erfüllt, wenn das Unternehmen mit Waren- oder Dienstleistungsanbietern aus anderen Mitgliedstaaten konkurriert.[623] Das liegt daran, dass ein begünstigtes Unternehmen, das nicht grenzüberschreitend tätig ist, seine inländische Tätigkeit zumindest beibehalten, möglicherweise sogar ausbauen kann. Dadurch verringern sich die Chancen eines ausländischen Unternehmens auf dem inländischen Markt Fuß zu fassen.[624] Zudem kann eine Beihilfe das Unternehmen auch in die Situation versetzen, durch ausgebaute Produktion fortan am grenzüberschreitenden Handel teilzunehmen.

bb. Bedeutung für steuerliche Beihilfen in Gesetzesform

Das beim Tatbestandsmerkmal der Wettbewerbsverfälschung Erwähnte gilt auch bei der Handelsbeeinträchtigung: Entscheidungen zu gesetzlichen Beihilfen, in denen sich die Unionsgerichtsbarkeit detaillierter mit dem Tatbestandsmerkmal der Handelsbeeinträchtigung auseinandergesetzt hat, sind nur sehr vereinzelt vorhanden. Zumeist wird dem Tatbestandsmerkmal bzw. der Zwischenstaatlichkeitsklausel insgesamt keine größere Aufmerksamkeit gewidmet.

---

620 *Beljin* in: Schulze/Zuleeg/Kadelbach, Europarecht, § 28, Rn. 93; dazu, dass nicht nur der Waren- sondern auch der Dienstleistungsverkehr erfasst ist, siehe *Schernthanner*, Das materielle Beihilfeaufsichtrecht nach dem EWG-Vertrag, S. 102.

621 *Cremer* in: Callies/Ruffert, EUV/AEUV, Art. 107 AEUV, Rn. 38.

622 EuGH, Rs. C-310/99 (*Italien/Kommission*), ECLI:EU:C:2002:143, Rn. 84; EuGH, Rs. C-156/98 (*Deutschland/Kommission*), ECLI:EU:C:2000:467, Rn. 33.

623 EuGH, Rs. C-75/97 (*Belgien/Kommission*), ECLI:EU:C:1999:311, Rn. 47; EuGH, verbundene Rs. C-278/92, C-279/92 und C-280/92 (*Spanien/Kommission*), ECLI:EU:C:1994:325, Rn. 40.

624 EuGH, Rs. C-102/87 (*Frankreich/Kommission*), ECLI:EU:C:1988:391, Rn. 19.

Allerdings gibt es erneut eine Ausnahme: die – wenngleich etwas ältere, aber immer noch als maßstabsetzend anerkannte[625] – Entscheidung zur Rechtssache *Philip Morris*[626]. Der *EuGH* nahm in deren Rahmen zu einer möglichen Handelsbeeinträchtigung gesondert Stellung:

> „Die [...] Beihilfe betraf im vorliegenden Fall ein Unternehmen mit Ausrichtung auf den internationalen Handel, wie sich daraus ergibt, daß es einen derart großen Teil seiner Produktion in andere Mitgliedstaaten ausführen möchte. Die fragliche Beihilfe führte zwangsläufig zur Erweiterung seiner Produktionskapazität und folglich zur Verstäkung [sic!] seiner Möglichkeit, die Handelsströme einschließlich der zwischen den Mitgliedstaaten bestehenden zu versorgen."[627]

Der Gerichtshof ging an dieser Stelle in einem dreistufigen Verfahren vor. Zunächst klärte er die Frage, auf welchen nationalen Märkten das begünstigte Unternehmen aktiv war. Das Tabakunternehmen *Philip Morris* agierte auf mehreren nationalen Märkten und daher grenzüberschreitend. Sodann beschäftigte er sich mit den konkreten Auswirkungen der Beihilfe, die vorliegend in einer Erweiterung der Produktionskapazitäten lagen. Daraus leitete er eine Beeinträchtigung des europäischen Marktes her und bejahte das Tatbestandsmerkmal.

Diese Vorgehensweise ist eine sinnvolle und logische Umsetzung der abstrakten Voraussetzungen. Zunächst trägt sie der weiten Auslegung des Tatbestandsmerkmals Rechnung, indem die Beeinträchtigung des Handels nicht *in concreto* untersucht wurde. Zusätzlich erschöpft sie sich allerdings auch nicht in allgemeinen Ausführungen, da sie im Einzelfall auf das Geschäftsfeld des Unternehmens eingeht und Rückschlüsse aus der Wirkung der Beihilfe zieht.

cc. Bedeutung für steuerliche Beihilfen durch APAs

Die Kommission hat in ihrer *Apple*-Entscheidung diese Vorgehensweise nicht vollumfänglich umgesetzt. Die Passage, die sie dem Tatbestandsmerkmal der Handelsbeeinträchtigung gewidmet hat, bestand aus folgenden Zeilen:

---

625 Vgl. zum Beispiel *Soltész* in: MüKo Europäisches und Deutsches Wettbewerbsrecht, Band 5, Teil 2, Rn. 639.

626 EuGH, Rs. C-730/79 (*Philip Morris/Kommission*), ECLI:EU:C:1980:209.

627 EuGH, Rs. C-730/79 (*Philip Morris/Kommission*), ECLI:EU:C:1980:209, Rn. 11.

> „[Apple ist ein] weltweit agierende[r] multinationale[r] Konzern, der in allen EU-Mitgliedstaaten tätig ist, sodass jede Beihilfe zugunsten von Apple geeignet ist, den Handel innerhalb der Union zu beeinträchtigen."[628]

Sie stellt damit zunächst fest, dass *Apple* auf allen nationalen europäischen Märkten aktiv ist. Im Anschluss springt sie direkt auf die dritte Stufe und schlussfolgert, dass die Beihilfe deshalb den Handel beeinträchtige. Es fehlen jedoch Ausführungen der zweiten Stufe zu der Auswirkung der Beihilfe für das konkrete Unternehmen. Bei *Apple* wäre es beispielsweise möglich, die Auswirkung nicht in einer Erweiterung der Produktion, sondern der Forschung an neuen Technologien zu sehen und der Entwicklung neuer Produkte und Dienstleistungen[629] zu sehen. Indes ist an dieser Stelle der Kommission zugute zu halten, dass diese Feststellung bei einem Technikunternehmen mit stetig fortentwickelter Produktpalette auf der Hand liegt und keinen eigenen Informationsgehalt mit sich bringt. Trotz des Fehlens der zweiten Stufe sind die Ausführungen daher ausreichend.

Allerdings soll in dieser Arbeit primär die Übertragbarkeit der Grundsätze zu gesetzlichen Beihilfen auf die Überprüfung von APAs untersucht- und erst sekundär die Kommissionsentscheidung im Fall *Apple* analysiert und bewertet werden. Vor diesem Hintergrund spricht sich der Verfasser dafür aus, die Anforderungen an das Tatbestandsmerkmal der Handelsbeeinträchtigung bei APAs an die Ausführungen des *EuGH* anzulehnen und nach dem dreistufigen Verfahren vorzugehen.

1. Bestimmung der Marktaktivitäten des Unternehmens
2. Konkrete Vorteile des Unternehmens durch die Beihilfe
3. Schlussfolgerung

Die notwendige Analyse der Eigenheiten und Schwerpunkte des begünstigten Unternehmens im Rahmen der zweiten Stufe ist, um eine Aussage darüber

---

628 Europäische Kommission, Beschluss (EU) 2017/1283 vom 30. August 2016 über die staatliche Beihilfe SA.38373 (2014/C) (ex 2014/NN) (ex 2014/CP) Irlands zugunsten von Apple (Bekannt gegeben unter Aktenzeichen C(2016) 5605), Rn. 222.

629 Vgl. zum Beispiel „Tim Cook deutet Weg in die Zukunft an - Apple will sich selbst in den Schatten stellen - mit Produkten, die „uns umhauen"", Beitrag vom 07. Juni 2019, abrufbar unter: https://www.merkur.de/multimedia/apple-neue-produkte-tim-cook-kuendigt-entwicklungen-an-uns-umhauen-zr-11828985.html (zuletzt abgerufen am. 11. Juli 2019): *„Seit längerem arbeitet Apple an einem Augmented-Reality-Headset zur Erweiterung der realen Welt um digitale Inhalte - Tim Cook zufolge mit einer bahnbrechenden Technologie. [...].*

treffen zu können, worin genau die Auswirkungen der Beihilfe im Einzelfall liegen, für die Einschätzung einer Maßnahme als Beihilfe ohnehin unerlässlich. Insoweit besteht für Kommission und Rechtsprechung kein Mehraufwand. Die Tatsache, dass diese Analyse bei verschiedenen Tatbestandsmerkmalen Eingang in die Entscheidung findet, ist jedoch dafür geeignet, die Rechtsakzeptanz von Entscheidungen auf Seiten der Unternehmen zu erhöhen. Teilweise berechtigten Vorwürfen, es handele sich bei dem Tatbestandsmerkmal bloß um ein „Anhängsel der Tatbestandsprüfung“[630], wird so zumindest an dieser Stelle der Boden entzogen.

4. Zwischenergebnis

Die Tatbestandsmerkmale des Art. 107 Abs. 1 AEUV wurden von der Kommission und Rechtsprechung im Laufe der Zeit stetig fortentwickelt. Nachdem die Kommission – primär wegen der Enthüllungen der *Luxemburg Leaks* – die Notwendigkeit sah, nicht nur Steuergesetze, sondern auch APAs zu überprüfen, muss das Verständnis der Tatbestandsmerkmale an diese Herausforderung angepasst werden.

Die Rechtsprechungslinie zu Beihilfen auf Gesetzesebene bietet für die notwendige Anpassung einen guten Anhaltspunkt. Es zeigt sich jedoch, dass an unterschiedlichen Stellen Modifikationen notwendig sind. Die Übertragung von staatlichen Mitteln muss mit einem lebensnahen Alternativszenario begründet werden, welches die Auswirkungen des schädlichen Steuerwettbewerbs berücksichtigt.

Vor allem sind jedoch gravierende Modifikationen beim Tatbestandsmerkmal der Selektivität erforderlich, bei dem sich die Beihilfeprüfung regelmäßig entscheidet.

So ist der Referenzrahmen nicht allein aus legislativen Rechtsakten zu bilden, sondern es müssen auch Verwaltungs- und Gerichtspraxis einbezogen werden. Dies gilt insbesondere, weil letztlich nicht Gesetze, sondern Verwaltungshandeln in Form von APAs am Rahmen gemessen werden sollen. Dabei handelt es sich um keine Modifikation, sondern um eine konsequente Anwendung des vom *EuGH* in der Entscheidung *P Oy* geforderten Vorgehens.

---

630 *Soltész* in: MüKo Europäisches und Deutsches Wettbewerbsrecht, Band 5, Teil 2, Rn. 624 zur „Zwischenstaatlichkeitsklausel“. In der Kommentierung ist damit indes nicht das Gesamtmerkmal gemeint, sondern die Handelsbeeinträchtigung. Vgl. auch *Soltész/Pflock*, EuZW 2017, S. 207 ff.

Die bei gesetzlichen Beihilfen mithilfe des Regel-Ausnahme-Tests geprüfte Abweichung vom Referenzrahmen ist bei der Kontrolle von APAs grundlegend umzugestalten. Zur Überprüfung der Abweichung findet der Fremdvergleichsgrundsatz Anwendung, allerdings nicht in einheitlicher Form, da er nicht Teil des Unionsrechts ist, sondern in der jeweiligen Form, die das nationale Verständnis des Grundsatzes wiederspiegelt. Der Prüfungspunkt der Abgrenzbarkeit von Unternehmen hat keinen eigenen Anwendungsbereich und ist teleologisch zu reduzieren. Zudem ist die Indizwirkung der Selektivität zu begrenzen. Es ist an den Umständen des Einzelfalls zu begründen, dass und wodurch die Tatbestandsmerkmale der Handelsbeeinträchtigung und Wettbewerbsverfälschung erfüllt sind.

Die Kommission hat in ihrer Entscheidung zum Fall *Apple* – stellvertretend für die anderen Kommissionsentscheidungen – diese notwendigen Änderungen nicht umgesetzt. Teilweise wird sie dadurch ihrer Beweispflicht nicht gerecht, etwa bei der Annahme, dass durch die APAs staatliche Mittel übertragen wurden. Gleiches gilt bei der Wettbewerbsverfälschung. Am schwerwiegendsten ist jedoch ihr Vorgehen beim Prüfungspunkt der Abweichung. Hier versucht sie dem Unionsrecht eine Version des Fremdvergleichsgrundsatz *sui generis* zu entnehmen, um diesen einheitlich anwenden zu können. Darin liegt ein Verstoß gegen die Steuersouveränität der Staaten. Im Ergebnis ist die Entscheidung daher rechtswidrig und folglich abzulehnen. *EuG* und *EuGH* sollten der Argumentation der Kommission nicht folgen.

E. APAs als verbotene Beihilfe im Sinne von Art. 107 Abs. 1 AEUV - Probleme und Lösungen

Die vorstehenden Ausführungen haben gezeigt, dass bei einem anderen Verständnis der Tatbestandsvoraussetzungen des Art. 107 Abs. 1 AEUV APAs eine verbotene Beihilfe darstellen können. Aus dieser Feststellung ergeben sich jedoch zwei Probleme: Durch eine zu weitreichende Kontrolle von nationalen Verrechnungspreisbestimmungen seitens der Kommission könnte die primärrechtliche Kompetenzverteilung ins Gegenteil verkehrt werden; es droht daher ein Kompetenzkonflikt. Ebenso würde dadurch das Rechtsinstrument eines APAs seines Sinn und Zwecks beraubt, Rechtssicherheit zu bieten.

Im Folgenden sollen unterschiedliche Lösungsansätze für beide Probleme - Kompetenzkonflikt und fehlende Rechtssicherheit - dargestellt und bewertet werden. Die Arbeit entscheidet sich im Hinblick auf beide Probleme für ein Vorgehen und schlägt so insgesamt einen Rahmen vor, im dem die Überprüfung von APAs am Maßstab des Beihilferechts sinnvoll erfolgen kann.

I. Kompetenzkonflikt zwischen europäischen Prüfkompetenzen und nationaler Steuersouveränität

Das Beihilferecht dient dem Schutz des gemeinsamen Binnenmarkts; ursprünglich hat es zu dessen Schutz klassische staatliche Subventionen verboten. Dass sein Anwendungsbereich mittlerweile auch auf steuerliche Beihilfen ausgeweitet wurde ist konsequent und folgerichtig, da Staaten durch das Mittel des Steuerverzichts eine Situation schaffen können, die der einer klassischen direkten Subvention entspricht. Allerdings schafft die Anwendung des Beihilferechts im Bereich der Unternehmensbesteuerung einen Kompetenzkonflikt mit der Steuersouveränität der Mitgliedstaaten[631], da so in einen Bereich eingegriffen wird, der primärrechtlich besonders geschützt ist.[632]

631 *Quigley*, European State Aid Law and Policy, S. 10; Gutachten des Wissenschaftlichen Beirats des Bundesministeriums für Finanzen, Steuervergünstigungen und EU-Beihilfeaufsicht - Problematik und Ansätze zur Lösung des Kompetenzkonflikts mit der Steuerautonomie, 03/2017, S. 36.

632 Vgl. dazu Abschnitt C, I, 1 ff.

Durch die Kontrolle von APAs greift die Kommission in diesen geschützten Bereich ein; grundsätzlich könnte sie jede nationale Bestimmung von Verrechnungspreisen beanstanden. Das macht sie zu einem europäischen „Superfinanzamt".[633] Diese Rolle wird ihr durch das Primärrecht indes nicht zugestanden; die Steuersouveränität und damit auch das Recht zur Bestimmung von Verrechnungspreisen verbleibt bei den Mitgliedstaaten. Somit würde die Ausübung der Rolle zu einer Verkehrung der primärrechtlichen Kompetenzverteilung zwischen EU und Mitgliedstaaten führen.

Auch praktisch ist eine umfassende Kontrolle von APAs schwierig. Die Kommission hat bereits heute nicht ausreichend Kapazitäten um auf Gesetzesebene jedes nationale Steuergesetz einer Prüfung zu unterziehen; sie kann nicht zusätzlich auf Administrativebene alle APAs aus den Mitgliedstaaten überprüfen. Die Gefahr ist daher groß, dass sie ohne klare Parameter APAs aussuchen und überprüfen wird. Um das zu verhindern und willkürlichen Entscheidungen vorzubeugen, ist ihre Kontrollgewalt sinnvoll zu beschränken.

Fraglich ist jedoch, wie genau eine Lösung des Kompetenzkonflikts ausgestaltet sein sollte. Die bestehenden Mechanismen des Verständigungsverfahrens nach Art. 4 Schiedskonvention[634] oder nach Art. 25 OECD-MA sehen lediglich ein Verfahren zwischen den Staaten vor, in welchem die Kommission keine Rolle spielt. Insofern tragen sie nicht zu einer Entschärfung des Konflikts bei.

1. Hinnahme der faktischen Kompetenzverlagerung

Eine erste Möglichkeit zur Lösung des Kompetenzkonflikts bestünde darin, die faktische Kompetenzverlagerung an die Kommission schlichtweg zu akzeptieren.[635] Zusammen mit einer angemessenen Aufstockung der Kommissionskapazitäten könnte sie so Gewinnverlagerung als zentrale Stelle noch effektiver bekämpfen und damit einen Beitrag leisten, dass Staatshaushalte nicht (weiter) erodieren.

Auch wenn dieses Vorgehen auf Seiten der Kommission sicher Anhänger finden würde, ist ihm doch eine Absage zu erteilen. Eine weitere Verlagerung von Kompetenzen widerspricht dem Primärrecht. Würde man eine solche rechtswidrige Situation herbeiführen, so bestünde die Gefahr, dass Kommissionsentscheidungen im

633 Vgl. auch *Kokott*, Das Steuerrecht der EU, § 3, Rn. 179.

634 Vgl. auch Abschnitt D, III, 2, b, bb, (2), (b), (aa), α, γγ.

635 Vgl. auch Darstellung bei Gutachten des Wissenschaftlichen Beirats des Bundesministeriums für Finanzen, Steuervergünstigungen und EU-Beihilfeaufsicht - Problematik und Ansätze zur Lösung des Kompetenzkonflikts mit der Steuerautonomie, 03/2017, S. 28.

Bereich des Beihilferechts die Ermächtigungsgrundlage überdehnen und dadurch *ultra-vires*-Charakter hätten. Die Konsequenz dessen wäre, dass *EuGH* und vor allem nationale Gerichte wie das *BVerfG* die Entscheidungen mangels tauglicher Ermächtigungsgrundlage für ungültig erklären würden.[636]

Mit einer *ultra-vires*-Entscheidung würde zunächst ein Akzeptanzverlust auf Seiten der Mitgliedstaaten und Unternehmen einhergehen. Würde sie von einem nationalen Gericht erlassen, besäße dies zudem eine politische Wirkung. Eine solche Entscheidung, in der Rechtsakten eines EU-Organs die Legitimität abgesprochen wird, könnte von europakritischen politischen Strömungen leicht dazu genutzt werden, die Institutionen zu diskreditieren und anti-europäische Ressentiments in der Bevölkerung zu verstärken.[637] Gerade mit Blick auf sich momentan ausbreitende nationalistische Tendenzen in einigen Mitgliedstaaten, könnte das letztlich zu einer Gefährdung des gesamten europäischen Gemeinschaftsprojekts führen. Die Möglichkeit, ggf. aggressive Steuerplanung mithilfe von Gewinnverlagerung durch Unternehmen effektiver zu bekämpfen, ist vor dem Hintergrund kein gleichwertiges Anliegen. Eine Hinnahme der Kompetenzverschiebung bietet daher keine Lösung des Kompetenzkonflikts.

2. Bereichsausnahme für APAs

Eine zweite Möglichkeit bestünde darin, durch Änderung des europäischen Primärrechts APAs von der Beihilfenkontrolle auszunehmen. So könnte beispielsweise in Art. 107 Abs. 2 oder 3 AEUV eine entsprechende Bereichsausnahme implementiert werden.Für diese Vorgehensweise spricht ihre Effektivität, sie würde den Kompetenzkonflikt zugunsten der nationaler Steuersouveränität auflösen. Die gewichtigeren Gründe sprechen jedoch dagegen. Zunächst stellt sich die Frage der Umsetzbarkeit: Es ist unwahrscheinlich, im Post-Brexit Europa einen politischen Konsens zu erzielen, welcher in einer notwendigen Vertragsänderung nach Art. 48 AEUV mündet.

---

636 Gerade das BVerfG hat sich in seiner Rechtsprechung schon häufig mit der Kompetenzabgrenzung zwischen Deutschland und der EU auseinandergesetzt. In seinem *Maastricht-Urteil* hat es festgestellt, dass *ultra-vires*-Rechtsakte nicht verbindlich seien, BVerfGE 89, 155 (188). Das *Lissabon-Urteil* bestätigt dies, ferner wird die *ultra-vires*-Kontrolle beim BVerfG monopolisiert, BVerfGE 123, 267 (353 f.). Seit dem *Honeywell*-Beschluss setzt eine Kontrolle wegen des Gebots der Europarechtsfreundlichkeit eine vorherige Befassung des EuGH voraus, BVerfGE 126, 286 (304).

637 Vgl. zur politischen Dimension der Beihilfenkontrolle auch *Ludwigs*, EuZW 2017, S. 41 f.

Noch gewichtiger ist jedoch, dass eine derartige Bereichsausnahme einer erheblichen Aushebelung der Beihilfenkontrolle gleichkäme; fortan könnten Staaten ihre geplanten Beihilfen gefahrlos über APAs gewähren, ohne eine Beanstandung befürchten zu müssen. Hinzu kommt, dass eine Ungleichbehandlung zwischen verbundenen Unternehmen und Einzelunternehmen entstehen würde. Letztere schließen ihre Geschäfte unter Marktbedingungen ab und nutzen keine Verrechnungspreise. Sie können aus diesem Grund auch keine APAs beantragen. Potentielle Beihilfen zu ihren Gunsten könnten daher anders als bei verbundenen Unternehmen nicht unter Vereinbarung eines APAs ermöglicht werden. Auch dieser Lösungsansatz ist daher abzulehnen.

3. Einbeziehung der Mitgliedstaaten durch Beteiligung des Rats

Des Weiteren ist an ein stärkeres Mitspracherecht der Mitgliedstaaten durch eine Einbeziehung des Rats in Beihilfeverfahren zu denken. In strittigen Fällen, d.h. wenn ein Mitgliedstaat eine Kommissionsentscheidung als rechtswidrig erachtet, könnte sie durch eine Entscheidung des Rats – einstimmig oder mit qualifizierter Mehrheit – überstimmt werden.[638] Durch das Stimmrecht bekämen die Mitgliedstaaten eine aktive Rolle im Beihilfeverfahren.

Allerdings würde das nichts am Kompetenzkonflikt mit der Steuersouveränität eines einzelnen Staates ändern, da eine Entscheidung des Rats nicht von einzelnen Staaten beeinflusst wird, sondern mehrheitsgetragen erfolgt. Wegen der Möglichkeit überstimmt zu werden, wäre die Souveränität nicht hinreichend geschützt. Zudem wäre in dieser Konstellation unklar, ob eine gerichtliche Kontrolle durch die Unionsgerichte vollends entfiele, oder ob zumindest im Rahmen eines Konkurrentenstreits durch betroffene Unternehmen weiterhin eine gerichtliche Kontrolle möglich wäre.[639]

Zuletzt bestünde die große Gefahr eines vollständigen Akzeptanzverlusts von Kommissionsentscheidungen. Mitgliedstaaten könnten diese stets ablehnen, um eine Entscheidung des Rats herbeizuführen. Der Rat ist jedoch kein Organ

---

638 Für die Anwendung des Beihilferechts auf gesetzliche Beihilfen vgl. auch Gutachten des Wissenschaftlichen Beirats des Bundesministeriums für Finanzen, Steuervergünstigungen und EU-Beihilfeaufsicht - Problematik und Ansätze zur Lösung des Kompetenzkonflikts mit der Steuerautonomie, 03/2017, S. 33.

639 Für die Anwendung des Beihilferechts auf gesetzliche Beihilfen vgl. auch Gutachten des Wissenschaftlichen Beirats des Bundesministeriums für Finanzen, Steuervergünstigungen und EU-Beihilfeaufsicht - Problematik und Ansätze zur Lösung des Kompetenzkonflikts mit der Steuerautonomie, 03/2017, S. 33.

der Streitbeilegung unter Anwendung geltenden Rechts, sondern ein Beschlussfassungsorgan für politische Entscheidungen. Er würde folglich – aller Voraussicht nach – keine rechtliche Bewertung des Sachverhalts vornehmen, sondern unter politischen Gesichtspunkten entscheiden. Die Beihilfenkontrolle würde zu einem politischen Instrument verkommen. Mithin stellt die Einbeziehung des Rats in das Beihilfeverfahren ebenfalls keine Lösung dar.

4. „The authority to get it wrong within limits"

Denkbar wäre ebenfalls, einen neuen ungeschriebene Rechtfertigungsgrund beim Tatbestandsmerkmal der Selektivität zu schaffen. Dieser könnte die Selektivität eines APAs in Fällen rechtfertigen, in denen die nationale Steuerbehörde bei der Bestimmung von Verrechnungspreisen zwar einen Fehler gemacht hat, dieser Fehler jedoch ihren Ermessensrahmen nicht sprengt.

a. APAs als Ermessensausübung

Daly favorisiert diese Vorgehensweise. Seiner Ansicht nach besitze jede nationale Steuerbehörde ein Recht, Sachverhalte falsch zu bewerten, ohne dass dies automatisch zur Annahme eines selektiven Vorteils führen dürfe.[640] Es sei nicht Aufgabe das Beihilferecht, jede nationale Fehlanwendungen zu sanktionieren.[641]

Das Recht auf Fehlanwendung des nationalen Rechts wird mit der Rolle der (Steuer-) Behörden in einem Staat begründet: Ihnen werde eine Aufgabe übertragen – im Falle von Steuerbehörden die Aufgabe, die Einhaltung des Steuerrechts zu überwachen und dafür Sorge zu tragen, dass die Steuerpflichtigen ihre Abgaben tatsächlich entrichten – ohne jedoch genauer zu spezifizieren, wie die Behörden diese Aufgabe zu erfüllen hätten.[642] Aus diesem Umstand erwachse den Behörden ein Ermessen dahingehend, auf welche Art und Weise und mit welchen Mitteln sie diese Aufgabe erfüllen wollen.

Sofern es um die Einhaltung des Steuerrechts gehe, stehe es den Steuerbehörden beispielsweise frei, sich in gezielten Kampagnen an die Bevölkerung zu wenden, abschreckende Rechtsstreitigkeiten zu führen oder kostenlosen

---

640 So auch *Daly*, The authority to get it wrong and the implications for the rulings investigations, S. 21.

641 *Daly*, The authority to get it wrong and the implications for the rulings investigations, S. 3.

642 *Daly*, The authority to get it wrong and the implications for the rulings investigations, S. 5.

Steuerberatungsstellen Mittel zuzuweisen.[643] Genauso gut stehe es den Behörden jedoch offen zu entscheiden, dass sich die Einhaltung des Steuerrechts am besten über Auskünfte an Steuerpflichtige erreichen lasse. Die Entscheidung, ob diese Auskünfte genereller oder individueller Natur sein sollten, sei ebenfalls vom Ermessen der Behörden umfasst; mithin sei das Ausstellen von APAs an Unternehmen nur eine Form der Ermessensausübung seitens der Steuerbehörden.

Weiter wird ausgeführt, die Ausübung von Ermessen gehe zwangsweise mit Fehlern einher. Fehler hätten jedoch nicht zur Folge, dass die Steuerbehörden ihrer Aufgabe, die Einhaltung des Steuerrechts zu überwachen, nicht nachgekommen seien. Einzig das durch die fehlerhafte Bestimmung der Verrechnungspreise begünstigte Unternehmen sei seiner Verpflichtung seine Steuern zu zahlen, nicht nachgekommen.

Wenn jedoch staatliche Stellen die ihnen übertragenen Aufgaben – wenn auch fehlerhaft – erfüllen und so ihrer Verantwortung nachkommen, sei konsequenterweise kein Raum für die Annahme von verbotenen Beihilfen. Die Anwendung des Beihilferechts habe nur dort eine Anwendungsberechtigung, wo staatliche Aufgaben unerfüllt blieben; ansonsten bestehe dafür kein Raum.[644] Dieses Recht auf Fehlanwendung der einschlägigen Regeln, die *authority to get it wrong within limits*, sei in Form eines ungeschriebenen Rechtfertigungsgrundes zu berücksichtigen.

b. Bewertung

Zusammengefasst schlägt *Daly* nachvollziehbarerweise vor, einen Kernbereich exekutiver Eigenverantwortung der Steuerbehörden von der Beihilfenkontrolle auszunehmen. Dies in Form eines neuen Rechtfertigungsgrundes sicherzustellen ist ein innovativer Lösungsvorschlag, überzeugt letztlich jedoch aus zwei Gründen nicht:

Zum einen ist die Argumentation lückenhaft. Es wird zwar ausführlich beschrieben, dass die Steuerbehörden einen Handlungsauftrag in einem Staat besäßen und Fehlentscheidungen bei der Erfüllung des Auftrages unvermeidlich seien. Dem ist auch nicht zu widersprechen. Allerdings macht die Unvermeidbarkeit eines Umstands diesen keinesfalls gleichsam begehrenswert. Mit anderen Worten: Nur weil einer Steuerbehörde bei der Bestimmung von Verrechnungspreisen zwangsläufig Fehler unterlaufen, bedeutet das noch nicht, dass die Fehler

643 *Daly*, The authority to get it wrong and the implications for the rulings investigations, S. 6.

644 *Daly*, The authority to get it wrong and the implications for the rulings investigations, S. 8 f.

nicht von einer anderen Stelle, vorliegend der Kommission, überprüft und korrigiert werden sollten. Genauso gut wäre es möglich zu argumentieren, die Kommission solle gerade diese Fälle erkennen, um so den nationalen Steuerbehörden bei ihrer Aufgabenerfüllung behilflich zu sein.

Was dem Ansatz fehlt ist eine Darstellung, warum fehlerhafte Verrechnungspreisbestimmung nicht nur unvermeidlich, sondern sogar wünschenswert ist. Diese im Konzept genannte *desirability of the authority to get it wrong* wird zwar angesprochen, überzeugt jedoch nicht. Der Verweis darauf, dass es keine besser geeignete Stelle für die Verrechnungspreisbestimmung als die nationalen Steuerbehörden gebe und Fehler unvermeidlich seien[645], ist kein stichhaltiges Argument dafür, fehlerhafte Entscheidung der Steuerbehörden von der Kommissionskontrolle auszunehmen. Vielmehr handelt es sich um gar kein echtes, über die Unvermeidlichkeit hinausgehendes Argument.

Hinzu kommt, dass die Verortung als Rechtfertigungsgrund im Rahmen der Selektivitätsprüfung an sich und unabhängig vom Inhalt des Rechtfertigungsgrunds nicht geeignet ist, den Kompetenzkonflikt zu lösen. An dem Punkt, an dem ein möglicher Rechtfertigungsgrund seine Wirkung entfalten könnte, ist ein Großteil der Prüfung des APAs bereits abgeschlossen. Die Kommission hätte bereits die Bestimmung des Verrechnungspreises überprüft und so die Rolle eines Superfinanzamts eingenommen. Eine nachträgliche Rechtfertigung der fehlerhaften Verrechnungspreisbestimmung ändert an dieser Rolle nichts mehr.

Etwas anderes wäre allenfalls denkbar, wenn die Rechtfertigungsebene in der Prüfung „nach vorne gezogen" bzw. ihr vollständig vorangestellt würde. Ein solches Vorgehen entspräche jedoch nicht dem Charakter einer Rechtfertigung, die bereits vom Wortsinn einen festgestellten Verstoß voraussetzt. Im Ergebnis ist daher die Einführung einer *authority to get it wrong within limits* als Rechtfertigungsgrund abzulehnen.

5. Einrichtung eines internationalen Steuergerichtshofs

Zu denken wäre auch an die Einrichtung eines internationalen Steuergerichtshofs. Diese Idee ist zurückzuführen auf die *International Fiscal Association* (IFA). 1951 wurde beim 5. Kongress IFA in Zürich der bereits vor dem zweiten Weltkrieg entwickelte Gedanke[646], einen internationalen Steuergerichtshof zu gründen,

645 *Daly*, The authority to get it wrong and the implications for the rulings investigations, S. 9.

646 Vgl. eine ausführliche Beschreibung der Entwicklung bei *Strotkemper*, Das Spannungsverhältnis zwischen Schiedsverfahren in Steuersachen und einem Internationalen

erneut aufgegriffen. Die auf dem Kongress gefasste Resolution befürwortete im Ergebnis die Einrichtung eines Gerichtshofs, welcher zeitgleich durch Klagen der Staaten wie auch von Privatpersonen angerufen werden sollte.[647] Teilweise wurde auch vorgeschlagen, anstelle der Einrichtung eines neuen Gerichtshofes die Zuständigkeit des IGH zu erweitern. [648]

Letztlich ist die genaue Konzeptionierung unerheblich, da die Einrichtung eines wie auch immer ausgestalteten supranationalen Gerichts für das vorliegende Problem des Kompetenzkonflikts durch eine zu weitreichende Kommissionskontrolle keine Lösung bietet. Das liegt bereits daran, dass eine gerichtliche Kontrolle stets der Kontrolle seitens der Kommission nachgeschaltet ist. Wenn das seitens der IFA geforderte Gericht sich daher mit dem fraglichen Sachverhalt beschäftigen würde – vorausgesetzt, man räumt der Kommission neben Staaten und Privatpersonen eine Vorlagebefugnis ein –, so ist die Kommission bis zu diesem Zeitpunkt bereits als Superfinanzamt aktiv geworden. Zudem ist die Einrichtung auch überhaupt nicht notwendig, da das Unionsrecht mit dem *EuGH* bereits über ein Rechtsprechungsorgan für Streitigkeiten im Anwendungsbereich des Unionsrechts verfügt. Vielmehr würde die Einrichtung in Konflikt treten zu dessen Allzuständigkeit im Sinne des Art. 344 AEUV. Daher ist auch die Einrichtung eines internationalen Steuergerichtshofs abzulehnen.

6. Anwendung unterschiedlicher Kontrollmaßstäbe

Eine weitere Möglichkeit bestünde darin, der Kommission bei der Kontrolle von APAs einen grundsätzlich niedrigen Kontrollmaßstab vorzuschreiben. Die Anwendung unterschiedlicher Kontrollmaßstäbe ermöglicht eine souveränitätsfreundliche oder souveränitätsunfreundlichere Sachverhaltsbeurteilung.[649]

a. Richterliche Kontrollmaßstäbe bei Beihilfen auf Gesetzesebene

Obwohl es dahingehende Ansätze[650] bereits gibt, hat die Unionsrechtsprechung das Konzept, bei der Beihilfenkontrolle auf Gesetzesebene unterschiedliche

---

Steuergerichtshof: Möglichkeiten zur Verbesserung der Streitbeilegung im Internationalen Steuerrecht, S. 549 ff.

647 *Mehrheit der IFA-Mitglieder*, IFA Cahiers de Droit Fiscal International Vol. 20 (1952), S. 103 ff.

648 *Riedel*, IFA Cahiers de Droit Fiscal International Vol. 18 (1951), S. 35 f., 46.

649 Vgl. Abschnitt D, III, 2, b, bb, (1), (a).

650 *Kokott*, Steuerrecht und unionsrechtlicher Beihilfebegriff in: Veröffentlichungen der 42. DJStG-Tagung 2017, S. 544 ff; *dies.*, Das Steuerrecht der EU, § 3, Rn. 181.

Kontrollmaßstäbe anzuwenden, bis heute noch nicht ausdrücklich adaptiert. Seitens der Befürworter wird angeregt, die dem amerikanischen Verfassungsrecht entnommenen Kontrollmaßstäbe (engl. *standards of scrutiny*) durch ein dreigliedriges System zu übertragen.

Ein geringer Kontrollmaßstab (engl. *rational basis test*) führt regelmäßig zur Vereinbarkeit des Gesetzes mit dem Beihilferecht.[651] Im Ausgangspunkt soll eine Überprüfung von Steuergesetzen stets am niedrigen Kontrollmaßstab erfolgen, sofern nicht weitere Faktoren hinzukommen. Bei Anwendung eines mittleren Kontrollmaßstabs (engl. *intermediate scrutiny*) ist das Ergebnis einzelfallabhängig; es besteht weder eine Vermutung für die Vereinbarkeit noch für die Unvereinbarkeit. Er kann Anwendung finden bei Steuergesetzen, die externe Ziele verfolgen (vor allem bei fiskalfremden Zielen, nicht jedoch beispielsweise beim Umweltschutz). Ein strenger Kontrollmaßstab (engl. *strict scrutiny*) indiziert die Unvereinbarkeit des Steuergesetzes. Den Gesetzgeber soll daher ausnahmsweise die Darlegungslast treffen, dass eine Unvereinbarkeit nicht vorliegt. Bei Steuergesetzen, deren Anwendung an Staatsangehörigkeit der Steuerpflichtigen, ihre Ansässigkeit oder den grenzüberschreitenden Charakter ihrer wirtschaftlichen Betätigung anknüpfen, ist seine Anwendung angemessen.[652]

Durch die grundsätzliche Anwendung des niedrigen Kontrollmaßstabes soll der Steuersouveränität der Staaten Rechnung getragen werden. Erst bei Vorliegen weiterer Merkmale würde sich die Unionsgerichtsbarkeit so das Recht vorbehalten, die Umstände genauer zu untersuchen, wodurch die Gefahr einer Unvermeidbarkeit steigen würde.

b. Kontrollmaßstäbe bei Beihilfen durch APAs

Jener dreigliedrige Maßstab könnte ebenso bei der Überprüfung von Beihilfen durch APAs Anwendung finden. Eine Übertragung Eins zu eins kommt jedoch nicht in Betracht. APAs sind anders als Steuergesetze keine abstrakt-generellen Rechtsakte, die sich an einen unbestimmten Adressatenkreis richten, sondern haben Rechtswirkung für nur einen bestimmten Fall. Daher ist eine Unterscheidung beispielsweise nach Staatsangehörigkeit denklogisch ausgeschlossen. Zudem müssten die Maßstäbe nicht erst bei der gerichtlichen Kontrolle, sondern

651 *Kokott*, Beweislastverteilung und Prognoseentscheidungen bei der Inanspruchnahme von Grund- und Menschenrechten, S. 52 ff.

652 *Kokott*, Steuerrecht und unionsrechtlicher Beihilfebegriff in: Veröffentlichungen der 42. DJStG-Tagung 2017, S. 546 ff.

bereits durch die Kommission Anwendung finden, damit diese nicht in der Rolle eines Superfinanzamts agiert.

Notwendig ist daher eine Modifikation. Der Ausgangspunkt ist identisch: wie bei Steuergesetzen findet ebenso bei APAs in der Regel ein geringer Kontrollmaßstab Anwendung. Das trägt der Steuersouveränität der Staaten Rechnung. Ein mittlerer Kontrollmaßstab wird bei APAs angewendet, die Geschäftsvorfälle beurteilen, welche sich aufgrund ihrer Umstände besonders gut für Gewinnverlagerungen eignen, da die Verrechnungspreisbestimmung noch schwieriger ist als in den anderen Fällen. Die Rede ist von Geschäftsvorfällen über die Nutzung von Immaterialrechtsgütern (Schutzrechte, Marken oder Patente). Bei diesen setzt sich der Verrechnungspreis aus einer Reihe von Faktoren zusammen, die extrem schwierig quantifizierbar sind. Bei Lizenzgebühren, die für die Nutzung einer Marke vereinbart werden, kommt es beispielsweise auf den guten Ruf, die Glaubwürdigkeit, die Markenpflege, die Unterscheidungskraft zu anderen Marken, den Bekanntheitsgrad bestehend aus Marktanteil, Nutzungsintensität, Verbreitungsgebiet etc. sowie den Bestand von Markenfamilien und den Grad der Drittnutzung der Marke an.[653] Anders als bei Geschäftsvorfällen mit Produkten oder Dienstleistungen bestehen hier kaum objektive Messpunkte, die Aufschluss über die Angemessenheit von Verrechnungspreisen geben. Sie sind daher anfälliger für Manipulationen.

Ein strenger Kontrollmaßstab soll dann Anwendung finden, wenn sich ein in einem APA vereinbarter Verrechnungspreis erheblich von anderen vergleichbaren Preisen unterscheidet. Wann das der Fall ist und von wem diese Abweichung festgestellt werden soll – nicht von der Kommission selbst, da sie für die Feststellung einer erheblichen Abweichung bereits mit ungewissem Kontrollmaßstab in die Prüfung einsteigen müsste – wird sogleich ausführlich dargestellt.

c. *Bewertung*

Die Anwendung unterschiedlicher Kontrollmaßstäbe ist ein Schritt in die richtige Richtung. Wichtig ist, dass sie nicht erst bei der gerichtlichen Überprüfung gelten. Allerdings wird durch die Anwendung allein der Kompetenzkonflikt noch nicht gelöst, da die Kommission weiterhin ausnahmslos jedes APA überprüfen und als Superfinanzamt agieren kann. Das gilt es zu verhindern.

---

653 Deloitte Österreich Tax & Legal News, Markenlizenzen im Konzern aus Sicht der Verrechnungspreise, Beitrag vom 05. März 2018, abrufbar unter: https://www.deloittetax.at/2018/03/05/markenlizenzen-im-konzern-aus-sicht-der-verrechnungspreise/#.XJTDUC0lwdU (zuletzt abgerufen am 11. Juli 2019).

Die Anwendung eines mittleren Maßstabs bei Verrechnungspreisen für die Nutzung von Immaterialrechtsgütern ist sinnvoll, reicht jedoch nicht aus. Nicht alle bisher von der Kommission beanstandeten APAs beinhalteten Immaterialrechtsgüterverrechnungspreise. Im Fall *Fiat* spielten sie beispielsweise keine Rolle. Bei *Starbucks* waren zwar nach Ansicht der Kommission die Lizenzzahlungen unangemessen hoch, schwerwiegender war jedoch ein überhöhter Verrechnungspreis für den Erwerb von grünen Kaffeebohnen von der *Starbucks Coffee Handel SARL* mit Sitz in der Schweiz.[654]

Es muss also auch für die APAs eine sinnvolle Lösung gefunden werden, die keine Verrechnungspreise für Geschäftsvorfälle mit Immaterialrechtsgütern beinhalten aber aufgrund anderer Umstände doch verdächtig sind, Gewinnverlagerung zu ermöglichen. Entscheidend für die Bewertung ist daher die weitere Ausgestaltung der unterschiedlichen Kontrollmaßstäbe mit Blick auf die Fragen, wann ein strenger Kontrollmaßstab Anwendung finden und wie eine umfassende Kontrolle der Kommission verhindert werden soll.

7. Unterschiedliche Aufgreif- und Eingriffsschwellen

Diese Arbeit schlägt eine grundlegende Änderung des Beihilfeverfahrens vor. Der dreigliedrige Kontrollmaßstab bietet dafür den entscheidenden Rahmen. Sinnvoll ist eine Beschränkung der Beihilfenkontrolle durch die Kommission auf solche Fälle, in denen die durch ein APA vereinbarten Verrechnungspreise eine prozentuale Abweichung von einem Medianwert von Verrechnungspreisen aufweisen, die oberhalb einer einzelfallabhängigen Schwelle liegen, der *Aufgreifschwelle*. Erst ab Erreichen der Aufgreifschwelle darf die Kommission untersuchen, ob ein APA gegen das Beihilferecht verstößt; unterhalb ist eine Kontrolle seitens der Kommission komplett ausgeschlossen.

Ist wegen des Erreichens der Aufgreifschwelle eine Prüfung durch die Kommission möglich, soll diese mit geringem Kontrollmaßstab durchgeführt werden. Ab dem Erreichen einer weiteren Schwelle, der *Eingriffsschwelle*, sollte die Kommission einen strengen Kontrollmaßstab anlegen, der in der Regel zu einer Unvereinbarkeit mit dem Beihilfeverbot führt.

654 Europäische Kommission, Pressemitteilung vom 21. Oktober 2015, Kommission stellt Unvereinbarkeit der selektiven Steuervorteile für Fiat in Luxemburg und für Starbucks in den Niederlanden mit dem EU-Beihilferecht fest, IP/15/5880.

a. *Methodik*

Die Schwellenwerte sind nicht als fixe Werte zu verstehen, es soll keine Grenze bei einem bestimmten Verrechnungspreis gezogen werden. Ein derartiges Vorgehen würde aufgrund der Diversität der den APAs zugrundliegenden Steuersachverhalte keine verlässliche Indikation dafür bieten, ob ein APA unverdächtig ist oder der Prüfung mit einem strengen Kontrollmaßstab bedarf. Um darüber Auskunft geben zu können, ist vielmehr das relative Verhältnis zu anderen Verrechnungspreisen entscheidend.

Um das Verhältnis zu bestimmen, ist in einem ersten Schritt erforderlich, aus Verrechnungspreisen mit vergleichbaren Geschäftsvorfällen einen Medianwert als Maßstab zu bilden. Die Schwellenwerte ergeben sich aus einer bestimmten prozentualen Abweichung vom Medianwert. Auch diese prozentuale Abweichung soll nicht fix bestimmt werden, sondern ist abhängig von der Art des Geschäftsvorfalls und der Höhe des Medianwertes. Dies sei an folgenden Abbildungen verdeutlicht.

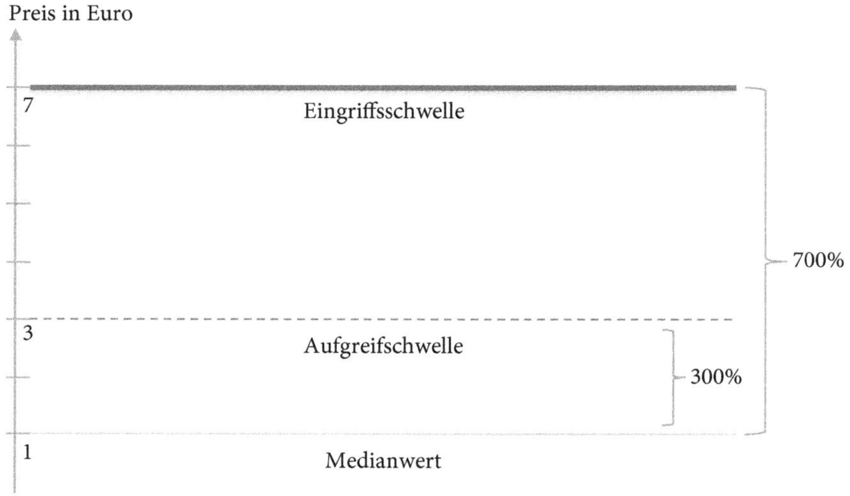

Abbildung 3: Verrechnungspreise pro Kilogramm grüne Kaffeebohnen
Quelle: Eigene Darstellung.

Abbildung 3 ist an den Fall *Starbucks* angelehnt. Angenommen wird, dass der Medianwert, den multinationale Kaffeeröstereien und vergleichbare Unternehmen pro Kilogramm grüne Kaffeebohnen als Verrechnungspreis vereinbaren, 1,00 Euro beträgt. Bei solchen verhältnismäßig niedrigen Beträgen ist es angemessen, dass die prozentuale Abweichung für das Erreichen der Schwellen verhältnismäßig hoch liegt. Zu dieser Feststellung gelangt wer sich vergegenwärtigt, dass bei realitätsnaher Betrachtung schon bei der Bestimmung des Medianwertes Verrechnungspreise Eingang gefunden haben, die prozentual signifikant davon abweichen, beispielsweise solche innerhalb einer Spanne von 0,50 Euro bis 2,00 Euro. Würde man daher die prozentuale Abweichung für die Schwellenwerte bei niedrigen Preisen zu gering bemessen, würde das dazu führen, dass ein großer Anteil an APAs weiterhin durch die Kommission geprüft würde. Das entspricht jedoch weder ihrer Intention einer Ausreißerkontrolle, noch würde es den Kompetenzkonflikt entschärfen. Daher wurde in Abbildung 3 die Aufgreifschwelle bei einer Abweichung von 300 Prozent, die Eingriffsschwelle bei 700 Prozent festgelegt.

Die Werte sind fiktiv und haben nur in diesem Beispiel Gültigkeit. Bereits bei einem Geschäftsvorfall innerhalb derselben Kategorie, dem An- und Verkauf von Produkten, ändern sich die prozentualen Abweichungen bei höheren Preisen erheblich, was Abbildung 4 verdeutlicht.

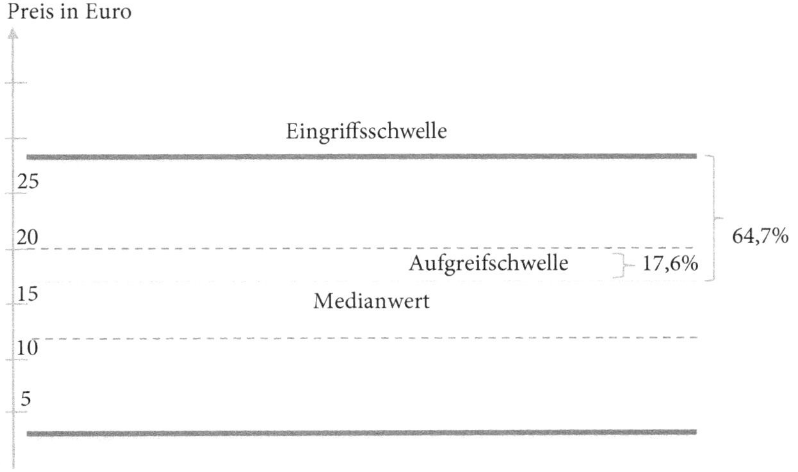

Abbildung 4: Verrechnungspreise pro Smartphone-Prozessorchip
Quelle: Eigene Darstellung.

Abbildung 4 nimmt Anleihe am Fall *Apple*. Für den Bau eines *Apple iPhone* werden eine Vielzahl von Teilen benötigt. Das fertigende Unternehmen erwirbt diese teilweise bei externen Unternehmen[655] und teilweise bei verbundenen Unternehmen. Das Herzstück des Smartphones, die Prozessorchips, stellt *Apple* selbst her. Angenommen wird, ein Tochterunternehmen von *Apple* in Indien[656] erwirbt die Prozessorchips von einem verbundenen Unternehmen. Der Medianwert für Verrechnungspreise beim Kauf von Prozessorchips beträgt 17 Euro pro Stück. Würde man die prozentualen Abweichungen aus Abbildung 3 auf diesen Fall übertragen, so läge die Aufgreifschwelle bei 51 Euro und die Eingriffsschwelle sogar bei 119 Euro. Eine negative Abweichung ließe sich gar nicht darstellen, da die Werte unter 0 Euro liegen würden. Selbst wenn Unternehmen bei Geschäftsvorfällen, die Prozessorchips zum Inhalt haben, eine Gewinnverlagerung anstreben würden, so ist es doch mehr als unrealistisch, dass die Preisabweichungen diese Dimensionen erreichen. Folglich könnte die Kommission – wenn überhaupt – nur sehr wenige APAs anhand des geringen Maßstabs kontrollieren. Die Kontrolle anhand des strengen Maßstabs würde aller Voraussicht nach nicht stattfinden. Zwar ist eine Ausreißerkontrolle intendiert, es muss jedoch zeitgleich sichergestellt sein, dass das Beihilfeverbot nicht leerläuft.

Folglich ist eine Anpassung der prozentualen Abweichungen für das Erreichen der Schwellenwerte notwendig. In Abbildung 4 genügen deshalb bereits 3 Euro oder 17,6 Prozent für das Erreichen der Aufgreifschwelle; ab einer totalen Abweichung von 11 Euro oder knapp 65 Prozent sollte die Kommission genauer prüfen, ob die Verrechnungspreise tatsächlich ordnungsgemäß bestimmt wurden oder primär der Gewinnverlagerung dienen.

Diese Werte stehen nur exemplarisch für die Vorgehensweise bei der Bestimmung der Schwellenwerte. Die Abbildungen dienen allein der Verdeutlichung des aufgezeigten Lösungsvorschlags. Schwellenwerte sind weder totale Werte noch starre prozentuale Abweichungen, sondern ihre Bestimmung muss je nach Art des Geschäftsvorfalls anhand der Gesamtumstände für den Einzelfall bestimmt werden.

---

655 So wurde beispielsweise das Display für das iPhone X von Samsung hergestellt und an Apple verkauft; auch andere wichtige Komponenten wie die Kameralinse stammen nicht von Apple selbst.

656 Vgl. zu dieser neuen Entwicklung, die iPhones außerhalb von China herzustellen z.B. „iPhones bald aus Indien", Beitrag vom 27. Dezember 2018, abrufbar unter: https://www.sueddeutsche.de/wirtschaft/apple-iphones-bald-aus-indien-1.4266813 (zuletzt abgerufen am 11. Juli 2019).

Im Übrigen gilt die prozentuale Abweichung selbstredend auch für negative Abweichungen. Es sind ebenso gut Fälle denkbar, in denen Unternehmen in Niedrigsteuerstaaten ein Produkt oder eine Dienstleistung von verbundenen Unternehmen in Hochsteuerstaaten erwerben und dafür einen zu geringen Verrechnungspreis vereinbaren. Bei Abbildung 4 läge ein solches Szenario beispielsweise dann vor, wenn das fertigende Tochterunternehmen von *Apple* seinen Sitz nicht in Indien, sondern in Ungarn mit einem Körperschaftssteuersatz von 9 Prozent hätte, und die Prozessorchips von *Apple Inc.* mit Sitz in den USA stammen würden.

In Abbildung 3 wurde dennoch auf eine Darstellung der Schwellenwerte bei negativen Abweichungen verzichtet, da sich die Abbildung stärker an den realen Gegebenheiten im Fall *Starbucks* (erhöhte Preise) orientiert als Abbildung 4 am Fall *Apple*; zudem lägen die Preise außerhalb der natürlichen Zahlen und könnten daher in der Realität nicht vereinbart werden.

b. Praktische Umsetzung

Es müsste eine zentrale europäische Institution vorhanden sein, deren Aufgabe es ist, die in einem APA vereinbarten Verrechnungspreise mit dem Medianwert abzugleichen und das APA entweder an die Kommission weiterzuleiten oder den Mitgliedstaaten die Unbedenklichkeit zu melden. Für die Erfüllung der Aufgabe ist von der Institution eine europäische Datenbank für Verrechnungspreise zu erstellen und im Fortgang zu aktualisieren und zu pflegen.

aa. Bestehende Institution: Das Gemeinsame EU-Verrechnungspreisforum

Das Gemeinsame EU-Verrechnungspreisforum (engl. *Joint Transfer Pricing Forum*, JTPF) könnte diese Aufgabe erfüllen. Es unterstützt und berät die Kommission bei Steuerfragen in Bezug auf Verrechnungspreise. Dabei orientiert es sich bei seiner Arbeit an den OECD – Verrechnungspreisrichtlinien und schlägt der Kommission Lösungen bei Problemen im Bereich der Verrechnungspreisgestaltung vor.[657] Ferner erstellt es Statistiken über die Anzahl der von den

657 Homepage der Europäischen Kommission, Steuern und Zollunion, Unternehmen, Unternehmensbesteuerung, Verrechnungspreise in der EU, Verrechnungspreisforum, abrufbar unter: https://ec.europa.eu/taxation_customs/business/company-tax/transfer-pricing-eu-context/joint-transfer-pricing-forum_de#heading_1 (zuletzt abgerufen am 11. Juli 2019).

Mitgliedstaaten ausgestellten APAs[658] sowie Verrechnungspreisprofile zu den einzelnen Mitgliedstaaten[659] und verfügt somit über bereits über eine hohe Expertise im Bereich der Verrechnungspreise. Grundsätzlich würde sich das JTPF daher anbieten, die beschriebene Rolle auszufüllen.

Dagegen spricht jedoch seine Zusammensetzung. Es besteht aus je einem Vertreter der nationalen Steuerbehörden pro Mitgliedstaat und zusätzlich 18 NGOs bzw. deren Vertretern.[660] Problematisch sind dabei nicht die nationalen Vertreter der Steuerbehörden; sie wären für die Aufgabe gut geeignet. Das Problem liegt vielmehr bei den NGOs. Ganz überwiegend handelt es dabei nicht um „unverdächtige" wissenschaftliche Forschungseinrichtungen – als solche sind nur das *International Tax Center Leiden* und die *European Association of Tax Law Professors* vertreten –, sondern um Finanzdienstleistungsunternehmen wie *Deloitte*, *CMS*, *NERA Economic Consulting* und das *Network of Member Firms of PwC* oder Wirtschaftsunternehmen wie die weltweit größte Reederei *Maersk*.

Es ist nicht so, dass gerade die Finanzdienstleister nicht über die notwendige Kompetenz für die Bewältigung der Aufgabe verfügen würden. Das Gegenteil ist der Fall. Gerade *PwC* ist bei der Steuergestaltung auf der Höhe der Zeit. Das Unternehmen spielte bei den *Luxenburg Leaks* eine Hauptrolle, indem es die Unternehmenskonstruktionen entwickelte, Gewinnzuweisungen vorschlug und entsprechendeAbsprachen mit den zuständigen luxemburgischen Steuerbehörden traf.[661]

---

658 Europäische Kommission, EU Joint Transfer Pricing Forum, Statistics on APAs in the EU at the End of 2017, JTPF/007b/2018/EN.

659 Abrufbar unter: https://ec.europa.eu/taxation_customs/business/company-tax/transfer-pricing-eu-context/joint-transfer-pricing-forum_de#heading_1 (zuletzt abgerufen am 11. Juli 2019).

660 Homepage der Europäischen Kommission, Steuern und Zollunion, Unternehmen, Unternehmensbesteuerung, Verrechnungspreise in der EU, Verrechnungspreisforum, 1. Zusammensetzung der JTPF, abrufbar unter: https://ec.europa.eu/taxation_customs/business/company-tax/transfer-pricing-eu-context/joint-transfer-pricing-forum_de#heading_1 (zuletzt abgerufen am 11. Juli 2019).

661 Vgl. auch „So tricksen die Unternehmen", Beitrag vom 06. November 2017, abrufbar unter: https://www.tagesschau.de/ausland/paradisepapers/paradisepapers-149.html (zuletzt abgerufen am 11. Juli 2019); „PwC, KPMF und Co. – Architekten der Steuerschlupflöcher, Beitrag vom 05. November 2017, abrufbar unter: https://www.tagesschau.de/ausland/paradisepapers/paradisepapers-179.html (zuletzt abgerufen am 11. Juli 2019).

Um Missverständnissen vorzubeugen soll betont werden, dass der Verfasser das Geschäftsmodell von Unternehmen wie *PwC* nicht als anrüchig oder gar rechtswidrig ansieht. Solange die Staaten den Unternehmen durch fehlende Harmonisierung im Bereich der Unternehmensbesteuerung die Möglichkeit bieten, die jeweils günstigste Regelung für sich rauszusuchen, ist die Beratungsleistung zur Steueroptimierung legitim. Das heißt jedoch nicht, dass einem Gremium, in dem gleich mehrere solcher Unternehmen Mitglieder ist, eine derart verantwortungsvolle Aufgabe übertragen werden sollte wie die Erstüberprüfung mitgliedstaatlicher APAs. Es könnte dazu kommen, dass APAs bzw. die ihnen vereinbarten Verrechnungspreise überprüft werden müssen, an deren Ausstellung ein Finanzdienstleistungsunternehmen maßgeblich beteiligt war. Um zu vermeiden, dass es hierbei zu Interessenskonflikten kommt – oder auch nur der Anschein dessen entsteht – sollte daher von einer Beauftragung des JTPF Abstand genommen werden.

Außerdem ist der Modus, nach dem die 18 NGOs benannt werden, nicht transparent. So gibt es beispielsweise zwei deutsche NGOs[662], obwohl nicht jeder Mitgliedstaat einen Platz hat. Auch ist unklar, nach welchen Parametern die NGOs ausgewähnt werden. Es kann nicht ausgeschlossen werden, dass politische oder ökonomische Interessen bei der Benennung eine Rolle gespielt haben.

Hinzu kommt das vielleicht größte Problem, der Einfluss der Kommission auf das JTPF. Die Kommission bzw. der Generaldirektor für Steuern *Quest* ist für die Ernennung der NGOs und des Vorsitzenden zuständig.[663] Die Ernennung erfolgt immer für eine Dauer von zwei Jahren.[664] Somit hat die Kommission unmittelbaren Einfluss auf zumindest einen Teil der Besetzung des JTPF. Sollte sie mit der Anzahl oder Qualität der weitergeleiteten APAs nicht einverstanden sein, bliebe ihr die Möglichkeit, die kommende Besetzung zu verändern. Die Mitglieder könnten so unter Druck geraten, eine APA-Weiterleitung im Sinne der Kommission und nicht nach objektiven Maßstäben zu verfolgen, um weiterhin Teil des JTPF sein zu können. Diese Situation gilt es jedoch zu vermeiden. Im

---

662 Den „Bundesverband der Deutschen Industrie e.V." und die „Brose Fahrzeugteile GmbH & Co KG".

663 Vgl. das Ernennungsschreiben vom 07. Mai 2017, abrufbar unter https://ec.europa.eu/taxation_customs/sites/taxation/files/renewalappointment2017.pdf (zuletzt abgerufen am 11. Juli 2019), Einleitung: „*The Director-General for Taxation and Customs Union, […] [h]as decided as follows […].*"

664 Vgl. das Ernennungsschreiben vom 07. Mai 2017, abrufbar unter https://ec.europa.eu/taxation_customs/sites/taxation/files/renewalappointment2017.pdf (zuletzt abgerufen am 11. Juli 2019).

Ergebnis ist daher das JPTF trotz seiner nicht bestreitbaren fachlichen Eignung keine geeignete Institution für die Betrauung der Aufgabe, eine Erstkontrolle von mitgliedstaatlichen APAs vorzunehmen.

bb. Neuschaffung einer zentralen EU-Verrechnungspreiskontrollinstitution

Die vorliegende Arbeit schlägt daher vor, dass eine zentrale europäische Institution neugeschaffen wird. Es ist notwendig, dass sie eigenständig ist und nicht in bestehende Institutionen – vor allem nicht die Kommission – eingegliedert wird, sodass ihre Unabhängigkeit gewährleistet ist und keine Möglichkeit besteht, von außen auf die Bestimmung der Schwellenwerte einzuwirken.

Bei der Erstellung der für die Erfüllung ihrer Aufgabe erforderlichen Datenbank könnte sie sich an bereits bestehenden Datenbanken für Verrechnungspreise orientieren. Solche sind keine Seltenheit, es gibt bereits einige mit umfassenden Informationen.[665] Allerdings werden die Datenbanken privat betrieben und erfüllen einen anderen Zweck: Sie richten sich an die Unternehmen selbst, indem sie Informationen über Geschäftsvorfälle bieten und zeitgleich eine Dokumentation für die Steuerprüfung ermöglichen. Aufgrund der unterschiedlichen Zielrichtung kann die zu schaffende Datenbank auf solche Funktionen verzichten und sich auf die wesentlichen Informationen, den Kerngehalt des APAs beschränken. Darunter fallen vor allem die genauen Umstände des Geschäftsvorfalls sowie die Verrechnungspreise selbst.[666]

cc. Verhältnis zum Informationsaustausch nach der EU-Amtshilferichtlinie

Um eine umfassende Datenbank aufbauen zu können, benötigt die neue Verrechnungspreisinstitution eine große Datenmenge. Für die Zukunft sollten sich daher die Mitgliedstaaten dazu verpflichten, APAs in anonymisierter Form aber mit den relevanten Informationen nach deren Ausstellung direkt an die neue Institution zu übermitteln. Das könnte über eine Anpassung der

---

665 Z.B. die BvD-Datenbanken, die nach eigener Aussage Detailangaben zu 66 Mio. Unternehmen besitzen.

666 Die weiteren Voraussetzungen könnten angelehnt sein an diejenigen von Art. 8a Abs. 6 der Richtlinie (EU) 2015/2376 des Rates vom 8. Dezember 2015 zur Änderung der Richtlinie 2011/16/EU bezüglich der Verpflichtung zum automatischen Austausch von Informationen im Bereich der Besteuerung.

EU-Amtshilferichtlinie[667] erfolgen. Sie enthält in ihrer aktuell geltenden Form bereits die Verpflichtung der Mitgliedstaaten zum spontanen Austausch von Informationen über von den nationalen Steuerbehörden ausgestellte APAs sowie deren inhaltliche Voraussetzungen, vgl. Art. 9 Abs. 1, vor allem lit. b, c und d Amtshilferichtlinie.

Das vorliegend skizzierte Vorgehen unterscheidet sich vom Informationsaustausch nach der Amtshilferichtlinie insoweit, dass letztere nur eine Verpflichtung der Staaten vorsieht, sich die Informationen untereinander zu übermitteln, sofern ein anderer Staat durch ein APA betroffen ist. Eine Bündelung der Informationen bei einer zentralen Institution findet nicht statt. Somit geht der Vorschlag über das bereits vorhandene Instrumentarium des Informationsaustausches nach der Amtshilferichtlinie hinaus und ergänzt dieses. Die Bündelung samt Auswertung könnte in der Amtshilferichtlinie aufgenommen werden. Die Unabhängigkeit der hier vorgeschlagenen neuen Institution schützt die im Wege des Austausches übermittelten Daten vor Einsicht durch andere Mitgliedstaaten und der Kommission.

Die zukünftige Übermittlung allein reicht jedoch für den Aufbau der Datenbank nicht aus, zusätzlich wird ein Grundstock an Daten benötigt. Dafür wäre eine Verpflichtung der Mitgliedstaaten sinnvoll, ihre APAs der letzten fünf oder sogar zehn Jahre an die Institution zu übermitteln. Auch das könnte durch eine Änderungsrichtlinie des Rates sichergestellt werden. Um im Rat nicht auf Wiederstand der Staaten zu stoßen, könnte die zu implementierende Regelung vorsehen, die übermittelten APAs allein zum Aufbau der Datenbank zu verwenden und von einer Beihilfenkontrolle auszunehmen. Das hätte für die Mitgliedstaaten den Vorteil, dass alle APAs vor einer Beanstandung sicher wären, sodass ein eigenes Interesse an der Übermittlung bestünde – eine Win-Win-Situation.

dd. Der Prozess des Medianwertabgleichs

Nachdem eine Datenbank aufgebaut wurde, kann die Institution mit ihrer eigentlichen Arbeit, dem Abgleich von APAs bzw. der Verrechnungspreise mit dem Medianwert beginnen. Dafür muss sie einen Medianwert für die unterschiedlichen Arten und Varianten von Geschäftsvorfällen ermitteln sowie prozentuale Abweichungen für die Schwellen errechnen. Da der Prozess für den späteren Abgleich entscheidend ist, muss er möglichst frei von jeder Beeinflussung

667 Richtlinie (EU) 2015/2376 des Rates vom 8. Dezember 2015 zur Änderung der Richtlinie 2011/16/EU bezüglich der Verpflichtung zum automatischen Austausch von Informationen im Bereich der Besteuerung.

gehalten werden. Es bietet sich daher der Einsatz eines selbstlernenden Algorithmus, einer Künstlichen Intelligenz an. Die Künstliche Intelligenz kann die bisherigen APAs und Kommissionsentscheidungen analysieren und präzise errechnen, wie Medianwert und Schwellenwert im Einzelfall zu bestimmen sind.

So wird jedes übermittelte APA überprüft. Abhängig vom Ergebnis der Überprüfung bestehen zwei Möglichkeiten: APAs mit Abweichungen unterhalb der Aufgreifschwelle werden nicht weiter an die Kommission übermittelt. Die Gefahr einer Beanstandung wird so direkt beseitigt. Das Ergebnis wird dem Mitgliedstaat zeitnah übermittelt, welcher es an das betroffene Unternehmen weitergeben sollte, sodass das Unternehmen endgültige Rechtssicherheit über den Inhalt erhält.

Die übrigen APAs werden an die Kommission weitergeleitet. Dabei wird die genaue prozentuale Abweichung nicht preisgegeben; allein, ob ein geringer oder strenger Kontrollmaßstab Anwendung finden soll, wird der Kommission mitgeteilt. Auf der Grundlage beginnt die Kommission sodann ihr förmliches Prüfverfahren. Anders als bisher wird die abschließende Entscheidung jedoch nicht nur dem Staat, sondern auch der Verrechnungspreisinstitution mitgeteilt, damit sich die Künstliche Intelligenz fortentwickeln kann. So ist eine fortlaufende Überprüfung und Aktualisierung der Werte sichergestellt.

c. *Anforderung an die rechtliche Umsetzung*

Das Beihilfeprüfverfahren ist primärrechtlich nur rudimentär geregelt. Der relevante Art. 108 Abs. 1 AEUV besagt:

> „Die Kommission überprüft fortlaufend in Zusammenarbeit mit den Mitgliedstaaten die in diesen bestehenden Beihilferegelungen. Sie schlägt ihnen die zweckdienlichen Maßnahmen vor, welche die fortschreitende Entwicklung und das Funktionieren des Binnenmarkts erfordern."

Die Konkretisierung erfolgt auf sekundärrechtlicher Ebene; die Art. 2 ff. VerfahrensVO unterscheiden zwischen neu einzuführenden und bereits bestehenden Beihilfen und bestimmen Anforderungen an die jeweilige Kategorie. APAs können theoretisch in beide Kategorien fallen, praktisch wird es bei der Beihilfenkontrolle jedoch immer um neue, aktuelle APAs gehen, sodass die Kategorie der neu einzuführenden Beihilfen einschlägig ist.[668] Die daran zu stellenden Anforderungen müssten an das oben beschriebene Verfahren angepasst werden. Die

---

668 Etwas Anderes würde nur dann gelten, wenn APAs eine jahrelange Laufzeit haben und ihr Inhalt in den Jahren stark variiert. Hier ist denkbar, dass das APA für die erste Zeit als mit dem Beihilferecht vereinbar angesehen wird und Bedenken erst bzgl. späterer Inhalte aufkommen.

bedeutendste Änderung der VerfahrensVO wäre, dass eine neue Beihilfe durch APAs fortan nicht mehr bei der Kommission, sondern bei der neuen Verrechnungspreisinstitution anzumelden und ihr zu übermitteln wäre.

Für die Reform des Beihilfeverfahrens wäre daher keine Änderung des Primärrechts notwendig. Der Wortlaut von Art. 108 Abs. 1 AEUV, der eine „fortlaufende Zusammenarbeit mit den Mitgliedstaaten" vorsieht, steht eine Änderung im obigen Sinne nicht entgegen, schließlich wird die Zusammenarbeit nicht durch eine ausgelagerte Erstkontrolle unterbrochen. Die Kompetenz, Unvereinbarkeitsentscheidungen zu treffen, bleibt weiterhin allein der Kommission vorbehalten. Notwendig wäre lediglich eine Änderung der VerfahrensVO durch den Rat sowie eine Änderung der Amtshilferichtlinie in der beschriebenen Art und Weise.

d. Bewertung

Ein Vorteil der Reform des Beihilfeverfahrens besteht darin, dass sie konzeptionell geeignet ist, die nationalen Kompetenzen und die EU-Kompetenzen schonend miteinander in Einklang zu bringen. Durch eine Begrenzung der Kontrolle auf bestimmte Fälle und die Anwendung unterschiedlicher Maßstäbe besäße die Kommission nicht (mehr) die Kontrolle eines Superfinanzamts; der Steuersouveränität der Staaten würde ausreichend Rechnung getragen werden. Zugleich verbliebe der Kommission die alleinige Kompetenz, Unvereinbarkeitsentscheidungen zu treffen.

Der Hauptvorteil dieser Reform des Beihilfeverfahrens liegt jedoch nicht primär im schonenden Ausgleich der Kompetenzen. Wie erläutert, möchte die Kommission nicht möglichst viele APAs beanstanden, sie beabsichtigt vielmehr eine Ausreißerkontrolle. Das hier skizzierte Verfahren entspricht genau dieser Intention. Die Kommission müsste sich mit der Kontrolle einer ganzen Reihe von unverdächtigen APAs – also solchen, die unter der Aufgreifschwelle liegen – überhaupt nicht beschäftigen. Diese würden durch den Abgleich der Verrechnungspreisinstitution direkt aus dem Verfahren ausscheiden. Ebenso könnte sie auch bei APAs mit Abweichungen oberhalb der Aufgreif- aber unterhalb der Eingriffsschwelle eine Überprüfung mit weniger Aufwand durchführen und so ihre Ressourcen zum Großteil auf die Prüfung solcher APAs konzentrieren, die wegen der Überschreitung der Eingriffsschwelle verdächtig sind und daher Ausreißer darstellen (können).

Darüber hinaus würde sogar der inhaltlich richtige Gedanke der *authority to get it wrong within limits* wieder aufgegriffen. Unterhalb der Aufgreifschwelle müssten Steuerbehörden trotz möglicher fehlerhafter Verrechnungspreisbestimmung nicht damit rechnen, dass ihre APAs beanstandet werden; mithin würde nicht jede fehlerhafte Anwendung des nationalen Steuerrechts zu einem Konflikt mit dem Beihilferecht führen. Im Ergebnis bestünde so ein Recht der nationalen Steuerbehörden, Verrechnungspreise in einem gewissen Rahmen fehlerhaft zu bestimmen.

II. Fehlende Rechtssicherheit für Unternehmen

Der Sinn und Zweck von APAs liegt darin, verbundenen Unternehmen vor der Realisierung eines Geschäftsvorfalls eine Steuerlast verbindlich zuzusichern. Dadurch erlangt das Unternehmen Rechtssicherheit und kann auf Rückstellungen für etwaige Nachzahlungen verzichten. Diese Rechtssicherheit wird durch eine zu weitreichende Kontrolle der Kommission gefährdet. Wenn jedes APA potentiell eine verbotene Beihilfe ist und Verrechnungspreise somit der Absolution der Kommission bedürfen, verliert das Rechtsinstrument eines APAs seine Daseinsberechtigung.[669] Auf die Verbindlichkeit wäre unter dem „Damoklesschwert" der Kommissionskontrolle kein Verlass mehr.[670] Dieser Umstand steht jedoch im Widerspruch zum Europäischen Kodex für Steuerpflichtige vom 21. November 2016[671], mit dem die Kommission das Verhältnis zwischen Steuerpflichtigen und Steuerverwaltungen grundsätzlich bestimmen will. In diesem Dokument äußert sich die Kommission mit Blick auf die Rechtssicherheit von APAs wie folgt:

> „Steuerpflichtige können erwarten, dass die Steuerverwaltungen im Falle eines Systems für Steuervorbescheide [Hervorhebung des Verfassers] **Rechtssicherheit** in Bezug auf die steuerliche Beurteilung in einem bestimmten Fall [Hervorhebung des Verfassers] **bieten**."[672]

Die Kommission fordert also selbst für den Fall, dass ein nationales System für verbindliche Vorabeinschätzungen vorhanden ist, dass diese Instrumente den Unternehmen echte Rechtssicherheit bieten müssen. Dem steht jedoch eine

---

669 Gutachten des Wissenschaftlichen Beirats des Bundesministeriums für Finanzen, Steuervergünstigungen und EU-Beihilfeaufsicht - Problematik und Ansätze zur Lösung des Kompetenzkonflikts mit der Steuerautonomie, 03/2017, S. 8, 17 f., 26.

670 *Rossi-Maccanico*, A Proposed Framework to Review Tax rulings, in: Haslehner/Kofler/Rust, EU Tax Law and Policy in the 21st Century, S. 75.

671 Leitlinien zur Gestaltung eines Europäischen Kodex für Steuerpflichtige, Ref. Ares(2016)6598744.

672 Leitlinien zur Gestaltung eines Europäischen Kodex für Steuerpflichtige, S. 13, Nr. 3.2.5.

umfassende Kontrolle von APAs entgegen. Vielmehr findet so eine einseitige Verlagerung des (finanziellen) Risikos auf die Unternehmen statt, da im Falle der Unvereinbarkeit mit dem Beihilferecht nicht der gewährende Staat, sondern das Unternehmen rückwirkend die Beihilfe zurückerstatten muss.[673] Der Sache nach ist dieser Zustand eine Gefährdungshaftung des Unternehmens für etwaiges Fehlverhalten der Verwaltung durch fehlerhafte Verrechnungspreisbestimmung – ein Zustand, der rechtsstaatlich nicht zulässig ist. Es bedarf daher auch hier einer Lösung, damit APAs auch weiterhin geeignet sind, Unternehmen die benötigte Rechtssicherheit zu bieten.

Auf den ersten Blick verbessert sich die Rechtssicherheit für Unternehmen bereits durch die vorgeschlagene Reform des Beihilfeverfahrens. Geht man von einer zeitnahen Analyse der APAs und Rückmeldung nach Übermittlung an die europäische Verrechnungspreisinstitution aus – neben der Neutralität ein weiterer Vorteil des Einsatzes einer Künstlichen Intelligenz –, hat der Großteil der Unternehmen schnell Gewissheit, dass das sie betreffende APA nicht beanstandet wird. Sie können damit auf den Inhalt vertrauen und entsprechende Dispositionen treffen.

Die übrigen Unternehmen, deren APAs an die Kommission zur Prüfung übermittelt wurden, werden darüber ebenfalls in Kenntnis gesetzt. So haben sie gegenüber der momentanen Situation zumindest einen geringen Erkenntnisgewinn. Jedoch kann dieser nicht als ausreichend betrachtet werden; vielmehr besteht das Problem der fehlenden Rechtssicherheit fort, da sich die betroffenen Unternehmen für den Zeitraum der Untersuchung durch die Kommission nicht auf den Inhalt des APAs verlassen können. Sie müssen während dieser Zeit immer damit rechnen, dass die Kommission das APA für mit dem Beihilferecht unvereinbar erklärt und den ausstellenden Mitgliedstaat dazu verpflichtet, Steuern vom Unternehmen nachzufordern. Von echter Rechtssicherheit, wie sie auch der Europäische Kodex für Steuerpflichtige vorsieht, kann daher nicht die Rede sein.

---

673 Gutachten des Wissenschaftlichen Beirats des Bundesministeriums für Finanzen, Steuervergünstigungen und EU-Beihilfeaufsicht - Problematik und Ansätze zur Lösung des Kompetenzkonflikts mit der Steuerautonomie, 03/2017, S. 18.

1. Rechtsfolgenbeschränkung durch ex-nunc-Unwirksamkeit von APAs

Eine Möglichkeit, die Rechtssicherheit für Unternehmen zu verbessern, bestünde darin, vollständig auf Steuernachforderungen durch die Mitgliedstaaten zu verzichten. Dieser Zustand ließe sich durch eine Rechtsfolgenbeschränkung erreichen; die Unwirksamkeit von APAs im Falle eines Negativbeschlusses könnte fortan nur *ex nunc* wirken. So wäre der Inhalt des APAs zwar für die Zukunft hinfällig; bereits abgewickelte Steuerzahlungen des Unternehmens blieben jedoch unberührt.

Für Unternehmen wäre das eine deutliche Verbesserung gegenüber dem momentanen Zustand. Selbstredend ist auch die zukünftige Unwirksamkeit eines APAs für das betroffene Unternehmen nachteilig, da ihm in der Regel langandauernde Verhandlungen vorangegangen sind und der zuständigen Steuerbehörde umfassende Daten zur Verfügung gestellt wurden.[674] Allerdings würde es von der Verpflichtung befreit, Rücklagen zu bilden und dauerhaft bereit zu halten, um für eine mögliche Steuernachzahlung gerüstet zu sein. Letzteres ist für ein Unternehmen der erheblich problematischere Zustand, schließlich hat es überhaupt erst ein APA beantragt, um genau dieser Verpflichtung zur Bildung von Rücklagen zu entgehen. Entfiele daher das Risiko einer Nachzahlung, würde eine Situation geschaffen, welche die Annahme von echter Rechtssicherheit rechtfertigen würde.

Eine Rechtsfolgenbeschränkung hat indes eine Schwachstelle: ihre Missbrauchsanfälligkeit. Sofern die einschneidende Rechtsfolge der Nachforderung ersatzlos entfiele, verlöre das Rechtsinstitut seine abschreckende Wirkung. Staaten und Unternehmen könnten kollusiv zusammenwirken und sich gefahrlos auf APAs mit einer zu geringen Steuerlast verständigen, in dem Wissen, dass diese einer Überprüfung der Kommission mit großer Wahrscheinlichkeit nicht standhalten werden. Bis zur Entscheidung der Kommission könnten sie den Inhalt dennoch umsetzen. Das Unternehmen würde so wissentlich eine zu geringe Steuerzahlung an den Staat vornehmen, da die abgewickelte Zahlung rückwirkend nicht mehr beanstandet werden könnte. Die wahrscheinliche zukünftige Unwirksamkeit des APAs ist für den Staat und das Unternehmen ärgerlich, aber letztlich zweitrangig. Sie können das Vorgehen jederzeit wiederholen und so die Beihilfeprüfung *ad absurdum* führen.

674 Siehe zu den Vorteilen und Nachteilen von APAs Abschnitt B, IV, 3.

Zudem würde eine Rechtsfolgenbeschränkung zwar ein Nachforderungsverbot bedeuten; zeitgleich jedoch auch ein Besteuerungsgebot ab dem Zeitpunkt der Entscheidung. Diese Rechtsfolge *pro futuro* passt indes nicht zum Charakter des Beihilferechts[675] und zur Steuersouveränität der Staaten.[676] Der Verzicht auf die Steuernachforderungen ist deshalb -zumindest solange an die Stelle der Nachforderung keine alternative Rechtsfolge tritt – keine gangbare Lösung zur Steigerung der Rechtssicherheit von Unternehmen.

2. Großzügigeres Verständnis des Vertrauensschutzes

Des Weiteren wäre daran zu denken, das europäische Verständnis des Vertrauensschutzes großzügiger zu gestalten. Bislang haben Empfänger einer Beihilfe erfolglos vorgebracht, ihr Vertrauen auf den Erhalt der Beihilfe sei schutzwürdig und stehe deshalb einer Rückforderung entgegen.

a. Ausgangssituation

Die Kommission könnte grundsätzlich davon absehen, Mitgliedstaaten zur Nachforderung aufzufordern, sofern jene gegen einen allgemeinen unionsrechtlichen Grundsatz verstoßen würde.[677] Der ungeschriebene Grundsatz des Vertrauensschutzes fällt in diese Kategorie.[678] Prinzipiell können sich betroffene Unternehmen daher auf die Gewährung von Vertrauensschutz berufen. Faktisch wird der Grundsatz in der ständigen Rechtsprechung der Unionsgerichte jedoch sehr restriktiv gehandhabt.[679] Der *EuGH* hat 1990 dazu folgendes ausgeführt:

> „Ein Mitgliedsstaat, [...] kann sich [...] nicht unter Berufung auf das geschützte Vertrauen der Begünstigten der Verpflichtung entziehen, Maßnahmen zur Durchführung einer Entscheidung der Kommission zu ergreifen. Anderenfalls wären die Art. 92

---

675 EuGH, Rs. C-390/98 (*Banks*), ECLI:EU:C:2001:456, Rn. 74; EuGH, Rs. C-142/87 (*Belgien/Kommission*), ECLI:EU:C:1990:125, Rn. 66.

676 *Kokott*, Das Steuerrecht der EU, § 3, Rn. 236, 241.

677 *Schönfeld/Ellenrieder*, IStR 2018, S. 446; Gutachten des Wissenschaftlichen Beirats des Bundesministeriums für Finanzen, Steuervergünstigungen und EU-Beihilfeaufsicht - Problematik und Ansätze zur Lösung des Kompetenzkonflikts mit der Steuerautonomie, 03/2017, S. 33.

678 EuGH, verbundene Rs. C-205/82 bis C-215/82 (*Deutsche Milchkontor GmbH*), ECLI:EU:1983:233, Slg. 1983, 2642 f.; *Schönfeld/Ellenrieder*, IStR 2018, S. 446; *Cremer* in: Callies/Ruffert, EUV/AEUV, Art. 108 AEUV, Rn. 28.

679 Vgl. nur zuletzt *EuG*, Rs. T-620/11 (*SinnLeffers/Kommission*), ECLI:EU:T:2016:59, Rn. 191.

> und 93 EWG-Vertrag [heutige Art. 107 und 108 AEUV] insoweit wirkungslos, als die nationalen Behörden sich auf ihr eigenes rechtswidriges Verhalten stützen könnten, um Entscheidungen der Kommission nach diesen Bestimmungen ihrer Wirkung zu berauben."[680]

Eine Ausnahme von dieser Maxime besteht nach Ansicht des *EuGH* nur dann, wenn „außergewöhnliche Umstände" dies rechtfertigen würden. Außergewöhnliche Umstände in diesem Sinne könnten insbesondere dann vorliegen, sofern die Unionsbehörden dem Unternehmen präzise, unbedingte und übereinstimmende Zusicherungen gegeben hätten und diese Zusicherungen geeignet gewesen seien, beim Unternehmen begründete Erwartungen hervorzurufen.[681]

b. Anwendung im Fall von APAs

Die Berufung auf Vertrauensschutz in den Bestand eines APAs hätte nach dem oben Ausgeführten daher nur dann Aussicht auf Erfolg, sofern außergewöhnliche Umstände dies rechtfertigen würden. Indes scheitert deren Vorliegen bereits an der ersten Voraussetzung. Es ist bereits unklar, ob die regelmäßig zugesicherten Bandbreiten von Verrechnungspreisen „präzise" im Sinne des *EuGH* sind. In jedem Fall erfolgt bei APAs die Zusicherung an das Unternehmen nicht durch Unionsbehörden, sondern durch die nationalen Steuerbehörden. Folglich ist das Vorliegen außergewöhnlicher Umstände ausgeschlossen; das Berufen auf Vertrauensschutz ist nicht möglich.

c. Mögliche Änderung, Realisierbarkeit und Bewertung

Das bisherige, strikte Verständnis des Vertrauensgrundsatzes könnte gelockert werden. Um das Beihilfeverbot nicht wirkungslos werden zu lassen und das geltende *effet utile* nicht zu unterminieren, könnte die Lockerung moderat ausfallen.[682] So könnte es dabei bleiben, dass nur außergewöhnliche Umstände – freilich mit dann anderen Voraussetzungen – den Vertrauensschutz rechtfertigen;

---

680 EuGH, Rs. C-5/89 (*Kommission/Deutschland*), ECLI:EU:C:1990:320, Rn. 17.

681 EuGH, Rs. C-526/14 (*Kotnik*), ECLI:EU:C:2016:570, Rn. 62; EuGH, verbundene Rs. C-630/11 P bis C-633/11 P (*HGA/Kommission*), ECLI:EU:C:2013:387, Rn. 132; EuGH, Rs. C-194/09 P (*Alcoa Trasformazioni/Kommission*), ECLI:EU:C:2011:497, Rn. 71.

682 A.A. Teile der Literatur, welche die strengen Anforderungen kritisieren. Es wird vorgebracht, dass das bisherige strikte Verständnis des Vertrauensgrundsatzes vom Beihilfeempfänger praktische eine materiell-rechtliche Unfehlbarkeit erfordere, z.B. von *Schönfeld/Ellenrieder*, IStR 2018, S. 445; *Martini*, StuW 2017, S. 108; wohl auch *Hey*, StuW 2015, S. 336.

alternativ könnte auch gleich ein neuer Ausnahmetatbestand vom strikten Verständnis geschaffen werden.

Sofern man sich für eine Modifikation des Ausnahmetatbestands „außergewöhnliche Umstände" entscheidet, müssten alternativ zu den genannten Voraussetzungen weitere treten, die an die Gegebenheiten von APAs angepasst sind. Die Voraussetzungen könnten einen besonderen Vertrauensschutz dann vorsehen, wenn verbindliche Zusicherungen durch eine nationalen Behörde erteilt werden, die auf der Grundlage einer über das klassische Subordinationsverhältnis von Staat und Unternehmen hinausgehenden Zusammenarbeit zwischen Behörde und Unternehmen beruhen und das Unternehmen deshalb auf den Inhalt der Zusicherung berechtigterweise vertrauen durfte. Da es sich dabei um Entwicklungen der Rechtsprechung handeln würde, wäre eine Gesetzesänderung hierfür nicht erforderlich.

Allerdings stellt sich die Frage, ob Unternehmen, die eine Beihilfe in Form eines APAs erhalten haben, einen höheren Vertrauensschutz verdienen als solche, deren Beihilfe sich aus einem Steuergesetz ergibt. *Prima facie* scheint es so, als wäre diese Sonderbehandlung gerechtfertigt. Unternehmen, deren Antrag auf Erteilung eines APAs erfolgreich war, haben dafür mit den Steuerbehörden umfangreich kooperiert. Insbesondere haben sie den Behörden bereits vorab von sich aus umfangreiche Unterlagen zur Verfügung gestellt und damit die Arbeit der Behörden erleichtert. Dieser Umstand könnte die besondere Schutzwürdigkeit rechtfertigen.

Indes würde verkannt, dass die Unternehmen durch die Form der reziproken Kollaboration auch Einfluss auf den Inhalt des APAs und damit der Beihilfe gewinnen. Vor dem Hintergrund, dass die Wahl der Verrechnungspreismethode und die Bestimmung der Verrechnungspreise bzw. Preisspannen erheblich vom Vorschlag des Unternehmens abhängen, ist sogar die Annahme gerechtfertigt, dass die Unternehmen für die Unionsrechtswidrigkeit des APAs in ähnlichem Maße verantwortlich sind wie die Steuerbehörden.

Anders ist das bei Beihilfen durch Steuergesetze. Hierbei haben die Beihilfeempfänger keine Einflussmöglichkeit auf die Beihilfe selbst. Stattdessen müssen sie sich an gesetzliche Regelungen halten und haben nicht die Möglichkeit, von sich aus den Steuersatz zu erhöhen oder sich einem Steuergesetz zu unterwerfen, dessen Vorrausetzungen sie nicht erfüllen. Bei Steuergesetzen besteht daher eine der sog. aufgedrängten Bereicherung ähnliche Konstruktion, welche im deutschen Zivilrecht bei Rückforderungen aus Kondiktion den Anspruch leerlaufen lassen kann. Beihilfen durch Steuergesetze sind daher „aufgedrängte Beihilfen".[683]

Bei aufgedrängten Beihilfen ist der Beihilfeempfänger besonders schutzwürdig. Trotzdem zeigen sich Kommission und Unionsgerichtsbarkeit auch hier unnachgiebig, wenn es um die Geltendmachung des Vertrauensschutzes geht. Fordert man aber sogar von diesen eigentlich schutzwürdigen Empfängern die Beihilfe zurück, dann muss das nach dem *argumentum a fortiori* in jedem Falle auch für Beihilfeempfänger gelten, denen die Inanspruchnahme offen stand – die Unternehmen haben sich um ein APA bemüht – und die auf den Inhalt der Beihilfe einen nicht unerheblichen Einfluss hatten. Im Ergebnis ist daher die Schaffung eines auf APAs zugeschnittenen Vertrauensschutzes, welcher die Nachforderung von Steuerzahlungen verhindern würden, abzulehnen.

3. Austausch der Nachforderungsschuldner

Die vorliegende Arbeit regt stattdessen an, dass fortan nicht mehr das begünstigte Unternehmen die Verpflichtung zur Steuernachzahlung treffen sollte, sondern den das APA ausstellenden Mitgliedstaat. Dieser Lösungsvorschlag bringt ähnlich wie bei der Lösung des Kompetenzkonflikts weitreichende Änderungen mit sich. Er reformiert indes nicht das Verfahren, sondern die Rechtsfolgenseite.

a. Ausgangssituation

Das europäische Primärrecht regelt ebenso wie das Verfahren auch die Rechtsfolgenseite nicht im Detail. Der relevante Art. 108 Abs. 2 AEUV beschränkt sich auf folgende Aussage:

> „Stellt die Kommission fest, nachdem sie den Beteiligten eine Frist zur Äußerung gesetzt hat, dass eine von einem Staat oder aus staatlichen Mitteln gewährte Beihilfe mit dem Binnenmarkt nach Artikel 107 unvereinbar ist oder dass sie missbräuchlich angewandt wird, so beschließt sie, dass der betreffende Staat sie binnen einer von ihr bestimmten Frist aufzuheben oder umzugestalten hat."

Dem Wortlaut der Norm lässt sich nicht entnehmen, dass bei steuerlichen Beihilfen eine Nachforderung der gewährten Beihilfe notwendig ist. Vielmehr müsste die Kommission demnach dem Staat nur aufgeben, die Beihilfen aufzuheben bzw. umzugestalten. Die konkretisierende, seit 2015 geltende VerfahrensVO sieht in den Erwägungsgründen Nr. 24 f. sowie Art. 16 Abs. 1 jedoch vor, dass die Beihilfe (nebst Zinsen, vgl. Art. 16 Abs. 2) nachzufordern ist.

683 *Kokott*, Das Steuerrecht der EU, § 3, Rn. 232.

Das gilt in der Praxis nicht erst seit 2015. In Übereinstimmung mit der Rechtsprechung des *EuGH*[684] entspricht es ständiger Praxis der Kommission, dass sie im Falle der festgestellten Unionsrechtswidrigkeit einer Beihilfe vom gewährenden Mitgliedstaat verlangt, die Beihilfe zurück- bzw. nachzufordern.[685] Forderungsschuldner ist dabei das begünstigte Unternehmen, nicht der gewährende Staat.[686]

b. Mögliche Änderung und Realisierbarkeit

Letzteres ließe sich durch einen Austausch des Forderungsschuldners ändern. Die Kommission könnte auf die Aufforderung an die Mitgliedstaaten verzichten, von den Unternehmen die Steuern nachzufordern. Stattdessen könnte sie die Staaten dazu verpflichten, selber die jeweilige Summe anstelle der Unternehmen zu zahlen; freilich nicht an sich selbst, sondern an die EU. Eine Änderung von Art. 108 Abs. 2 AEUV wäre dafür nicht notwendig, sein Wortlaut würde der neuen Rechtsfolge nicht entgegenstehen. Einzig Art. 16 VerfahrensVO müsste dafür durch den Rat auf Grundlage von Art. 109 AEUV geändert werden.

c. Bewertung

Dabei stellt sich die Frage, ob eine Zahlung des Staates an die EU die Steuernachzahlung des Unternehmens an den Staat sinnvoll ersetzen kann und sollte.

aa. Bedenken

Bedenken ergeben sich zunächst mit Blick auf das Schutzgut des Beihilferechts. Als Teil des Wettbewerbsrechts ist das Beihilferecht daran ausgerichtet, den Wettbewerb aufrecht zu erhalten und damit den Binnenmarkt und seine Funktionsfähigkeit zu schützen. Durch die Steuernachforderung der Staaten gegenüber den Unternehmen wird eine Bereinigung der wettbewerbsverfälschenden

---

684 Vgl. z.B. EuGH, Rs. C-70/72 (*Kommission/Deutschland*), ECLI:EU:C:1973:87, Rn. 13.

685 Der Beginn der Praxis ist nicht eindeutig bestimmbar, da ältere Kommissionsentscheidung zu Rückforderungsbeschlüssen teilweise nicht verfügbar sind. *Cremer* in: Callies/Ruffert, EUV/AEUV, Art. 108 AEUV, Rn. 27 sieht den Beginn der Praxis in der Entscheidung 82/312/EWG der Kommission über belgische Beihilfen für eine Industrie- und Handelsgruppe im Sektor Wandverkleidungen vom 10. März 1982, Abl. 1982 Nr. L 138/18 bzw. deren Berichtigung vom 13. Oktober 1982, Abl. 1982 Nr. L 289/35.

686 *Cremer* in: Callies/Ruffert, EUV/AEUV, Art. 108 AEUV, Rn. 27; vgl. auch *Kokott*, Das Steuerrecht der EU, § 3, Rn. 231.

Situation und eine Wiederherstellung des Wettbewerbs angestrebt. Tritt an diese Stelle eine Zahlung des Mitgliedstaates, bleibt die wettbewerbsverfälschende Situation jedoch bestehen, da dem Unternehmen das Geld nicht entzogen wird. Dieser Umstand scheint nicht im Sinne des Beihilferechts zu sein, dessen „logische Folge" die Rückforderung ist.[687] Zudem stellt sich die Frage, wieso die Zahlung an die EU geleistet werden sollte. Die Beihilfe wurde im Verhältnis Staat – Unternehmen gewährt. Daher sollte sie auch in diesem Verhältnis rückabgewickelt werden.

bb. Vorteile

Der Verfasser räumt ein, dass Bedenken an einem Schuldneraustausch nicht unbegründet sind. Allerdings überwiegen die Gründe dafür, dass fortan nicht länger die Unternehmen, sondern die Staaten das Risiko einer Nachforderung tragen.

(1) Risikofreie Beihilfegewährung der Staaten

Die momentane Rechtsfolge des Beihilfeverfahrens ist paradox. Staaten können risikolos APAs ausstellen, dadurch verbotene Beihilfen gewähren und werden dafür auch noch in jedem Fall belohnt. Die eine Variante ist, dass das APA unbeanstandet bleibt. Dann hat der Staat durch die Beihilfe die Wettbewerbssituation in eine für das nationale Unternehmen günstige Situation gelenkt, wodurch in der Regel weitere Investitionen und Arbeitsplätze entstehen.

In der anderen Variante wird das APA beanstandet und für ungültig erklärt. Eigentlich ist diese Situation für den Staat sogar noch günstiger als die erste Variante. Für die Dauer der Beihilfe bis zu ihrer Nachforderung – förmliches Prüfverfahren sowie unter Umständen gerichtliche Kontrolle durch die Unionsgerichte erfordern regelmäßig mehrere Jahre – sind die Arbeitsplätze gesichert und das Unternehmen zahlt dem Mitgliedstaat Steuern. Bei anschließender Nachforderung kommt die Beihilfe zusätzlich dem Staatshaushalt zugute.

Letzteres ist aus Sicht des Verfassers die wenig erklärbarere Rechtsfolge, als stattdessen die EU in den Genuss der Nachzahlung kommen zu lassen. Schließlich überträgt das europäische Primärrecht der EU nach Art. 3 Abs. 1 lit. b AEUV die ausschließliche Zuständigkeit für den gemeinsamen Binnenmarkt. Sofern

---

687 EuGH, Rs. C-148/04 (*Unicredito Italiano*), ECLI:EU:C:2005:774, Rn. 113; EuGH, Rs. C-277/00 (*Deutschland/Kommission*), ECLI:EU:C:2004:238, Rn. 74; EuGH, Rs. C-390/98 (*Banks*), ECLI:EU:C:2001:456, Rn. 74; *Mederer* in: von der Groeben/Schwarze/Hatje, EUV/AEUV, Art. 108 AEUV, Rn. 49.

die EU durch die Kommission eine Verletzung der binnenmarktschützenden Normen des Beihilferechts feststellt, erscheint es daher sinnvoller, dass sie als Schutzgutinhaberin die Nachzahlung erhält. Zudem kann sie die Mittel auch für die Aufrechterhaltung oder Neubelebung des Wettbewerbs nutzen, beispielsweise durch eigene gezielte „Gegenbeihilfe". Dass die Beihilfe somit nicht im Verhältnis Staat – Unternehmen rückabgewickelt wird, ist kein durchschlagendes Gegenargument gegen einen Schuldneraustausch.

(2) Charakteränderung des Beihilferechts

Gleiches gilt für eine vermeintliche Änderung des Rechtscharakters des Beihilferechts. Wie erwähnt, dient es dem Schutz des Binnenmarkts und der Wettbewerbssituation zwischen den Unternehmen. Ein Schuldneraustausch würde die Herangehensweise zum Schutz des Binnenmarkts zwar umgestalten, den Schutz jedoch nicht vermindern. Bisher war das Verständnis des Schutzauftrages des Beihilferechts eher repressiv; ihm wurde rückwirkend Rechnung getragen. Eine steuerliche Beihilfe ist im Falle der Unvereinbarkeit mit dem Beihilferecht vom Beihilfeempfänger nachzufordern. So wird versucht die Wettbewerbssituation nachträglich wiederherzustellen, indem der Beihilfeempfänger die Beihilfe nicht behalten darf und die Liquidität aus dem Markt entfernt wird.

Ein Schuldneraustausch würde dem Schutzauftrag ebenfalls Rechnung tragen. Allerdings würde er nicht auf nachträgliche Wiederherstellung der gestörten Wettbewerbssituation setzen, sondern präventiv wirken, damit es gar nicht erst zu Wettbewerbungsverzerrungen kommt. Sofern Staaten zukünftig damit rechnen müssen, im schlimmsten Falle selbst für die Beihilfe aufzukommen, wird mit an Sicherheit grenzender Wahrscheinlichkeit ihre Bereitschaft sinken, Beihilfen zu bewilligen, die ein erhöhtes Risiko der Beanstandung in sich tragen. Diese präventive abschreckende Wirkung ist nicht weniger geeignet, den Schutz des Binnenmarkts zu gewährleisten.

Zwar ist richtig, dass eine bereits gezahlte Beihilfe so dem Binnenmarkt nicht wieder entzogen würde; indes stellt sich die Frage, ob momentan durch die Nachzahlung des Unternehmens die Konkurrenzsituation besser wiederhergestellt ist. Im Ergebnis ist das zu verneinen. Vielmehr ist unter Einsatz des Beihilfekapitals durch das Unternehmen eine Situation geschaffen worden, in der durch das begünstigte Unternehmen Marktanteile erworben wurden, die an anderer Stelle fehlen. Unter Umständen wurden so großflächigere Marktumwälzungen in Gang gesetzt, die Wettbewerber zur Unternehmensrestrukturierung gezwungen oder in die Insolvenz getrieben haben. Die Annahme, dass durch den Kapitalentzug die wettbewerbsschädigende Situation bereinigt würde und ein *status quo ante* erreicht wird, ist daher aufgrund der Folgen des Mitteleinsatzes häufig nicht zutreffend. Der Schutz des Binnenmarkts durch Steuernachzahlungen ist mithin auch momentan nicht umfassend gewährleistet.

Richtig ist, dass durch den Schuldneraustausch aufgrund des fehlenden Kapitalentzugs ebenfalls kein vollumfassender Schutz geschaffen wird. Allerdings kann der so erreichte Schutz sogar effektiver sein als gegenwärtig. Der beste Schutz des Binnenmarkts besteht darin, ihn nicht zu verfälschen. Was wie eine Phrase wirkt, ist doch eine gewichtige Feststellung. Wenn eine eigenständige Zahlungsverpflichtung der Staaten diese davon abhält, überhaupt erst verzerrend in den Binnenmarkt einzugreifen, dann ist der Schutz effektiver als bisher, da keine Situationswiederherstellung erforderlich ist. Ein Schuldneraustausch bringt somit gar keine Änderung des Rechtscharakters des Beihilferechts mit sich, sondern trägt dem Schutzauftrag des Beihilferechts lediglich anders Rechnung.

(3) Der Grundsatz des Vorbehalts des Gesetzes

Zudem könnte ein Schuldneraustausch eine bereits länger bestehende Problematik entschärfen. Sie besteht darin, dass die Verpflichtung der Mitgliedstaaten zur Nachforderung der Steuern von den Unternehmen trotz regelmäßig entgegenstehender nationaler Verfahrenshindernisse in Konflikt mit dem Grundsatz des Gesetzesvorbehalts kommt.

Nicht nur, dass der *EuGH* dem Vertrauensschutz in Rückforderungsfällen keine große Bedeutung beimisst[688], auch dem Vorbringen beihilfegewährender Staaten bzw. begünstigter Unternehmen, nach dem einer Forderung der Wegfall der Bereicherung[689] oder verstrichene Rückforderungsfristen[690] entgegenstünden, hat er in der Rechtssache *Alcan Deutschland* eine Absage erteilt.[691] Die Resonanzen sind unterschiedlich ausgefallen. Teilweise[692] wird der Argumentation, das *effet utile* überlagere den nationalen Vertrauensschutz, Fristen und den Entreicherungseinwand, zugestimmt; Kritiker[693] lehnen sie hingegen ab,

688 Vgl. dazu die Ausführungen in Abschnitt E, II, 2.

689 § 49a Abs. 2 VwVfG i.V.m. § 818 Abs. 3 BGB.

690 § 48 Abs. 4 Satz. 1 VwVfG.

691 EuGH, Rs. C-24/95 (*Alcan Deutschland*), ECLI:EU:C:1997:163, Rn. 25, 35 ff., 41 f., 49 f.

692 *Fastenrath*, JZ 1992, S. 1082 ff.; i.E. auch *Ludwigs*, NVwZ 2018, S.

693 *Scholz*, DÖV 1998, S. 261 ff., *Classen*, JZ 1997, S. 724 ff.; wohl auch *Cremer* in: Callies/Ruffert, EUV/AEUV, Art. 108 AEUV, Rn. 29.

bezeichnen das Urteil als *contra legem* und verneinen eine Pflicht zur Beachtung seitens der Staatsorgane.

Ohne in diese Debatte einsteigen zu wollen, ist letztere Auffassung[694] nicht unbegründet. Die Pflicht zur Nachforderung trotz entgegenstehender nationaler Einwände gerät in den Konflikt mit dem Grundsatz des Vorbehaltes des Gesetzes. Dieser gilt nicht nur im nationalen Recht der EU-Mitgliedstaaten, auch der *EuGH* erkennt ihn als allgemeinen Grundsatz des Unionsrechts an und führt aus, dass „Eingriffe der öffentlichen Gewalt in die Sphäre der privaten Betätigung jeder – natürlichen oder juristischen – Person einer Rechtsgrundlage (bedürfen) und (...) aus den gesetzlich vorgesehen Gründen gerechtfertigt sein (müssen).“[695]

Der Eingriff in die Rechtsposition der in diesem Fall juristischen Person erfolgt durch die Zahlungsaufforderung. Die dafür notwendige Ermächtigungsgrundlage bietet weder Art. 108 Abs. 2 AEUV noch Art. 16 Abs. 1 VerfahrensVO, da beide nicht an das betroffene Unternehmen, sondern an den Mitgliedstaat gerichtet sind. Somit muss die Nachforderung nach nationalem Verfahrensrecht erfolgen, in Deutschland nach § 49a Abs. 1 VwVfG. Dieser setzt voraus, dass der Verwaltungsakt zuvor zurückgenommen wurde. Allerdings ist die für die Rücknahme eigentlich einschlägige Ermächtigungsgrundlage des § 48 Abs. 1 VwVfG wegen § 48 Abs. 2 und 4 VwVfG nicht anwendbar. Somit fehlt es an einer tauglichen Ermächtigungsgrundlage, was wegen des Gesetzesvorbehaltes eine Nachforderung grundsätzlich ausschließt. Gelöst wird dieses Problem durch die Annahme, das *effet utile* überlagere alle Hindernisse des nationalen Verfahrensrechts. Diese Vorgehensweise steht dabei im Widerspruch zur obigen Aussage des *EuGH*.

Die gesamte Problematik wäre gelöst, indem an Stelle der Nachforderung von den Unternehmen eine Zahlung des Mitgliedstaates an die EU treten würde. Hier bietet der Schuldneraustausch die große Möglichkeit, das Verfahren rechtsstaatlicher auszugestalten als das bisher der Fall ist.

---

694 Kritisch auch *Schnitger*, IStR 2017, S. 427 f.

695 EuGH, Rs. C-46/87 (*Hoechst/Kommission*), ECLI:EU:C:1989:337, Rn. 19.

F. Gesamtergebnis

Ziel der vorliegenden Arbeit war es, eine Untersuchung dahingehend vorzunehmen, ob das Europäische Beihilferecht einen geeigneten Maßstab für die von der Kommission im Nachgang an die *Luxemburg Leaks* angestoßene großflächige Überprüfung nationaler APAs bieten kann. Dies kann im Ergebnis bejaht werden. Allerdings führt die Bearbeitung zu der Erkenntnis, dass das Verständnis der Tatbestandsvoraussetzungen von Art. 107 Abs. 1 AEUV an einigen Stellen modifiziert werden muss, damit es für eine Überprüfung von APAs geeignet ist.

Das erste Tatbestandsmerkmal, die Übertragung staatlicher Mittel, muss bei einem Steuerverzicht durch APAs mit einem lebensnahen Alternativszenario begründet werden, welches die Auswirkungen des schädlichen Steuerwettbewerbs berücksichtigt. Dieses Alternativszenario muss sich unter anderem mit der Frage auseinandersetzen, ob ohne die Verfügbarkeit eines APAs der Gewinnanteil des Unternehmens in dem betreffenden Staat gleichgeblieben wäre.

Die Referenzrahmenfestsetzung bei der Selektivitätsprüfung kann bei der Überprüfung von APAs nicht allein auf Basis legislativer Rechtsakte vorgenommen werden, sondern muss zwingend eine Betrachtung der Administrativ- und Gerichtspraxis beinhalten, da ansonsten die Stellung der Legislative überhöht würde. Dies gilt umso mehr, da an dem Rahmen letztlich nicht Gesetze, sondern Verwaltungshandeln in Form von APAs gemessen werden sollen.

Die bei gesetzlichen Beihilfen mithilfe des Regel-Ausnahme-Tests geprüfte Abweichung vom Referenzrahmen ist bei der Kontrolle von APAs grundlegend umzugestalten. Zur Überprüfung der Abweichung vom Referenzrahmen findet der Fremdvergleichsgrundsatz Anwendung. Er soll sicherstellen, dass die im APA vereinbarten Verrechnungspreise dem Maßstab des Fremdvergleichs genügen. Allerdings kann die Abweichung nicht anhand eines einheitlichen Fremdvergleichsgrundsatzes *sui generis* begründet werden; ein solcher ist nicht integraler Bestandteil von Art. 107 Abs. 1 AEUV. Zudem ist er auch mangels gefestigter Staatenpraxis sowie universaler Verbreitung kein Völkergewohnheitsrecht und kein allgemeiner völkerrechtlicher Grundsatz. Seine Anwendung hängt daher von der nationalen Umsetzung der Mitgliedstaaten ab. Alle Mitgliedstaaten haben den Grundsatz im nationalen Recht verankert, sodass seine Anwendung grundsätzlich möglich ist.

Allerdings muss das jeweiligen nationale Verständnis des Fremdvergleichsgrundsatzes untersucht werden. Zeigen sich hierbei Besonderheiten wie beispielsweise die bevorzugte Wahl einer Verrechnungspreismethode für gewisse

Arten von Geschäftsvorfällen, so muss die Begründung einer Abweichung diesem Umstand Rechnung tragen.

Anders als bei gesetzlichen Beihilfen, bei denen die Frage nach der Abgrenzbarkeit einer Gruppe von Unternehmen häufig von entscheidender Bedeutung ist, hat der Prüfungspunkt bei APAs keinen eigenen Anwendungsbereich. Bei APAs handelt es sich um Individualadministrativakte, die den konkreten Inhalt stets nur einem begünstigten Unternehmen zusichern. Die Notwendigkeit, das Unternehmen von anderen abzugrenzen, besteht nicht. Der Prüfungspunkt ist demnach bei APAs teleologisch zu reduzieren. Im Hinblick auf die Vergleichbarkeit der Unternehmen bestehen indes keine Besonderheiten.

Die Indizwirkung der Selektivität ist bei der Prüfung von APAs zu begrenzen. Es sollte nicht automatisch davon ausgegangen werden, dass die Tatbestandsmerkmale der Handelsbeeinträchtigung und der Wettbewerbsverfälschung erfüllt sind. Stattdessen ist erforderlich, dass nah an den Umständen des Einzelfalls argumentiert und begründet wird. Es muss beispielsweise der für das jeweilige Unternehmen relevante Markt identifiziert und analysiert werden, um eine Verfälschung dieses Marktes durch das APA zu begründen. Insgesamt sind beide Tatbestandsmerkmale wiederzubeleben.

Die Kommission hat in ihren Entscheidungen zu APAs die notwendigen Modifikationen überwiegend nicht vorgenommen. Infolge dessen genügt sie ihrer Darlegungsverpflichtung nicht und macht darüber hinaus weitere fälschliche Annahmen, beispielsweise indem sie von einer tatsächlich nicht vorhandenen Vergleichbarkeit von multinationalen verbundenen Unternehmen und nationalen Einzelunternehmen ausgeht. *EuG* und *EuGH* sollten in den anhängigen Verfahren den Kommissionsentscheidungen – zumindest in der heutigen Form – nicht folgen und die beanstandeten APAs nicht als verbotene Beihilfe einstufen.

Dieser Umstand ist jedoch nicht gleichbedeutend damit, dass die von der Kommission gefundenen Ergebnisse der Unvereinbarkeit mit dem Beihilferecht falsch sind. Vielmehr können APAs die Kriterien einer verbotenen Beihilfe im Sinne des Art. 107 Abs. 1 AEUV erfüllen, allein die Begründung der Kommission genügt rechtsstaatlichen Standards nicht.

Dadurch, dass alle APAs potentielle Beihilfen sind, erwachsen zwei Probleme. Zum einen würde eine Kontrolle jedes APAs durch die Kommission diese in die Rolle eines Superfinanzamts bringen und die primärrechtliche Kompetenzverteilung – das Primärrecht schützt die Steuersouveränität der Mitgliedstaaten, die EU hat lediglich in Art. 115 AEUV eine unternehmensbesteuerungsrelevante Harmonisierungskompetenz – zwischen Mitgliedstaaten und EU umdrehen. Zum anderen würde durch eine zu weitgehende Kontrolle das Rechtsinstrument eines APAs seines Sinn und Zwecks beraubt, durch verbindliche Vorabbeurteilungen von zukünftigen Geschäftsvorfällen Rechtssicherheit bei den Unternehmen zu schaffen.

Diese Arbeit schlägt zur Entschärfung des Kompetenzkonflikts eine Reform des Beihilfeverfahrens vor. Der Kommissionskontrolle soll eine neu gegründete Verrechnungspreisinstitution vorgeschaltet werden. Diese soll eine europäische Verrechnungspreisdatenbank erstellen und laufend aktualisieren. Der benötigte Grundstock an APAs aus der Vergangenheit wird ihr von den Mitgliedstaaten übermittelt und dafür von ihr und der Kommission nicht überprüft.

Zusätzlich zum zwischenstaatlichen Informationsaustausch im Sinne der Amtshilferichtlinie werden fortan alle APAs der Mitgliedstaaten anonymisiert an sie übermittelt und dort einer Erstkontrolle unterzogen. Für die Kontrolle ermittelt die Verrechnungspreisinstitution aus den Daten mithilfe von Künstlicher Intelligenz für den konkreten Sachverhalt einen Medianwert der Verrechnungspreise und zwei relevante Schwellenwerte, um das APA mit diesen Werten abzugleichen. Sollte sie feststellen, dass die prozentuale Abweichung des vereinbarten Verrechnungspreises höher als der niedrigere Schwellenwert ist, leitet die Verrechnungspreisinstitution das APA zur Kontrolle an die Kommission weiter. Ist die Abweichung unterhalb des Schwellenwerts, ist das APA unbedenklich und die Prüfung an dieser Stelle beendet.

Die Notwendigkeit unterschiedlicher Schwellenwerte ergibt sich daraus, dass bei der Überprüfung von APAs ein dreigliedriger Kontrollmaßstab Anwendung finden soll. Ist die prozentuale Abweichung höher als der Schwellenwert der Aufgreifschwelle, soll die Kommission das APA mit einem niedrigen Kontrollmaßstab kontrollieren, der regelmäßig zur Vereinbarkeit mit dem Beihilferecht führt. Liegt die prozentuale Abweichung des Verrechnungspreises vom Medianwert noch über der Aufgreifschwelle und erreicht eine weitere einzelfallabhängige Eingriffsschwelle, findet ein strenger Kontrollmaßstab Anwendung. Dieser stellt die – widerlegbare – Vermutung für die Unvereinbarkeit auf. Schwellenunabhängig soll der mittlere Kontrollmaßstab ohne indiziertes Ergebnis bei Verrechnungspreisen für Immaterialrechtsgüter Anwendung finden, da sich diese Kategorie besonders gut für Gewinnverlagerungen eignet. Welcher Kontrollmaßstab Anwendung finden soll, wird der Kommission von der Verrechnungspreisinstitution bei der Übermittlung des APAs mitgeteilt.

Das Vorgehen hat den Vorteil, dass eine Änderung des Primärrechts nicht erforderlich ist. Notwendig ist allein eine Änderung der Amtshilferichtlinie sowie der VerfahrensVO. Zudem deckt es sich mit der Intention der Kommission, eine Ausreißerkontrolle vorzunehmen, da sie so ihre Ressourcen auf die Kontrolle der verdächtigen Fälle konzentrieren kann.

Zur Verbesserung der Rechtssicherheit für Unternehmen schlägt diese Arbeit vor, die Nachforderungsverpflichtung gegenüber Unternehmen nicht ersatzlos wegfallen zu lassen. An ihre Stelle soll durch Schuldneraustausch eine eigenständige Zahlungsverpflichtung der Mitgliedstaaten treten. Dafür ist ebenfalls keine Änderung des Primärrechts, sondern lediglich der VerfahrensVO erforderlich.

Die Nachzahlung soll nicht wie bisher an den Staat selbst fließen, sondern dieser muss sie an die EU leisten. Die so vorgenommene Zahlung an einen außerhalb der Leistungsbeziehung zwischen Staat und Unternehmen stehenden Dritten scheint nur auf den ersten Blick ungeeignet. Vielmehr ist eine Zahlung an die EU aufgrund der ihr in Art. 3 Abs. 1 lit. b AEUV übertragenen Verantwortung für den Schutz des Binnenmarkts sinnvoller als die Zahlung an den Staat. Die Zahlung an den Staat führt momentan dazu, dass Staaten risikolos Beihilfen gewähren können, weil sie in jedem Fall davon profitieren. Sollte die Beihilfe nicht beanstandet werden, hat der Staat Arbeitsplätze geschaffen und Kapital angelockt; sollte sie beanstandet werden, sind die Arbeitsplätze bis zur endgültigen Nachforderung trotzdem gesichert, das Unternehmen zahlt in dieser Zeit Steuern und die Staatskasse wird letztlich noch durch die Nachzahlung aufgebessert.

Auch würde nicht der Charakter des Beihilferechts verändert, sondern lediglich die Herangehensweise zum Schutz des Binnenmarkts. Statt wie bisher auf repressive Kontrolle zu setzen, stünde fortan der präventive Schutz durch Abschreckung der Mitgliedstaaten im Mittelpunkt. Die potentielle Zahlungsverpflichtung wird die Staaten davon abhalten, zukünftig weiterhin binnenmarktschädliche APAs auszustellen. Der Binnenmarkt wird dadurch sogar effektiver geschützt als bisher.

Als positiver Nebeneffekt wird noch eine rechtsstaatlich problematische Situation gelöst. Nach ständiger Praxis von Kommission und *EuGH* wird trotz der eigentlichen Unanwendbarkeit einer nationalen Verfahrensvorschrift diese unter Verweis auf das unionsrechtliche *effet utile* gleichwohl zur Rückforderung genutzt. Das Vorgehen steht in Konflikt mit dem Gesetzesvorbehalt. Sollte auf eine Nachforderung gegenüber den Unternehmen verzichtet werden, so entfällt die Suche nach einer geeigneten Ermächtigungsgrundlage.

Es lässt sich festhalten, dass die Überprüfung von APAs für die effektive Bekämpfung von aggressiver Steuerplanung mithilfe von Gewinnverlagerung ein richtiger Schritt ist. Der schädliche Steuerwettbewerb zwischen den Staaten hat dazu geführt, dass einzelne Staaten APAs dafür nutzen, um Unternehmen anzulocken und Arbeitsplätze vor Ort zu schaffen. Folglich müssen sie ebenso wie Gesetze auf ihre Binnenmarktkonformität hin untersucht werden. Das Beihilferecht kann und muss dafür genutzt werden, indes nicht in seiner jetzigen

Form. Notwendig ist es vielmehr, die Rahmenbedingungen der Beihilfenkontrolle grundlegend zu ändern, um sie an die geänderten Herausforderungen anzupassen. Erforderlich ist ein modifiziertes Tatbestandsverständnis sowie eine Änderung des Beihilfeverfahrens und seiner Rechtsfolgen.

Literaturverzeichnis

Bach, Stefan: Steuerpolitik in Europa zwischen Wettbewerb und Harmonisierung: Perspektiven nationaler und europäischer Steuerpolitik in der Europäischen Wirtschafts- und Währungsunion, Reihe Eurokolleg, Nr. 41, Bonn 1999

Bartosch, Andreas (Hrsg.): Kommentar zum EU-Beihilferecht, 2. Auflage, München 2016

– (Neu-)Entwicklungen in der materiellen Selektivität, Europäische Zeitschrift für Wirtschaftsrecht 2017, S. 756 – 761

Baumhoff, Hubertus / Liebchen, Daniel: Internationale Einkunftsabgrenzung auf der Grundlage des Fremdvergleichs, in: Mössner, Steuerrecht internationaler Unternehmen, S. 365 – 666

Bächle, Ekkehard / Rupp, Thomas / Ott, Johann-Paul / Knies, Jörg: Internationales Steuerrecht, 2. Auflage, Stuttgart 2008

Bär, Ulrike: Verständigungen über Verrechnungspreise verbundener Unternehmen im deutschen Steuerrecht, Berlin 2009

Becker, Johannes / Davies, Ronald / Jakobs, Gitte: The Economics of Advance Pricing Agreements, CESifo Working Paper No. 5079, München 2014

Becker, Johannes / Kimpel, Gerrit / Oestreicher, Andreas / Reimer, Ekkehart: Das Verfahrensrecht der Verrechnungspreise – Grundlagen, Erfahrungen und Perspektiven, Wiesbaden 2017

– Internationale Verrechnungspreise – Herausforderungen und Lösungsansätze für Familienunternehmen, Reihe der Stiftung Familienunternehmen, München 2015

Biondi, Andrea / Righini, Elisabetta: An Evolutionary Theory of State Aid Control, in: The Oxford Handbook of European Union Law, S. 670 – 690, Oxford 2005

Birnstiel, Alexander / Bungenberg, Marc / Heinrich, Helge (Hrsg.): Nomos-Kommentar Europäisches Beihilfenrecht, 1. Auflage 2013

Blauberger, Michael: From Negative to Positive Integration? – European State Aid Control Through Soft and Hard Law, Max Planck Institute for The Study of Societies Discussion Paper 08/4, Köln 2008

Blumenberg, Jens: Aktuelle Entwicklungen des EU-Beihilferechts im Bereich der deutschen Unternehmensbesteuerung, Institut Finanzen und Steuern Schrift Nr. 516, Berlin 2017

Blumenberg, Jens / Kring, Wulf: Europäisches Beihilferecht und Besteuerung, Institut Finanzen und Steuern Schrift Nr. 473, Berlin 2011

Blümich, Walter / Heuermann, Bernd / Brandis, Peter (Hrsg.): Einkommenssteuergesetz, Körperschaftssteuergesetz, Gewerbesteuergesetz, Losblatt-Kommentar, 149. Ergänzungslieferung, München 2019

Boas, Gideon: Public International Law – Contemporary Principles and Perspectives, 9. Auflage, Cheltenham 2012

Bödefeld, Axel / Krüsmann, Elmar: Abkommensberechtigung für Betriebsstätten in Verständigungsverfahren nach dem OECD-MA, Internationales Steuerrecht 2018, S. 45 – 52

Brähler, Gernot: Internationales Steuerrecht, Grundlagen für Studium und Steuerberaterprüfung, 8. Auflage, Wiesbaden 2014

Braun, Christian: Rückforderungen von europäischen Zuwendungen bei Vergaberechtsverstößen, Neue Zeitschrift für Baurecht und Vergaberecht 2010, S. 279 – 282

Brauneck, Jens: Digitalsteuer: Endlich angemessene Steuern für Google, Apple, Facebook und Co. in der EU?, Europäische Zeitschrift für Wirtschaftsrecht 2018, S. 624 – 631

Brennan, Geoffrey / Buchanan, James: Towards a Tax Constitution for Leviathan, Journal of Public Economics 1977, S. 255 – 273

Brinkmann, Jan: Der Einfluß des Europäischen Rechts auf die Unternehmensbesteuerung, Baden-Baden 1996

Buchanan, James / Lee, Dwight: On a Fiscal Constitution for the European Union, Journal des Economistes et des Etudes Humaines 1994, S. 219 – 232

Buendia Sierra, Josè Luis / Smulders, Ben: The Limited Role of the "Refined Economic Approach" in Achieving the Objectives of State Aid Control: Time for Some Realism, in: EC State Aid Law: Liber Amicorum Francisco Santaolalla, S. 1 – 26, Alphen aan den Rijn 2008

Bungenberg, Marc: Dynamische Integration, Art. 308 und die Forderung nach dem Kompetenzkatalog, Zeitschrift Europarecht 2000, S. 879 – 900

Buss, Andreas: The Preah Vihear case and regional customary law, Chinese Journal of International Law 2010, S. 111 – 126

Callies, Christian / Ruffert, Matthias (Hrsg.): EUV/AEUV, Das Verfassungsrecht der Europäischen Union mit Europäischer Grundrechtecharta, 5. Auflage, München 2016

Cheng, Bin: Studies in International Space Law, Oxford 1997

Classen, Claus Dieter: Zur Rückforderung von Gemeinschaftsrecht rechtswidrig gewährten Subventionen, wenn das deutsche Recht einer Rückforderung entgegensteht, Juristenzeitung 1997, S. 724 – 726

Daly, Stephen: The authority to get it wrong and the implications for the rulings investigations, Online Paper, nur unregelmäßig abrufbar unter: https://www.sbs.ox.ac.uk/sites/default/files/Business_Taxation/Events/conferences/2018/Law_conf/Stephen_Daly_The_authority_to_get_it_wrong.pdf. Zu einer aktuellen Version wird daher auf https://taxatlincolnox.wordpress.com (zuletzt abgerufen am 11. Dezember 2019) und den Beitrag vom 07. September 2018 mit dem Titel: „The authority to get it wrong and AG Kokott's comments" verwiesen.

Dauses, Manfred / Ludwigs, Markus (Hrgs.): Handbuch des EU-Wirtschaftsrechts, 48. Ergänzungslieferung, München 2019

Diffring, Philipp: Umwandlung von Forderungen zur Sanierung von Kapitalgesellschaften, Berlin 2012

Ditz, Xaver: Die Grenzen des Fremdvergleichs – Zugleich Plädoyer für ein Festhalten am Fremdvergleichsgrundsatz, Finanz-Rundschau Ertragssteuerrecht 2015, S. 115 – 121

Ditz, Xaver / Bärsch, Sven-Eric / Kluge, Sven: Verrechnungspreise in der Unternehmenspraxis – Ergebnisse einer empirischen Untersuchung in Zeiten von BEPS und zunehmender Digitalisierung, Internationales Steuerrecht 2019, S. 299 – 304

Drinhausen, Florian / Eckstein, Hans Martin (Hrgs.): Beck'sches Handbuch der AG, 3. Auflage, München 2018

Edwards, Jeremy / Keen, Michael: Tax Competition and Leviathan, European Economic Review 1996, S. 113 – 134

Epping, Volker / Hillgruber, Christian (Hrsg.): Beck'scher Onlinekommentar zum Grundgesetz, 41. Auflage, München 2019

Evers, Lisa: Intellectual Property (IP) Box Regimes : Tax Planning, Effective Tax Burdens, and Tax Policy Options, Mannheim 2015

Fastenrath, Ulrich: Der Vertrauensschutz bei Rücknahme gemeinschaftswidrig gewährter Beihilfen, Juristenzeitung 1992, S. 1082 – 1084

Fehling, Daniel: Verrechnungspreisbestimmung im Zeitalter der Digitalisierung, Internationales Steuerrecht 2017, S. 757 – 765

Fleischer, Holger (Hrsg.): Münchner Kommentar zum GmbHG, 3. Auflage, München 2018

Flüchter, Karsten: Seminar C: Verständigungsverfahren und die Beilegung grenzüberschreitender Streitigkeiten, Internationales Steuerrecht 2012, S. 694 – 702

Frenz, Walter: Handbuch Europarecht, Band 3: Beihilfe- und Vergaberecht, Berlin 2007

Frotscher, Gerrit: Internationales Steuerrecht, 4. Auflage, München 2015

Fuest, Clemens / Fuest, Winfried: A minimum corporate tax would be harmful for both high and low tax countries, Intereconomics 2004, S. 183 – 186

Geisenberger, Ute: Der Einfluss des Europarechts auf steuerliches Verfahrensrecht, Baden-Baden 2010

Giraud, Adrien / Petit, Sylvain: Tax Rulings and State Aid Qualification: Should Reality Matter?, European State Aid Law Quarterly 2017, S. 233 –242

Gosch, Dietmar (Hrsg.): Kommenar zum Körperschaftsteuergesetz: KStG, 3. Auflage, München 2015

Grabitz, Eberhard / Hilf, Meinhard / Nettesheim, Martin (Hrsg.) Das Recht der Europäischen Union: EUV/AEUV, 68. Ergänzungslieferung, München 2019

Greil, Stefan: Advance Pricing Agreements – Ein Instrument zur Steigerung der Rechtssicherheit bei grenzüberschreitenden Geschäftsvorfällen zwischen verbundenen Unternehmen?, Institut Finanzen und Steuern Schrift Nr. 512

– Seminar D: Advanced Pricing Agreements and International Tax Impacts, Internationales Steuerrecht 2017, S. 677 – 680

Greil, Stefan / Wargowske, Lars: Finanzierungstransaktionen zwischen verbundenen Unternehmen – Zwischen „Transfer pricing is dead" und „Wonderland", Internationales Steuerrecht 2018, S. 534 – 542

Grube, Friederike: Der Einfluss des unionsrechtlichen Beihilfeverbots auf das deutsche Steuerrecht – Dargestellt an den Beispielen der sogenannten Sanierungsklausel und der Steuervergünstigungen für gemeinnützige Unternehmen, Frankfurt a.M. 2014

Grubert, Harry / Mutti, John: Taxes, Tariffs and Transfer Pricing in Multinational Corporate Decision Making, The Review of Economics and Statistics 1991, S. 285 – 293

Guarrata, Angela / Wagner, Christian: Das Verhältnis von Vergabe- und Beihilferecht – Best friends – Faux amis, Neue Zeitschrift für Baurecht und Vergabrecht 2018, S. 443 – 449

Haase, Florian (Hrsg.): Außensteuergesetz/Doppelbesteuerungsabkommen, 3. Auflage, Heidelberg 2016

Hey, Johanna: EU-Beihilfen und Steuervergünstigungen – Gemeinsamkeiten und Unterschiede, Steuer und Wirtschaft 2015, S. 331 – 344

Haratsch, Andreas / Koenig, Christian / Pechstein, Matthias: Europarecht, 10. Auflage, Tübingen 2016

Heckermeyer, Jost / Spengel, Christoph: Ausmaß der Gewinnverlagerung multinationaler Unternehmen – empirische Evidenz und Implikationen für die deutsche Steuerpolitik, Perspektiven der Wirtschaftspolitik 2008, S. 37 – 61

– Gewinnverlagerung multinationaler deutscher Unternehmen ins Ausland: Eine Klarstellung, Der Betrieb 2009, S. 133 – 135

Helmke, Robin: Die Finanzkompetenzen der Europäischen Gemeinschaft – Unter besonderer Berücksichtigung des Rechts der direkten Steuern, Baden-Baden 2009

Herzig, Norbert: Advance Pricing Agreements (APAs) – Ein neues Instrument zur Vermeidung von Verrechnungspreiskonflikten?, Köln 1996

Heurung, Rainer / Kollmann, Sinja /Hofacker, Kristina: Konzernfinanzierung in der steuerlichen Betrachtung - Konzept zur Bestimmung eines angemessenen Finanzierungszinssatzes, Internationales Steuerrecht 2017, S. 20 – 24

Hickman, Kristin E.: Should Advance Pricing Agreements be Published?, Northwestern Journal of International Law & Business 1998, S. 171 – 194

Hindelang, Steffen / Köhler, Hannes: Der Einfluss der Grundfreiheiten auf direkte Steuern, Juristische Schulung 2014, S. 405 – 408

Hof, Christian: Straßenverkehrsabgaben und Europarecht, Heidelberg 1998

Huizinga, Harry / Laeven, Luc: International profit shifting within multinationals: A multi-country perspective, Journal of Public Economics 2008, S. 1164 – 1182

Hummel, David: Zusammenspiel von Steuerrecht und Zivilrecht am Beispiel einer indirekten Steuer wie der Umsatzsteuer im Rahmen der Rückabwicklung von sog. § 13b-Fällen, Mehrwersteuerrecht 2018, S. 778 – 786

Hübschmann, Walter / Hepp, Ernst / Spitaler, Armin (Hrsg.): Abgabenordnung und Finanzgerichtsordnung, Losblatt-Kommentar, 255. Ergänzungslieferung, Köln 2019

Hülster, Thomas: Grenzen der Korrektur von Verrechnungspreisen in der Betriebsprüfung, Internationales Steuerrecht 2016, S. 874 – 881

Iliopoulos, Theodoris: The State Aid Cases of Starbucks and Fiat: New Routes for the Concept of Selectivity, European State Aid Law Quarterly 2017, S. 263 – 271

Immenga, Ulrich / Mestmäcker, Ernst Joachim (Hrsg.): Kommentar zum Wettbewerbsrecht, Band 3, Beihilfenrecht / Sonderbereiche, 5. Auflage, München 2016

Ipsen, Knut: Völkerrecht, 7. Auflage, München 2018

Ismer, Roland / Piotrowski, Sophia: Selektivität von Beihilfen: Dogmatische Grundfragen am Beispiel von IP-Boxen, Internationales Steuerrecht 2015, S. 257 – 267

– The Selectivity of Tax Measures: A Tale of Two Consistencies, Intertax 2015, S. 559 – 570

Iwanek, Silvia: Aufhebung der Bindungswirkung einer tatsächlichen Verständigung, Deutsches Steuerrecht 1993, S. 1394 – 1400

Jacobs, Otto H. / Endres, Dieter / Spengel, Christoph: Internationale Unternehmensbesteuerung, München 2016

Jaeger, Thomas: Fehlstellungen im Verhältnis von Steuer- und Beihilferecht: Ein Plädoyer für mehr Ausgewogenheit, Europäische Zeitschrift für Wirtschaftsrecht 2012, S. 92 – 99

– Tax Incentives Under State Aid Law: A Competition Law Perspective, in: State Aid Law and Business Taxation, S. 39 – 57, Berlin/Heidelberg 2016

Jarass, Lorenz: Gewinnverkürzung und Gewinnverlagerung (BEPS): Nationale Maßnahmen sind möglich und hilfreich, Internationales Steuerrecht 2014, S. 741 – 749

Jennert, Carsten / Ellenrieder, Benedikt: Unternehmensbesteuerung im Lichte des EU-Beihilferechts, Europäisches Wirtschafts- und Steuerrecht 2011, S. 305 – 313

Jochimsen, Claus / Kleve, Guido: Steuerpraktiken und das Verbot unzulässiger Beihilfen – merkliche Zuspitzung einer komplexen Fragestellung, Internationales Steuerrecht 2017, S. 265 – 272

Jochum, Georg: Europarecht – unter Berücksichtigung des Vertrages von Lissabon –, 2. Auflage, Stuttgart 2012

Kahlenberg, Christian: BMF reagiert auf die EuGH-Entscheidung in der Rs. Hornbach-Baumarkt – Alles nur ein Missverständnis?!, Internationales Steuerrecht 2019, S. 335 – 340

Kainer, Friedemann / Herzog, Lucia: Der Marktausgang im Konzept der Grundfreiheiten, Europarecht 2018, S. 405 – 429

Kaulen, Dorothee Maria: Die Anerkennung von Gesellschaften unter Artikel XXV Abs. 5 S. 2 des deutsch-US-amerikanischen Freundschafts-Handels- und Schifffahrtsvertrags von 1954, Frankfurt a.M. 2008

Keen, Michael / Konrad, Kai: The Theory of International Tax Competition and Coordination, Working Paper of the Max Planck Institute for Tax Law and Public Finance 2012, Nr. 6

Kiesewetter, Dirk: Gewinnausweispolitik internationaler Konzerne bei Besteuerung nach dem Trennungs- und nach dem Einheitsprinzip, Diskussionsbeitrag Nr. 13 im Arbeitskreis Quantitativer Steuerlehre (arqus), Paderborn 2005

Kirchhof, Gregor: Die Allgemeinheit des Gesetzes, Tübingen 2009

Kirchhof, Paul: Die Entwicklungen des deutschen Steuerrechts im Rahmen der Europäischen Union, Jahrbuch der Fachanwälte für Steuerrecht 1994/1995, S. 27 – 47, Herne 1995

Klapdor, Ralf: Effiziente Steuerordnung durch ein europäisches Musterabkommen, Berlin 2000

Klein, Manfred: Verdeckte Gewinnausschüttungen bei Lieferbeziehungen im internationalen Konzern – Zugleich ein Beitrag zur Funktion des Fremdvergleichs im Ertragssteuerrecht, Betriebsberater 1995, S. 225 – 229

Kokott, Juliane: Herausforderung einer Digitalsteuer, Internationales Steuerrecht 2019, S. 123 – 134

– Entwicklungsrichtlinien der Rechtsprechung des EuGH zu den direkten Steuern, Festschrift 100 Jahre Steuerrechtsprechung in Deutschland - Festschrift für den Bundesfinanzhof, Band 1, S. 735 – 761, Köln 2018

– Das Steuerrecht der Europäischen Union, München 2018 – Steuerrecht und unionsrechtlicher Beihilfebegriff, in: Europäisches Steuerrecht – 42. Jahrestagung der Deutschen Steuerjuristischen Gesellschaft e.V. Wien, Veröffentlichungen der Deutschen Steuerjuristischen Gesellschaft e.V., S. 535 – 559, Köln 2018

– Beweislastverteilung und Prognoseentscheidungen bei der Inanspruchnahme von Grund- und Menschenrechten, Heidelberg 1993

Kokott, Juliane / Henze, Thomas: Tendenzen der EuGH-Rechtsprechung zu direkten Steuern, in: Lüdicke, Tendenzen der Europäischen Unternehmensbesteuerung, Forum der Internationalen Besteuerung, Band 30, S. 67 – 106, Köln 2005

Kokott, Juliane / Ost, Hartmut: Europäische Grundfreiheiten und nationales Steuerrecht, Europäische Zeitschrift für Wirtschaftsrecht 2011, S. 496 – 503

Kraft, Gerhard (Hrsg.): Kommentar zum Außensteuergesetz, AStG, 2. Auflage, München 2019

Kraft, Gerhard / Bildstein, Christoph: Der Fremdvergleich in der Hinzurechnungsbesteuerung – Aktuell und Perspektiven, Internationales Steuerrecht 2019, S. 37 – 43

Kramer, Jörg Dietrich: APA – Vorabverständigungsverfahren und Vorabzusagen über Verrechnungspreise, Internationales Steuerrecht 2007, S. 174 – 177

Kreibohm, Philipp: Der Begriff der Steuer im Europäischen Gemeinschaftsrecht, Köln 2004

Krüger, Elmar: Konsequenzen und Grenzen des Hornbach-Urteils in der praktischen Betriebsprüfung, Deutsches Steuerrecht 2019, S. 649 – 654

Kube, Hanno / Reimer, Ekkehart / Spengel, Christoph: Tax Policy, Trends in the Allocation of Powers Between the Union and Its Member States, EC Tax Review 2016, S. 247 – 261

Kußmaul, Heinz / Ruiner, Christoph: Die sog. Standardmethoden zur Ermittlung fremdvergleichskonformer Verrechnungspreise – Preisvergleichsmethode, Wiederverkaufspreismethode und Kostenaufschlagsmethode, Internationales Steuerrecht 2010, S. 605 – 611

Lang, Michael: Seminar J: Steuerrecht, Grundfreiheiten und Beihilfeverbot, Internationales Steuerrecht 2010, S. 570 – 580

Liebchen, Daniel: Advance Pricing Agreements (APA), in: Mössner, Steuerrecht internationaler Unternehmen, S. 1183 – 1259, 5. Auflage, Köln 2018

Lovdahl Gormsen, Lisa: EU State Aid Law and Transfer Pricing: A Critical Introduction to a New Saga, Journal of European Competition Law & Practice 2016, S. 369 – 382

Ludwigs, Markus: Demokratieferne Gestaltung der europäischen Beihilfeaufsicht, Europäische Zeitschrift für Wirtschaftsrecht 2017, S. 41 – 42

– Die Verfahrensautonomie der Mitgliedstaaten – Euphemismus oder Identitätsfaktor?, Neue Zeitschrift für Verwaltungsrecht 2018, S. 1417 – 1422

Luja, Raymond H. C.: Do State Aid Rules still allow European Union Member States to claim Fiscal Sovereignty?, EC Tax Review 2016, S. 312 – 324

Lüdicke, Jochen: Seminar I: Ein steuerlicher „race to the bottom" bei örtlich ungebundenen Aktivitäten?, Internationales Steuerrecht 2009, S. 544 – 546

Markham, Michelle: APAs in Australia, Canada and the United States: Current Developments and Future Directions, Intertax 2006, S. 393 – 405

Marquardt, Anja: Ertragsbesteuerung von Unternehmen in der Europäischen Union: Erörterung von Grundsatzfragen unter besonderer Berücksichtigung der Mitgliedstaaten Deutschland und Frankreich, Frankfurt a.M. 2003

Martini, Ruben: Rechtsfolgen unionsrechtswidriger Beihilfen im Steuerrecht, Steuer und Wirtschaft 2017, S. 101 – 111

Mason, Ruth: Special Report on State Aid – Part 3: Apple, Tax Notes 2017, S. 735 – 751

– Special Report on State Aid – Part 4: Whose Arms's-Length Standard, Tax Notes 2017, S. 948 – 966

– Special Report on State Aid – Part 6: Arm's Length on Appeal, Tax Notes 2018, S. 772 – 795

Maunz, Theodor / Dürig, Günter (Hrsg.): Grundgesetz, Losblatt-Kommentar, 88. Auflage, München 2019

Mejia-Lemos, Diego German: Some considerations regarding „'Instant' International Customary Law", fifty years later, Indian Journal of International Law 2015, S. 85 – 108

Mestmäcker, Ernst-Joachim / Schweitzer, Heike (Hrsg.): Europäisches Wettbewerbsrecht, 3. Auflage, München 2014

Micheau, Claire: Tax selectivity in European law of state aid: legal assessment and alternative approaches, European Law Review 2015, S. 323 – 348

Mick, Markus Oliver: Die Steuerkonzeption der Europäischen Union – Zielvorgaben, Umsetzung und Grenzen zulässiger Steuerharmonisierung, Münster 1995

Müller-Graff, Peter-Christian: Die Erscheinungsformen der Leistungssubventionstatbestände aus wirtschaftsrechtlicher Sicht, Zeitschrift für das gesamte Handelsrecht 1988, S. 403 – 438

Myzithra, Argyro: Apple – Ireland and European Union State Aid Rules, in: Kerschner/Somare, Taxation in a Global Digital Economy, S. 441 – 462, Wien 2017

Naumann, Manfred: Seminar E: Gewinnaufteilungsmethoden und der Fremdvergleichsgrundsatz, Internationales Steuerrecht 2013, S. 616 – 619

Nicolaides, Phedon: Excessive Widening of the Concept of Selectivity, European State Aid Law Quarterly 2017, S. 62 – 72

– State Aid Rules and Tax rulings, European State Aid Law Quarterly 2016, S. 416 – 426

Nientimp, Axel / Schwarz, Christian / Stein, Stefan: Einkünfteermittlung nach dem AOA – Plädoyer für eine einheitliche Anwendung des Fremdvergleichsgrundsatzes, Internationales Steuerrecht 2016, S. 487 – 493

Nykiel-Mateo, Anna / Wiemann, Joachim: The Concept of State Aid, Chapter 10 – Selectivity, in: EU Competition Law, Volume IV State Aid, Book One, 2. Auflage, Deventer/Leuven 2016

Oates, Wallace: Fiscal Competition and European Union: Contrasting Perspectives, Regional Science and Urban Economics 2001, S. 133 – 145

Offerhaus, Klaus: Die tatsächliche Verständigung – Voraussetzungen und Wirkung, Deutsches Steuerrecht 2001, S. 2093 – 2098

Overesch, Michael: Besteuerung und Entscheidungen von grenzüberschreitend tätigen Unternehmen – Eine empirische Steuerwirkungsanalyse, Mannheim 2009

– Transfer Pricing on Intrafirm Sales as a Profit Shifting Channel – Evidence from German Firm Data, ZEW Discussions Paper No. 06-084, Mannheim 2006

Payandeh, Mehrdad: Grenzen der Völkerrechtsfreundlichkeit, Neue Juristische Wochenschrift 2016, S. 1279 – 1282

Pinkernell, Reimer: Das Steueroasen-Dilemma der amerikanischen IT-Konzerne, Internationales Steuerrecht 2013, S. 180 – 187

Pitlik, Hans: Wieviel Steuerharmonisierung in der EU?, Diskussionsbeiträge aus dem Institut für Volkswirtschaftslehre der Universität Hohenheim, Stuttgart 1998

Popp, Peter / Theisen, Manuel René:

Verrechnungspreisermittlung bei internationalen Konzernen, Der Betrieb 1987, S. 1949 – 1954

Quigley, Conor: European State Aid Law and Policy, 3. Auflage, Oxford 2015

Rathje, Ann-Christin / Wohlrabe, Klaus: Internationaler Steuerwettbewerb und -politik aus Unternehmenssicht, Internationales Steuerrecht 2019, S. 1 – 6

Recker, Thomas: Direkte Unternehmenssteuern in der Europäischen Union – Im Spannungsfeld zwischen nationaler Souveränität und Vertiefung der wirtschaftlichen Integration, Marburg 2009

Reimer, Ekkehardt: Die Auswirkungen des Grundfreiheiten auf das Ertragssteuerrecht der Bundesrepublik Deutschland, in: Lehner, Grundfreiheiten im Steuerrecht der EU-Staaten, S. 39 – 101, München 2000

Reimer, Ekkehardt / Rust, Alexander: Klaus Vogel on Double Taxation Conventions, 4. Auflage, Alphen an den Rijn 2015

Richard, Kyle: Are All Tax Rulings State Aid? Examining The European Commission's Recent State Aid Decisions, Houston Business and Tax Law Journal 2018, S. 5 – 55

Riedel, Emmen W. R.: Judicial interpretation of conventions on double taxation and the necessity or advisability of establishing international fiscal jurisdiction, Cahiers de Droit Fiscal International, Volume 18, Rapports du 5e Congrès international de droit financier et fiscal Zurich 1951, S. 31 – 46

Rossi-Maccanico, Pierpaolo: A Proposed Framework to Review Tax rulings, in: Haslehner/Kofler/Rust, EU Tax Law and Policy in the 21st Century, S. 69 – 80, Alphen aan den Rijn 2017

Römermann, Volker: Münchner Anwaltshandbuch GmbH-Recht, 4. Auflage, München 2018

Säcker, Franz Jürgen (Hrsg.): Münchner Kommentar Europäisches und Deutsches Wettbewerbsrecht, Band 5, Beihilfenrecht, 2. Auflage, München 2018

Scharf, Michael: Accelerated Formation of Customary International Law, ILSA Journal of International & Comparative Law 2014, S. 305 – 341

Schernthanner, Martina: Das materielle Beihilfeaufsichtrecht nach dem EWG-Vertrag, Wien 1993

Schmidt, Stefan: Tatsächliche Verständigungen im Steuerverfahren und ihre Auswirkungen auf das Steuerstrafverfahren, Deutsches Steuerrecht 1998, S. 1733 – 1737

Schmidt, Thomas (Hrsg.): Nomos-Kommentar zum Außensteuergesetz, Baden-Baden 2012

Schnitger, Arne: Der Einfluss des Beihilferechts auf die direkten Steuern in Deutschland, Internationales Steuerrecht 2017, S. 421 – 436

Scholz, Ruprecht: Zum Verhältnis von europäischem Gemeinschaftsrecht und nationalem Verwaltungsverfahrensrecht, Die Öffentliche Verwaltung 1998, S. 261 – 268

Schön, Wolfgang: State Aid in the Area of Taxation, in: Hancher/Otterwanger/Slot, EU State Aids, S. 393 – 440, 5. Auflage, London 2016

– Steuerliche Beihilfen, in: Aktuelle Fragen des EG-Beihilferechts, Zeitschrift für das gesamte Handels- und Wirtschaftsrecht Beiheft 69, S. 106 – 132, Heidelberg 2001

– Taxation and State Aid Law in the European Union, Common Market Law Review 1999 , S. 911 – 936

– Tax Legislation and the Notion of Fiscal Aid – A Review of Five Years of European Jurisprudence, Max Planck Institute for Tax Law and Public Finance, Working Paper 2015 – 14

– Transfer Pricing – Business Incentives, International Taxation and Corporate Law, Max Planck Institute for Tax Law and Public Finance, Working Paper 2011 – 05

Schönfeld, Jens / Ellenrieder, Benedikt: Vertrauensschutz bei steuerlichen Beihilfen, Internationales Steuerrecht 2018, S. 444 – 451

Schreiber, Ulrich / Von Hagen, Dominik / Pönnighaus, Fabian Nicolas: Nach der US-Steuerrefom 2018: Deutschland im Steuerwettbewerb, Steuer und Wirtschaft 2018, S. 239 – 252

Schröter, Helmuth / Jakob Thinam / Klotz, Robert / Mederer, Wolfgang (Hrsg.): Nomos-Kommentar zum Europäischen Wettbewerbsrecht, 2. Auflage, Baden-Baden 2014

Schulze, Reiner / Zuleeg, Manfred / Kadelbach, Stefan: Europarecht, Handbuch für die Deutsche Rechtspraxis, 3. Auflage, Baden-Baden 2015

Seer, Roman: Verständigungen an der Schnittstelle von Steuer- und Steuerstrafverfahren, Betriebsberater 2015, S. 214 – 220

Selling, Heinz-Jürgen: Deutschland im Steuerwettbewerb der Staaten – Einige steuerpolitische Überlegungen –, Internationales Steuerrecht 2000, S. 225 – 232

Sinn, Hans-Werner: Tax Harmonization and Tax Competition in Europe, European Economic Review 1990, S. 489 – 504

Smith, Adam: An Inquiry into the Nature and Causes of the Wealth of Nations, London 1776

Soltész, Ulrich: Die Entwicklung des europäischen Beihilferechts in 2016, Europäische Zeitschrift für Wirtschaftsrecht 2017, S. 51 – 58

Soltész, Ulrich / Pflock, Thomas: Die „Wiederentdeckung" der beihilferechtlichen Zwischenstaatlichkeitsklausel – vom Schattendasein ins Scheinwerferlicht?, Europäische Zeitschrift für Wirtschaftsrecht 2017, S. 207 – 213

Spengel, Christoph / Eggert, Wolfgang: Nachtrag: Sollte die Unternehmensbesteuerung innerhalb der EU harmonisiert werden?, ifo Schnelldienst 2004, Ausgabe 57, Nr. 13, S. 3 – 8, München 2004

Stein, Torsten / von Buttlar, Christian / Kotzur, Markus: Völkerrecht, 14. Auflage, München 2017

Streinz, Rudolf (Hrsg.): EUV/AEUV, Vertrag über die Europäische Union und Vertrag über die Arbeitsweise der Europäischen Union, Charta der Grundrechte der Europäischen Union, 3. Auflage, München 2018

Streit, Manfred: Dimensionen des Wettbewerbs – Systemwandel aus ordnungsökonomischer Sicht, Zeitschrift für Wirtschaftspolitik 1995, S. 113 – 134

Strotkemper, Noemi: Das Spannungsverhältnis zwischen Schiedsverfahren in Steuersachen und einem Internationalen Steuergerichtshof: Möglichkeiten zur Verbesserung der Streitbeilegung im Internationalen Steuerrecht, Baden-Baden 2017

– Schiedsgerichtsurteil des EuGH v. 12.9.2017 in Sachen Republik Österreich/ Bundesrepublik Deutschland: Kritische Analyse und Folgen für die Praxis, Internationales Steuerrecht 2019, S. 235 – 242

Strüber, Malte: Steuerliche Beihilfen: Eine kritische Analyse der Anwendung des Beihilfeverbots im Bereich der direkten Steuern, Frankfurt 2006

Stuart, Eugene: Whether or Not to Bite the Apple: Some Implications of the August 2016 Commission Decision on Irish Tax Benefits for Apple, European State Aid Law Quarterly 2017, S. 209 – 232

Swenson, Deborah: Tax Reforms and Evidence of Transfer Pricing, National Tax Journal 2001, S. 7 – 26

Szudoczky, Rita: The Sources of EU Law and Their Relationships: Lessons for the Field of Taxation, International Bureau of Fiscal Documentation Doctoral Series Nr. 32, Amsterdam 2014

Tang, Roger / Walter, C. K. / Raymond, Robert: Transfer Pricing – Japanese vs. American Style, Management Accounting 1979, S. 12 – 16

Tenbusch, Herrmann-Josef: Die Bestimmung des fremdüblichen Zinses bei Konzerndarlehen über die Grenze – Ein Dauerthema in Betriebsprüfungen, Internationales Steuerrecht 2017, S. 824 – 828

Thiede, Jesko: Besitzen Patentboxregime eine Zukunft? – Eine beihilferechtliche Untersuchung, Internationales Steuerrecht 2016, S. 283 – 290

– Das Beihilfeverfahren und die Rechte und Pflichten der Beteiligten, Internationales Steuerrecht 2017, S. 51 – 56

Thier, Christoph: Die Rechtsfigur des doppelt ordentlichen und gewissenhaften Geschäftsleiters und deren Auswirkungen auf die Bestimmung des Verrechnungspreises in Verlagerungsfällen, Internationales Steuerrecht 2012, S. 495 – 502

Tiebout, Charles: A Pure Theory of Local Expenditures, Journal of Political Economy 1956, S. 416 – 424

Ting, Antony: Old Wine in a New Bottle: Ireland's Revised Definition of Corporate Residence and the War on BEPS', British Tax Review 2014, S. 237– 247

Valta, Matthias: Patentboxen und IP-Boxen – eine verbotene Beihilfe?, Steuer und Wirtschaft 2015, S. 257 – 268

– Verfassungs- und Abkommensrechtsfragen des Richtlinienentwurfs für eine Steuer auf digitale Dienstleistungen, Internationales Steuerrecht 2018, S. 765 – 772

Van de Velde, Elly: 'APAs' in the EU Member States, Study for the ECON Committee 2015

Verhagen, Han: State Aid and Tax rulings – An Assessment of the Selectivity Criterion of Article 107 (1) of the TFEU in Relation to Recent Commission Transfer Pricing Decisions, European Taxation 2017, S. 279 – 287

Vicard, Vincent: Profit Shifting Through Transfer Pricing: Evidence from French Firm Level Trade Data, Banque de France Working Paper No. 555, 2015

Vogel, Klaus / Lehner, Moris: Doppelbesteuerungsabkommen: DBA, 6. Auflage, München 2015

Vollert, Pia / Eikel, Carolin / Sureth, Karen: Advance Pricing Agreements (APAs) als Instrument zur Vermeidung von Verrechnungspreiskonflikten – eine kritische Betrachtung, Steuer und Wirtschaft 2013, S. 367 – 379

Von der Groeben, Hans / Schwarze, Jürgen / Hatje, Armin (Hrsg.):Europäisches Unionsrecht, Vertrag über die Europäische Union – Vertrag über die Arbeitsweise der Europäischen Union – Charta der Grundrechte der Europäischen Union, 7. Auflage, Baden-Baden 2015

Vögele, Alexander / Borstell, Thomas / Engler, Gerhard (Hrsg.): Verrechnungspreise, 4. Auflage, München 2015

Wasmeier, Martin: Umweltabgaben und Europarecht: Schranken des staatlichen Handlungsspielraums bei der Erhebung öffentlicher Abgaben im Interesse des Umweltschutzes, München 1995

Wassermeyer, Franz: Der Fremdvergleich als Tatbestandsmerkmal der verdeckten Gewinnausschüttung, Der Betrieb 1994, S. 1105 – 1109

Watrin, Christoph / Thomsen, Martin / Weiß, Falko: Zur Notwendigkeit von Maßnahmen gegen die internationale Gewinnverlagerung in Deutschland, Internationales Steuerrecht 2016, S. 397 – 401

Weichenrieder, Alfons: Profit shifting in the EU: evidence from Germany, International Journal of Public Finance 2009, S. 281 – 297

Wünnemann, Monika: Herausforderungen der Besteuerung der digitalen Wirtschaft im Jahr 2019, Internationales Steuerrecht 2019, S. 134 – 140

Ziehr, Ulrich: Einkünftezurechnung im internationalen Einheitsunternehmen : Veranlassungsprinzip und Selbstständigkeitsfiktion als Maßstäbe der Einkünftezurechnung zu Stammhaus und Betriebsstätte, Köln 2008

www.ingramcontent.com/pod-product-compliance
Ingram Content Group UK Ltd.
Pitfield, Milton Keynes, MK11 3LW, UK
UKHW021936290926
8980IPUK00016B/1657

9 783631 834855